U0800414

铁路职业教育铁道部规划教材

（高　职）

桥隧构造与养护

罗莱凤　主编
张澍东　主审

中国铁道出版社有限公司

2020年·北京

内 容 简 介

本书系统地介绍了桥梁、隧道、涵洞的构造和维修养护的有关知识。其主要内容包括桥涵概论;桥跨结构构造;桥梁墩台构造;隧道构造;涵洞构造;桥隧养护维修管理工作概况;桥隧建筑物主要技术标准;桥面构造;桥隧常见病害检查及诊治措施;防洪与抢修等。本书依据铁路行业的最新规范编写。

本书为高职高专铁道工程专业的教学用书,也可作为铁路工程和铁路工务部门职工的培训教材和参考书。

图书在版编目(CIP)数据

桥隧构造与养护/罗荣凤主编. —北京:中国铁道出版社,2008.8(2020.9 重印)
铁路职业教育铁道部规划教材(高职)
ISBN 978-7-113-06911-7

Ⅰ.桥…　Ⅱ.罗…　Ⅲ.①铁路桥-桥梁结构-职业教育-教材②铁路隧道-隧道工程-工程结构-职业教育-教材③铁路桥-铁路养护-职业教育-教材④铁路隧道-铁路养护-职业教育-教材　Ⅳ.U448.13　U459.1

中国版本图书馆 CIP 数据核字(2008)第 123357 号

书　　名:桥隧构造与养护
作　　者:罗荣凤

责任编辑:李丽娟　　**电话:**(010)51873135　　**电子邮箱:**992462528@qq.com
封面设计:陈东山
责任校对:张玉华
责任印制:樊启鹏

出版发行:中国铁道出版社有限公司(100054,北京市西城区右安门西街 8 号)
网　　址:http://www.tdpress.com
印　　刷:三河市兴达印务有限公司
版　　次:2008 年 8 月第 1 版　2020 年 9 月第 8 次印刷
开　　本:787 mm×1 092 mm　1/16　印张:11　字数:274 千
书　　号:ISBN 978-7-113-06911-7
定　　价:32.00 元

版权所有　侵权必究

凡购买铁道版的图书,如有缺页、倒页、脱页者,请与本社读者服务部调换。
电　　话:市电(010)51873174,路电(021)73174(发行部)
打击盗版举报电话:(010)63549461

前言

本书由铁道部教材开发小组统一规划，为铁路职业教育规划教材。本书是根据铁路高职教育铁道工程（工务）专业教学计划“桥隧构造与养护”课程教学大纲编写的，由铁路职业教育铁道工程（工务）专业教学指导委员会组织，并经铁路职业教育铁道工程（工务）专业教材编审组审定。

随着铁路建设的现代化，对从事桥隧养护维修的工程技术人员提出了更高的要求。为适应铁路建设和管理的需要，培养适合铁路现代化发展需要的专业技术人才，我们组织编写了《桥隧构造与养护》一书，作为铁道工程及相关专业的教学用书。根据目前铁路桥隧的发展状况和学生的培养目标，本教材在确保基本概念、基本理论和基本知识完整的前提下，注重现场的实用性、适用性和先进性，对桥隧构造及养护维修作业方法作了重点阐述。

本书系统地介绍了桥梁、隧道、涵洞的构造和维修养护的有关知识。

本书由湖南交通工程职业技术学院罗荣凤主编，包头铁道职业技术学院张澍东主审。参加编写的有：湖南交通工程职业技术学院罗荣凤（第七、八、九、十、十一、十二章），湖南交通工程职业技术学院刘媛（第一、二、三章），包头铁道职业技术学院李文盛（第四、五、六章）。

为了加深读者对所学内容的理解，每章后均附有复习题供复习和思考。

由于编者水平有限，书中有疏漏、不妥之处，敬请专家、同行和广大读者不吝指出。

编　者

2008 年 5 月

目　录

第一章 绪　论

第一节　中国桥梁简史

桥梁是随着历史的演变和社会的进步而逐渐发展起来的。每当交通运输工具发生重大变化,对桥梁的载重、跨度等方面提出新的要求时,便推动了桥梁工程技术的发展。桥梁的发展大致经历了古代桥梁和现代桥梁两个阶段。

一、古代桥梁

在古代,交通运输工具简陋,科学技术不发达,人们只能利用自然界现有的材料建造一些简单的桥梁。但古代桥梁在桥梁建筑史上的成绩是辉煌的,不但数目惊人,且类型丰富多彩,几乎包括了所有近代桥梁中的主要形式。据历史考证,在周文王时代,就有在渭河上架设浮桥的文字记载。

我国是最早建造吊桥的国家,距今至少有三千多年的历史。

公元前 332 年春秋战国时期,现代桩柱式桥梁出现。

隋唐时期,是我国古代桥梁的兴盛年代,其间在桥梁形式及结构构造方面有着很多创新。赵州安济桥(又称赵州桥,图 1－1),建于公元 595～605 年,为空腹式圆弧形石拱桥,全长 50. 83 m,净跨 37. 02 m,宽9 m,矢高 7. 23 m,距今已有 1 300 多年。

宋代之后,建桥数量大增,桥梁的跨越能力、造型和功能都有很大提高。

图 1－1　赵州桥

二、现代桥梁

铁路是国民经济的大动脉,新中国成立后党和政府十分重视,修建了大量铁路。因此,桥梁建设发展很快,在数量和质量上都有很大的飞跃。1957年,长江第一桥——武汉长江大桥建成。武汉长江大桥为3×128 m的连续钢桁梁,公铁两用桥,桥面宽18 m,全长1 690 m。它是20世纪50年代中国桥梁的一座里程碑,为中国现代桥梁工程技术和南京长江大桥的兴建以及桥梁深水基础的发展奠定了基础。

1969年我国建成了举世闻名的南京长江大桥(图1－2),这是我国自行设计、制造、施工,并采用国产高强度钢材的现代化铁路、公路两用桥,下层是双线铁路,上层是公路,行车道宽15 m。铁路桥全长6 772 m,江面正桥全长1 576 m,由10孔钢桁梁所组成,计3联9孔160 m连续梁及1孔128 m简支梁。因桥址处水深流急,河床地质极为复杂,桥墩基础的施工非常困难,所以南京长江大桥的建成标志着我国的桥梁建设技术又上了一个新台阶。

图1－2　南京长江公铁两用桥

在新中国成立前,我国西南、西北地区基本上没有铁路。西南和滇北地区,地形复杂,谷深坡陡,河流峡谷两岸分布着数百米高的陡岩峭壁。由于历次地质构造运动的影响,断裂发育,曾被前苏联专家断定为“铁路禁区”。成昆铁路通车后,曾被联合国宣布为20世纪人类征服自然的三大杰作之首。

20世纪90年代,我国的交通事业和桥梁建设出现了一个全新的时期,道路建设和国道系统以及桥梁技术、桥型、跨越能力和施工管理水平大大提高。桥梁设计与施工方面出现了许多新技术,主要有:基础工程采用管柱、钻孔桩等;桥墩采用空心墩、柔性墩、基桩排架墩、拼装式桥墩等;桥台采用了锚定板桥台等;上部结构采用了箱形梁、栓焊梁、斜腿刚构桥、悬砌拱桥、双曲拱桥、斜拉桥等。我国桥梁建设的水平开始步入世界先进行列。1997年建成的香港青马大桥(图1－3),是香港的标志性建筑,主跨1 377 m,加劲梁为钢桁与钢箱梁混合结构,横截面尺寸为41.0 m×7.3 m。它把传统的造桥技术升华至极度卓越的水平,宏伟的结构令世人赞叹,在世界工程大赛中,荣获了建筑业的“奥斯卡奖”。

图1－3　香港青马大桥

第二节　桥涵在铁路建设中的重要性

桥涵是铁路的重要组成部分。桥涵设置是否恰当、设计施工是否合理,对铁路运营关系重大。如因地质、洪水、流冰等影响发生病害,桥涵往往首当其冲;若桥涵孔径过小,排水不畅,常导致冲毁桥头路堤;若施工质量不良,则需整治加固。总之,若桥涵出现问题,小则影响运营,大则中断行车。

在铁路建设中,桥涵也占有很大比重。以正在修建的武广客运专线为例,全线正线桥梁共计574座,折合27 7730.98双延长米,占线路总长的31.76%。公路跨铁路立交桥(含人行天桥)141座,各类涵洞2 283座;联络线、动车走行线等其他线路桥梁总数40座,折合18 946.13延长米。扣除桥隧长度后,每公里线路涵洞约为5座。在山区地形复杂地段,桥隧相连,桥涵的数量则更多。

建立四通八达的现代化交通网,大力发展交通运输事业,对发展国民经济,提高综合国力,促进文化交流都有非常重要的作用。随着武汉至广州、郑州至西安、北京至天津、石家庄至太原客运专线等一批铁路建设项目的立项建设,我国铁路新一轮大规模建设已经展开,客运专线的施工推动了现代铁路技术的发展。新建铁路施工大桥往往是重点工程,尤其是深水大桥的施工,更为复杂艰巨,有时甚至成为全线的关键工程,对通车日期起着控制作用。

在国防上,桥涵更是交通运输的咽喉,在现代战争中具有举足轻重的地位。

第三节　桥梁的发展和前景

一、桥梁向大跨度发展

桥梁的跨越能力代表着一个国家的经济、工业和科学技术的整体水平。从当代桥梁的发展趋势看,各种桥型结构都在向大跨度的方向发展,尤其是大跨径的悬索桥和斜拉桥。拱桥是我国的传统桥型,20世纪90年代以来修建的钢管混凝土拱桥成为很有发展前途的拱结构形式,跨度不断被刷新,有专家估计,这种桥型有可能使拱桥的最大跨度达到斜拉桥的跨度。

二、轻型墩台、深水基础进一步发展

随着桥梁跨径的增大,基础要求有更大的刚度和更高的承载力。大直径的钢管桩基础在国外应用较为普遍,沉井基础承载力高、刚性大、抗震能力强、施工方便,可下沉到任意深度,是目前使用较为广泛的大桥基础。沉井不嵌入岩石,只能下沉到岩层顶面。复合基础是指在沉井内设置桩或管柱,它是深水基础常用的一种形式。

空心墩与重力式桥墩相比,可节约大量圬工,应大力推广,有待进一步研究的问题是温度应力、高墩的动力性能、风动力问题、整体稳定与横隔板的关系、自振频率值与发展滑模施工技术等。

三、新材料的开发和应用

我国的桥梁大都为混凝土结构,要向大跨径发展,必须发展高强度材料,研制和生产桥梁用的高强度钢材。预应力混凝土桥梁仍将是广泛采用的形式,应在建筑材料和施工工艺上多做研究,要研制高性能混凝土,高强度、低松弛的预应力筋,高吨位的预应力锚具及张拉设备。随着杭州湾跨海大桥的通车和高速铁路客运专线的施工,大跨度箱梁的整片预制已经成为现实,箱梁的施工工艺逐渐成熟,相信在今后必将被进一步推广。

四、计算机技术在桥梁中应用

首先,在桥梁的规划设计阶段,人们可运用高度发展的计算机辅助手段进行有效、快速地优化和仿真分析;虚拟现实技术的应用使业主可以十分逼真地预先看到桥梁建成后的外形、功能;模拟地震和台风袭击下的表现,有助于判断对环境的不利影响。

其次,在桥梁的制造和架设阶段,人们将运用智能化制造系统在工厂生产部件,利用 GPS 和遥控技术控制桥梁施工。

最后,在桥梁建成交付使用后,将通过自动检测和管理系统,保证桥梁的安全和正常运营。一旦有故障或损伤,健康诊断和专家系统将自动报告损伤部位和养护对策。

总之,展望 21 世纪,知识经济时代的桥梁工程和其他行业一样,具有智能化、信息化和远距离自动控制的特征。我国的桥梁也将达到一个新的水平,必将涌现出更多具有世界一流水准的大跨度桥梁。

复习思考题

1－1　桥梁在铁路建设中的地位和作用是什么?

1－2　简述现代桥梁的发展方向。

第二章
桥涵概论

第一节　桥涵的作用与要求

一、桥涵的作用

桥梁是道路跨越天然障碍物或人工设施的架空建筑物，涵洞则专指横穿道路路基，用以排洪、灌溉或作为通道的建筑物。桥涵是桥梁和涵洞的统称，既排泄洪水，又保持线路的连续性。

二、桥涵的要求

桥梁工程包括两层含义，一是指桥梁建筑的实体；二是指建造桥梁所需的科学知识和技术，包括桥梁的基础理论，桥梁的规划、勘测设计、建造和养护维修等。

为了保证列车的正常运行，桥梁工程的设计应遵循适用、安全、经济和美观的基本原则。

桥梁的适用性要求包括：行车通畅、舒适、安全；桥梁的通行能力应既考虑当前需要，又照顾今后发展；对跨越线路或河流的桥梁，要求不妨碍桥下交通或通航；靠近城市、村镇等的桥梁，还应综合考虑桥头和引桥区域的环境和发展；在使用年限内，桥梁一般只需常规养护维修就能保证日常使用。

桥梁的安全既包括桥上车辆、行人的安全，也包括桥梁本身的安全。在使用年限内，在正常使用情况下，桥梁应具有足够的承载能力，并具备一定的安全储备。

在适用、安全的前提下，经济是衡量技术水平和方案选择的主要因素。对于重大的桥梁工程，必须进行方案比选，详细研究技术上的可行性和先进性、经济上的合理性，得出合理的结论。

此外，一座桥梁应具有优美的外形，与周围的景致相协调。在城市和游览地区，可适当考虑桥梁建筑的艺术处理。合理的结构布局和轮廓是美观的主要因素，不应当片面地追求浮华和繁琐的细部装饰。

三、桥梁与线路平纵面的关系

(一)线路平面

桥梁设在直线上，对设计、施工、养护及流水条件均有利；而曲线桥缺点很多，如行车速度受限制，列车运行不平稳，线路容易变形、钢轨磨损严重、抽换钢轨困难等。故大中跨度的桥梁宜设在直线上，困难条件下必须设在曲线上时，应争取较大的曲线半径。明桥面的桥梁更应尽量设在直线上，否则线路难以固定，轨距不易保持、外轨超高难以处理。因此，将跨度大于40 m或桥长大于100 m的明桥面桥设在半径小于1 000 m的曲线上时，须经过技术经济比较，有充分依据。

列车过桥时,如遇反向曲线,势必发生来回摆动,对运营养护不利。所以,桥上应避免采用反向曲线,不得已时,应采用道砟桥面,并尽量设置较长的夹直线。

(二)纵　坡

在线路纵坡受限制的坡道上,可以采用涵洞和道砟桥面的桥梁。

明桥面的桥梁宜设在平坡上;若设在坡道上,钢轨爬行时,则难以锁定线路和维持标准轨距,影响行车安全,并给养护带来很大困难。跨度大于40 m或桥长大于100 m的明桥面的桥不应设置在大于4‰的坡道上,确有困难时,应有充分的技术经济论证,但最大坡度不得大于12‰。

竖曲线和缓和曲线不应设在明桥面上,否则每根枕木厚度不同,必须特制,并要按固定的位置铺设,给施工和养护带来困难。

第二节　桥梁的组成与分类

一、桥梁的组成

桥梁通常由桥跨结构、桥梁墩台、支座和附属设施四个基本部分组成,如图2-1所示。

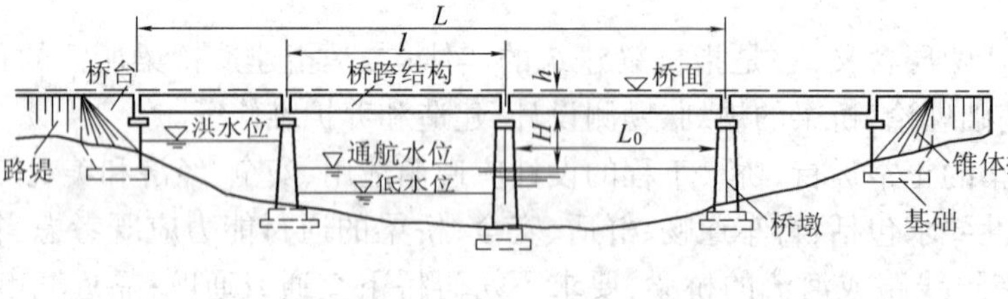

图2-1　桥梁的基本组成

桥跨结构又称为上部结构,指梁桥支座以上或拱桥起拱线以上跨越桥孔的结构。

桥墩、桥台和基础统称为下部结构,墩台是支撑桥跨结构并将结构重力和车辆荷载等作用传至地基土层的建筑物。设在桥梁两端与路堤相衔接的结构称为桥台,桥台除具上述作用外,还需抵御路堤填土的侧压力,防止路堤填土的滑坡和坍落。地基的奠基部分称为基础,它是确保桥梁能安全使用的关键,由于基础多深埋于土层之中,并且需在水下施工,故是桥梁施工中比较困难的部分。

梁桥中,在桥跨结构与桥墩或桥台的支承处所设置的传力装置称为支座。它不仅要传递很大的作用力,并且要满足桥跨结构的变位需要。

桥跨结构的上部设置桥面结构。此外,桥梁还常常需要建造一些附属结构物,如锥体护坡、导流堤、检查设备、台阶扶梯等。

二、桥梁相关术语名称

河流中的水位是变动的,在枯水季节的最低水位称为低水位;洪峰季节的最高水位称为高水位。桥梁设计中按规定的设计洪水频率所得的高水位称为设计洪水位。对于通航河流尚需确定通航水位。下面介绍一些与桥梁有关的术语和主要尺寸。

(1)跨度(也称跨径)。表示桥梁的跨越能力。对多跨桥,最大跨度称为主跨,是表征桥梁技术水平的重要指标。

(2)计算跨度。指桥跨两端相邻支座中心之间的距离,对拱式桥是指拱轴线两端点之间的距离。铁路桥梁常以计算跨度作为标准跨度。铁路桥梁的标准跨度和梁长有统一的规定,见表2-1。

表2-1 铁路桥梁标准跨度(m)

跨度(支点距离)	4	5	6	8	10	12	16	20	24	32
梁　长	4.5	5.5	6.5	8.5	10.5	12.5	16.5	20.6	24.6	32.6
跨度(支点距离)	40	48	56	64	80	96	112	128	144	168
梁　长	40.6	49.1	57.1	65.1	81.1	97.1	113.5	129.5	145.5	169.5

(3)净跨度。指设计洪水位线上相邻两个桥墩(台)之间的水平净距,而拱式桥是指每孔拱跨拱脚截面内边缘之间的距离。各孔净跨度之和,称为桥梁的孔径。

(4)桥下净空高度。设计洪水位或设计通航水位至桥跨结构下边缘之间的距离。

(5)桥梁建筑高度。指轨顶与桥跨结构下缘之间的高差。

(6)桥梁高度。指低水位至桥面的高差,对于跨线桥是指桥下道路路面至桥面的高差。桥高不同,桥梁的施工方法和难度也会有很大差异。

三、桥梁的分类

铁路桥梁分类的方法有很多种,依据不同的标准,有不同的分类。

(一)按桥梁长度分

按桥梁长度分为4种:特大桥,桥长500 m以上;大桥,桥长100 m以上至500 m;中桥,桥长20 m以上至100 m;小桥,桥长20 m及以下。

梁桥桥长指两桥台挡砟墙前墙之间的长度;拱桥指拱上侧墙与桥台侧墙间两伸缩缝外端之间的长度;刚架桥指刚架顺跨度方向外侧间的长度。

(二)按受力体系分

桥梁结构的体系包括:梁桥、拱桥、刚架桥、悬索桥与组合体系桥。

1. 梁桥

梁桥是一种在竖向荷载作用下无水平反力的结构,梁作为承重结构是以它的抗弯能力来承受荷载的。梁式体系按其结构受力特点可分为简支梁、连续梁和悬臂梁等,按其桥跨结构形式又可分为实腹梁和桁架梁,见图2-2。

2. 拱桥

拱桥的主要承重结构是拱肋(或拱圈),在竖向荷载作用下,拱圈主要承受压力,但也承受弯矩,可采用抗压能力强的圬工材料来修建。墩台除承受竖向压力和弯矩外,还承受水平推力,见图2-3。

3. 刚架桥

刚架桥是介于梁与拱之间的一种结构体系,它是由受弯的上部结构(梁或板)与承压的下部结构(桩柱或墩)结合在一起的整体结构。由于梁与柱刚性连接,梁因柱的抗弯而得到卸载作用,整个体系既是压弯结构,也是推力结构。刚架桥多半是立柱直立的(也有斜向布置)、单跨或多跨的门形框架。

刚架桥的桥下净空比拱桥大,适用于中小跨度、建筑高度较低的城市或公路跨线桥,见图2-4。

4. 悬索桥

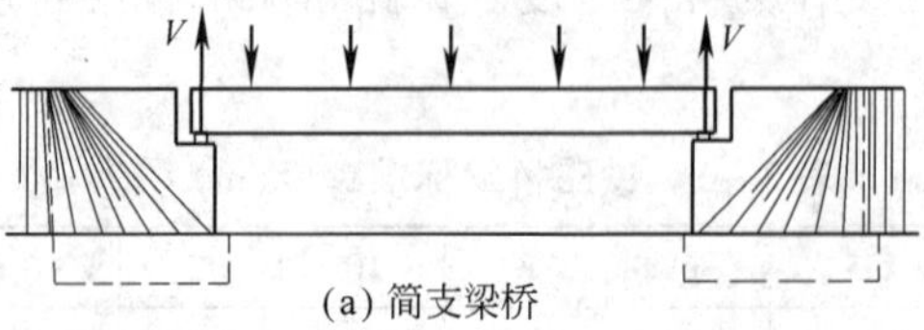

(a) 简支梁桥

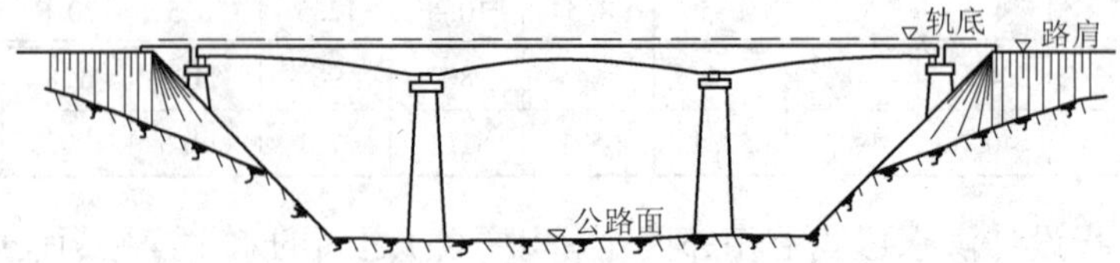

(b) 连续梁桥

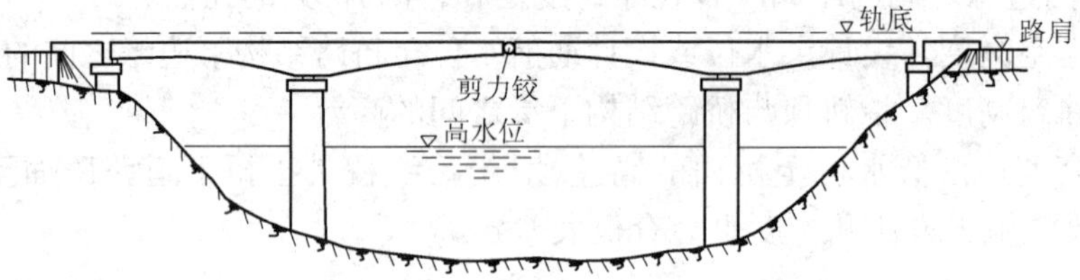

(c) 悬臂梁桥

图 2－2　梁桥图式

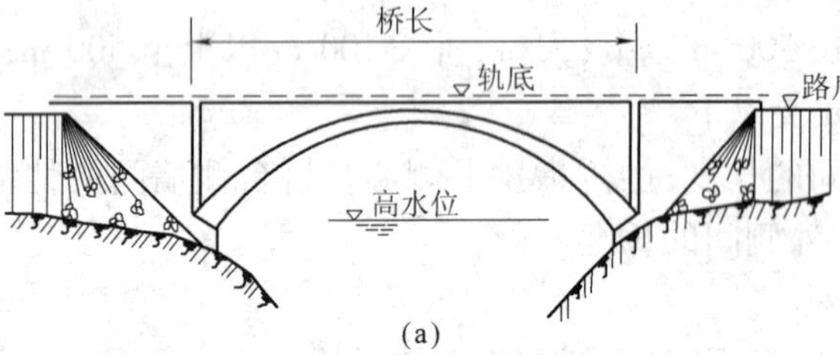

(a)

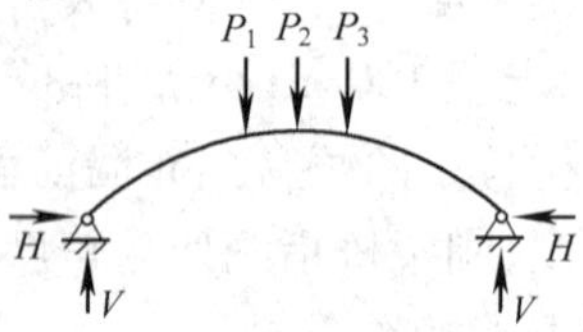

(c)

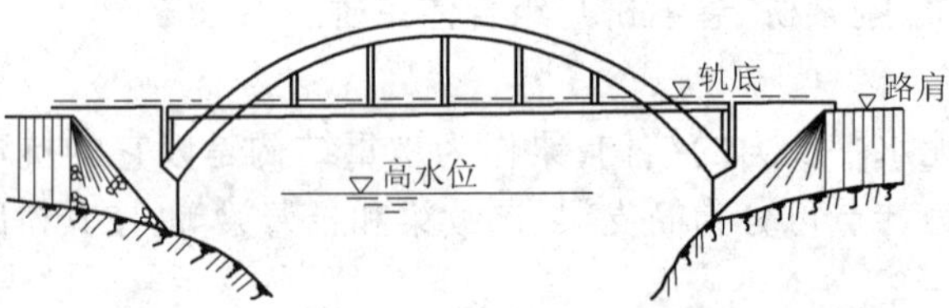

(b)

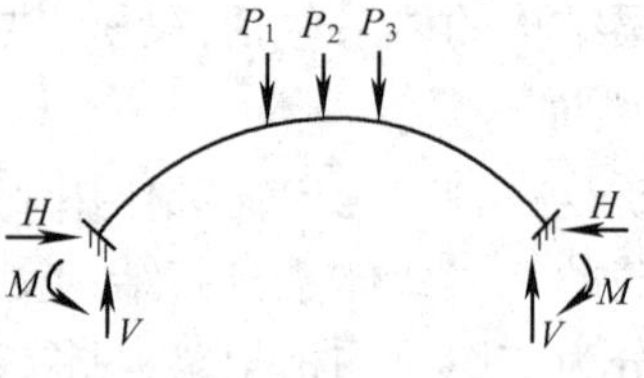

(d)

图 2－3　拱桥图式

传统的悬索桥均用悬挂在两边塔架上的强大缆索作为主要承重结构。在竖向荷载作用下,通过吊杆使缆索承受很大的拉力,通常都需要在两岸桥台的后方修筑非常大的锚碇结构(图 2－5)。悬索桥也是具有水平反力(拉力)的结构。悬索桥的跨越能力在各类桥型中是最大的,但结构的刚度较差,整个悬索桥的发展历史也是争取悬索桥刚度的历史。

5. 组合体系桥

(1)梁、拱组合体系

这类体系有系杆拱桥、木桁架拱桥、多跨拱梁结构等。它们是利用梁的受弯与拱的承压特点组成联合结构。其中梁和拱都是主要承重物,两者相互配合共同受力,见图 2－6。

(2)斜拉桥

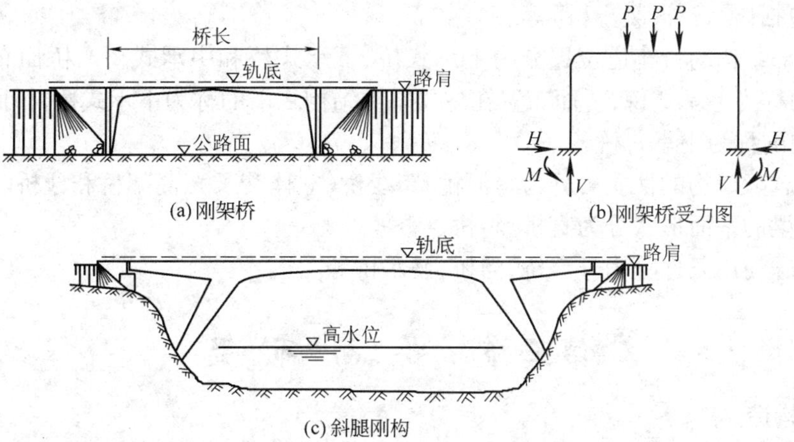

图 2－4　刚架桥图式

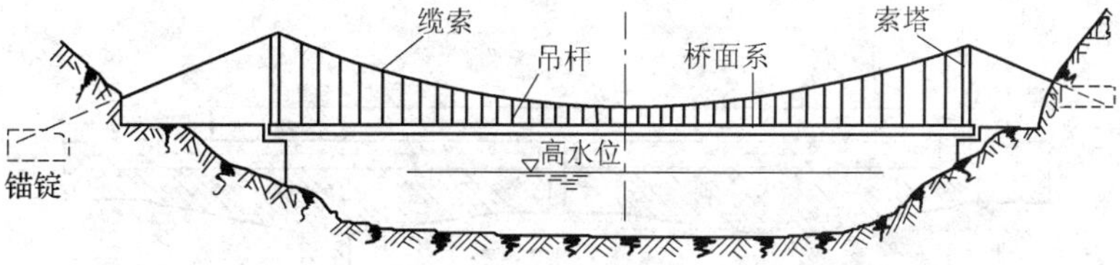

图 2－5　悬索桥图式

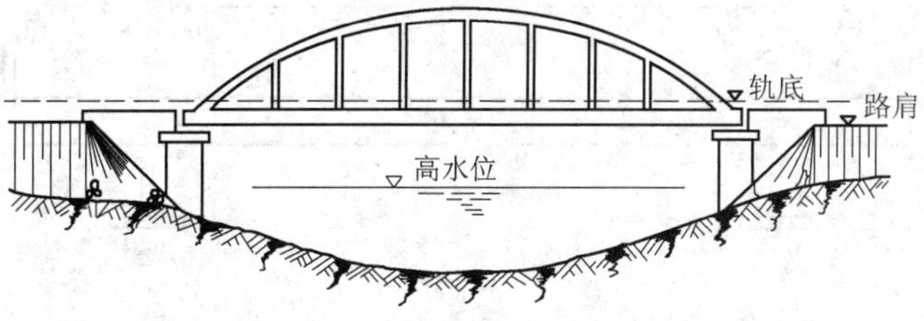

图 2－6　系杆拱桥图式

斜拉桥也是一种主梁与斜缆相结合的组合体系(图 2－7)。悬挂在塔柱上的被张紧的斜缆将主梁吊住,使主梁像多点弹性支承的连续梁一样工作,既发挥了高强材料的作用,又显著减小了主梁截面,使结构重量减轻,提高桥梁跨越能力。

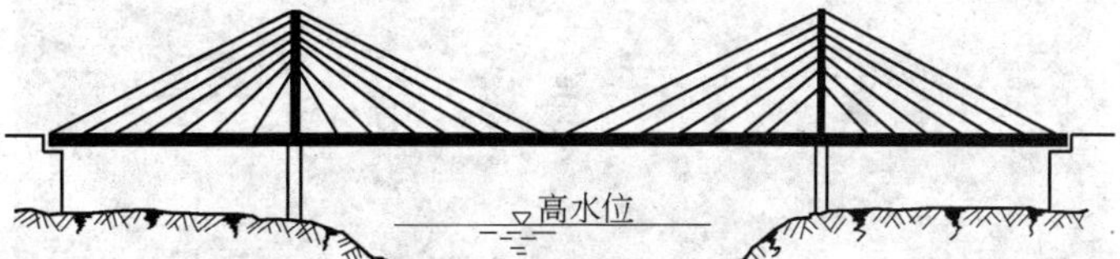

图 2－7　斜拉桥

(三)桥梁的其他分类方法简介

(1)按用途分为铁路桥、公路桥、公铁两用桥、人行桥、农桥、运水桥(渡槽),及其他专用桥梁(如通过各种管线等)。

(2)按上部结构所用材料可分为钢桥、木桥、钢筋混凝土桥、预应力钢筋混凝土桥、结合桥、圬工桥(包括砖、石、混凝土桥)等。

(3)按上部结构的行车道位置分为上承式桥、下承式桥和中承式桥。桥面布置在主要承重结构之上的称为上承式桥,桥面布置在主要承重结构之下的称为下承式桥,桥面布置在主要承重结构中间的称为中承式桥。

(4)按跨越障碍物的性质可分为跨河桥、跨线桥(立体交叉)、高架桥和栈桥。

(5)按桥梁的平面形状分为直桥、斜桥、弯桥。

(6)按特殊使用条件分为开启桥、浮桥、漫水桥等。

第三节　桥 面 布 置

一、桥面构造

桥面构造包括:钢轨、轨枕、道砟、挡砟墙、泄水管、人行道、栏杆和钢轨伸缩调节器等。铺设道砟的桥面称为道砟桥面,钢桥面一般不铺道砟,而将轨枕直接铺在纵梁上,称为明桥面。桥面构造见图2-8。

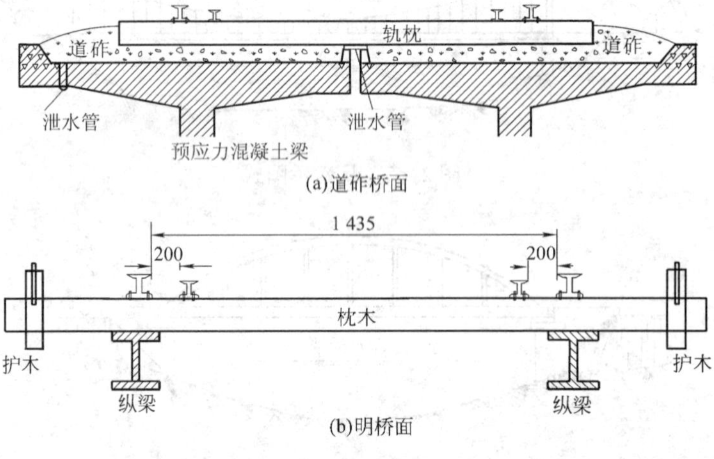

图2-8　铁路桥面一般构造(单位:mm)

图2-9　板式无砟轨道

全面采用无砟轨道是客运专线的发展趋势，桥上无砟轨道对桥梁的变形控制提出了更为严格的要求。图 2－9 为典型的板式无砟轨道。

铁路桥以横坡排水为主，道砟槽板上的雨水流向挡砟墙，沿挡砟墙流到横向泄水孔排出。

二、钢轨伸缩调节器

在荷载与温度变化影响下，铁路桥梁上的钢轨会随同桥梁一起伸长或缩短。桥梁上部结构的连续长度越长，伸缩量就越大。钢轨接头的间距越大，车轮经过该处时产生的冲击力就越大，甚至影响行车安全。因此，要求连续长度大于 100 m 的桥梁必须在梁端伸缩逢处设置钢轨伸缩调节器，以保证车轮是在连续的而不是断开的轨道上滚动，见图 2－10 所示。

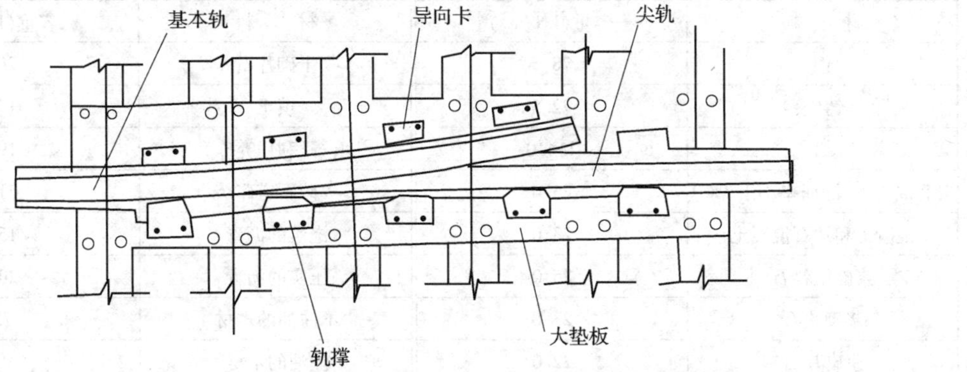

图 2－10 铁路桥梁钢轨伸缩调节器

第四节 铁路桥梁设计荷载

一、荷载的种类

桥涵荷载包括主力、附加力和特殊荷载。主力又分为恒载和活载两种，见表 2－2。在桥涵设计时，应按可能发生的最不利组合情况进行计算。组合时仅考虑主力与一个方向（顺桥向或横桥向）的附加力的组合。

表 2－2 桥涵荷载

荷载分类		荷载名称
主力	恒载	结构构件及附属设备自重，土压力，预加力，基础变位的影响，混凝土收缩和徐变的影响，静水压力及浮力
	活载	列车竖向静活载，离心力，列车竖向动力作用，活载土压力，公路活载（需要时考虑），人行荷载，横向摇摆力，长钢轨纵向水平力（纵向力和挠曲力）
附加力		制动力或牵引力，风力，流水压力，冰压力，冻胀力，温度变化的作用
特殊荷载		船只或排筏的撞击力，地震力，施工临时荷载，列车脱轨荷载，汽车撞击力，长钢轨断轨力

二、荷载计算

（一）恒　　载

1. 由支座传来的梁及桥面的重量

梁的总重量可查有关标准图。

桥面重量按均布荷载计算。单线直线道砟桥面包括双侧人行道:木枕采用 38 kN/m,预应力混凝土枕采用 39.2 kN/m;曲线上分别采用 46.3 kN/m 与 48.1 kN/m。单线明桥面的重量:无人行道时按 6 kN/m 计算,直线上双侧人行道铺设木步行板时,按 8 kN/m 计算,铺设钢筋混凝土或钢步行板时,按 10 kN/m 计算。

2. 圬工等自重

圬工等各部分结构的自重按体积乘以所用材料的容重计算,一般常用材料的容重见表 2-3。

表 2-3 桥涵结构一般材料容重

材　料	容重(kN/m^3)	材　料	容重(kN/m^3)
钢	78.5	干砌片石	20.2
铸铁	72.5	填土	17.0
铅	114.0	填石(利用弃砟)	19.0
钢筋混凝土(配筋率小于3%)	25.0	碎石道砟	21.0
混凝土和片石混凝土	23.0	浇筑的沥青	15.0
浆砌粗料石	25.0	压实的沥青	20.0
浆砌块石	23.0	不注油的木材	7.5
浆砌片石	22.0	注油的木材	9.0

3. 基础襟边上填土重量

填土重量按其体积乘以容重计算。对桥台可不考虑锥体填土的横向变坡影响。

4. 土压力

作用于墩台上土的侧压力,可按库仑理论推导的主动土压力计算,详见《铁路桥涵设计基本规范》(TB 10002.1—2005)。

对于实体圬工的水浮力按 10 kN/m^3 计。位于透水地基上的墩台,应考虑水的浮力。

对于土壤,只计土颗粒本身的水浮力。土壤颗粒容重一般为 27 kN/m^3,干容重一般为 17 kN/m^3。

(二)活　载

1. 列车竖向静活载

列车竖向静活载应采用中华人民共和国铁路标准活载即"中—活载"。

"中—活载"是象征性的模拟列车载重,普通活载左面 5 个集中荷载相当于一台机车的重量,其右侧一段 30 m 长的均布荷载大致与两台煤水车及另一台机车相当;最右侧的均布荷载表示列车的车辆载重,其长度不限。对跨度很短的桥,往往由 3 个轴重所组成的特种荷载控制设计。

计算桥梁各部分的横向倾覆稳定时,应采用空车的竖向活载,按每米线路 10 kN 计算。

2. 离心力

桥梁在曲线上时,应考虑列车竖向静活载产生的离心力。离心力方向水平向外,作用于轨顶以上 2 m 处,其值按下列公式计算(详见《铁路桥涵设计基本规范》):

对集中荷载 N
$$F = \frac{v^2}{127R} f N$$

对分布荷载 q $$F=\frac{v^2}{127R}fq$$

式中 F——离心力(kN)；

N——“中—活载”图式中的集中荷载(kN)；

q——“中—活载”图式中的分布荷载(kN/m)；

v——设计行车速度(km/h)；

R——曲线半径(m)；

f——竖向活载折减系数，按下式计算：

$$f=1.00-\frac{v-120}{1\,000}\left(\frac{814}{v}+1.75\right)\left(1-\sqrt{\frac{2.88}{L}}\right)$$

其中 L——桥上曲线部分荷载长度(m)。

f 的取值：当 $L\leqslant 2.88$ m 或 $v\leqslant 120$ km/h 时，取 1.0；当 $L\geqslant 150$ m 时，取计算值。

3. 列车竖向动力作用

列车竖向动力作用等于列车静活载乘以动力系数$(1+\mu)$，但钢筋混凝土、混凝土、石砌的桥跨结构及涵洞、刚架桥，当其顶上填土厚度 $h\geqslant 1$ m(从轨底算起)及实体墩台时，均不计列车竖向动力作用。

4. 活载土压力

指台后破坏棱体范围内因活载引起的侧向土压力，应按列车静活载换算为当量的均布土层厚度计算。

(三)附 加 力

1. 制动力或牵引力

车辆制动力(或列车牵引力)是指车辆在刹车(或启动)时为克服车辆的惯性力或阻力而在路面或轨道与车轮之间发生的滑动摩擦力。

制动力或牵引力是墩台设计计算的重要荷载，是作用在桥上的纵向水平力，但两者的方向相反。《铁路桥涵设计基本规范》规定：列车制动力或牵引力按作用在桥跨结构范围内的竖向静活载的 10% 计算，其作用点一般在轨顶以上 2 m 处。

2. 风力

分析桥梁结构的强度、刚度和稳定性时，应考虑风荷载的影响。对大跨度的斜拉桥和悬索桥以及高耸的桥塔和桥墩，风力的影响更大。

当风以一定速度运动并受到桥梁的阻碍时，桥梁就承受风压。风压分为顺风向和横风向。

3. 流水压力

位于河流中的桥墩会受到流水压力的作用。通常桥墩上游迎水一侧会形成高压区，下游一侧会形成低压区。前后的压力差便构成水流对桥墩的压力。流水压力与桥墩的截面形状、圬工粗糙率、水流流速和形态等有关。计算公式为

$$F_w=KA\frac{\gamma v^2}{2g}\quad(\text{kN})$$

式中 γ——水的容重(kN/m³)；

v——水的设计流速(m/s)；

A——桥墩阻水面积(m^2)，一般计算至一般冲刷线处；

g——重力加速度，9.81 m/s²；

K——由试验测得的桥墩形状系数。

流水压力的分布为倒三角形，其作用点在水位线以下 1/3 水深处。

（四）特殊荷载

1. 地震力

按规定，地震力不与其他附加力同时计算。地震力的计算方法，详见《铁路工程抗震规范》。

2. 其他荷载

在一般情况下不控制验算。

复习思考题

2－1　简述桥涵的作用及对桥涵的设计要求？

2－2　如何处理铁路桥梁与线路的平纵面关系？

2－3　简述梁式桥的基本组成部分，及各部分的作用。

2－4　什么是梁的计算跨度、净跨度、主跨、桥下净空和桥梁建筑限界？

2－5　简述桥梁的主要分类。

2－6　简述作用于铁路桥梁的荷载。

2－7　桥涵设计中，有哪些荷载是不同时计算的？哪些荷载同时计算时要进行折减？

2－8　什么是制动力、牵引力、离心力、冲击力？

第三章

桥跨结构构造

第一节　钢筋混凝土简支梁桥

在现代钢筋混凝土桥梁中最常用的是梁式桥。简支梁桥具有构造简单,施工方便,不受地形条件影响,易设计成各种标准跨径的装配式结构等优点。所以,目前我国铁路桥梁跨度在20 m以下的桥跨结构普遍采用钢筋混凝土简支梁,且多用装配式结构。主梁分两片预制,每片梁重一般均能适应架桥机的起吊能力,每片梁的尺寸也都能满足运输限界要求。当装吊或运输条件受限制时,可采用整体浇筑式结构。

下面就装配式钢筋混凝土简支梁桥的构造及标准设计作简要介绍。

一、标准设计简介

跨度20 m及以下的钢筋混凝土梁普遍采用标准设计(直、曲线轮廓尺寸相同,但配筋不同),标准跨度见表3-1所示。

表3-1　铁路桥梁标准图

图　号	跨　度(m)	桥梁高度	桥　面
叁标桥1023	4、5、6、8、10、12、16、20	普通高度	道砟桥面
叁标桥1024	4、5、6、8、10、12、16、20	低高度	道砟桥面
专　桥1023	4、5、6、8、10、12、16、20	普通高度	道砟桥面
专　桥1024	4、5、6、8、10、12、16、20	低高度	道砟桥面

主梁高度主要取决于使用条件和经济条件。普通高度梁的高跨比一般情况下采用1/6~1/9;低高度梁的高跨比为1/11~1/15,低高度梁截面稳定性好,但需要采用高强度的混凝土,用钢量较多,有时混凝土用量也增大,所以只有在建筑高度受限时才采用。

二、梁的截面形式

1. 板式梁

承重结构是矩形截面的钢筋混凝土梁称为板式梁[图3-1(a)],适用于跨度为4~6 m的小跨度梁。

板式梁高度低,制造方便,板下部可适当变窄。由于底部支撑较宽,重心低,不会发生侧向倾覆,两片梁间无横隔板联结。

2. 肋式梁

肋式梁是指在横截面内形成明显的肋形结构,适用于 8 ~ 20 m 的较大跨度梁。

随着跨度加大,肋式梁的梁高也相应增加,为节省材料,减轻梁重,便于架设和运输,通常多采用肋式 T 形截面[图 3 - 1(b)]。单片 T 梁易于侧向倾覆,运输时应在梁两侧设置临时支撑,在架梁就位时,两侧也应有临时支撑保护,防止翻梁。在桥位安装就位后,须通过横隔板连成整体。

3. 箱形梁

横截面呈一个或几个封闭箱形的梁桥称为箱形梁[图 3 - 1(c)],适用于较大跨度的梁。

这种结构除了梁肋和上部翼缘板外,在底部尚有扩展的底板,提供了能承受正、负弯矩的足够的混凝土受压区。箱形梁桥的另一重要特点是:在一定的截面面积下能获得较大的抗弯惯矩,而且抗扭刚度也较大,在偏心活载作用下各梁肋的受力比较均匀。因此箱形截面适用于较大跨径的悬臂梁桥和连续梁桥,也可用于修建全截面参与受力的预应力混凝土简支梁桥。显然,对于普通钢筋混凝土简支梁桥来说,底板除徒然增加自重外并无其他益处,故不宜采用。

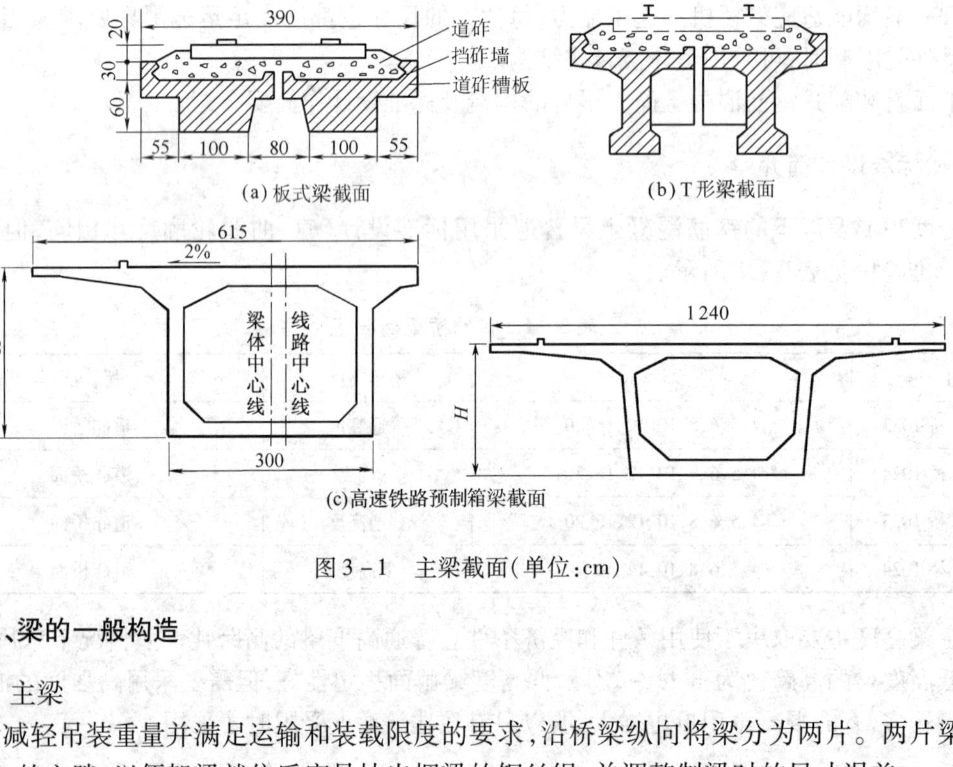

图 3 - 1　主梁截面(单位:cm)

三、梁的一般构造

1. 主梁

为减轻吊装重量并满足运输和装载限度的要求,沿桥梁纵向将梁分为两片。两片梁间留有 6 cm 的空隙,以便架梁就位后容易抽出捆梁的钢丝绳,并调整制梁时的尺寸误差。

2. 挡砟墙

为了防止落砟,在每片梁的顶部四周设有挡砟边墙(外侧的称挡砟墙,内侧的称内边墙),两端的称端边墙),形成了道砟墙,其宽度根据线路铺设的要求设置,挡砟墙外侧之间距为 3.9 m,见图 3 - 1(a)所示。

3. 横隔板

在 T 形梁的梁端及梁中,沿纵向每隔一定距离设有横隔板。梁体预制时,每片梁上浇筑一半横隔板(接缝处预埋联结角钢或联结板);架梁后,将两片梁的横隔板连接成整体。横隔板的作用是保证梁的横向稳定,并在列车荷载作用下,使两片主梁共同受力,抵抗扭矩。在曲线上的桥梁,设置横隔板更为必要。由于在维修或更换支座时,需在端横隔板下面放置千斤顶将梁顶起,故端横隔板尺寸较大,所以又称为“顶梁”。

4. 防排水设备

为防止雨水渗入梁体,引起钢筋锈蚀和混凝土冻胀开裂,影响梁的耐久性,桥面板顶面用水泥砂浆垫层做成横向排水坡,并在上面铺设防水层。水流向梁的外侧,并汇入埋在挡砟墙内的泄水管排出桥面。

5. 人行道与栏杆

铁路桥梁的人行道主要供维修人员通行及堆放材料所用,图3－2为人行道构造。明桥面应在轨道中心铺设步行板,并根据养护需要设置单侧或双侧人行道。道砟桥面应设置双侧人行道,在挡砟墙内预埋人行道钢支架U形螺栓。

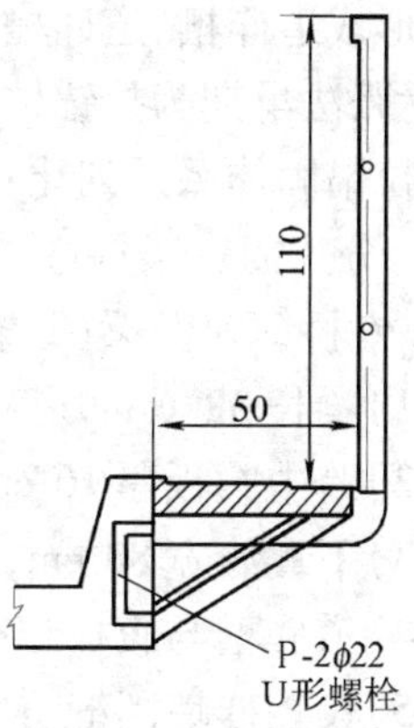

图3－2　铁路桥梁人行道栏杆布置图(单位:cm)

第二节　预应力混凝土简支梁桥

一、预应力混凝土结构

(一)混凝土结构的发展

钢筋混凝土结构的抗拉强度低,使用时容易开裂,限制裂缝宽度的同时也限制了高强度混凝土和高强度钢筋的采用,跨度越大,自重所占比例越高,跨度难以发展。

预应力混凝土结构指在承受外荷载以前,预先采用人为的方法(例如张拉力筋)使结构在使用阶段产生拉应力的区域先受到压应力。所施加的压应力将与荷载作用下产生的拉应力部分或全部抵消,从而推迟裂缝的出现,提高结构的刚度。

(二)预应力混凝土结构的特点及分类

预应力混凝土可以充分利用高强度的钢筋和混凝土,从而减小截面尺寸,节省材料,减轻自重,提高桥梁的跨越能力。因此,预应力混凝土梁比普通钢筋混凝土梁具有更大的优越性。

根据混凝土受预压程度的不同,预应力混凝土结构又可分为全预应力和部分预应力两种。前一种在最大使用荷载作用下混凝土不出现任何拉应力,后一种则容许发生不超过规定的拉应力值或裂缝宽度,以此改善使用性能并获得更好的经济效益。

根据张拉力筋和浇筑混凝土的先后顺序,预应力混凝土梁有先张梁和后张梁两种。

二、预应力混凝土简支梁

(一)发展应用情况

国内铁路预应力混凝土简支梁一般用于跨度16～32 m,目前已有64 m跨度的预应力混凝土简支梁;国内公路一般用于20～50 m。32 m及以下多为T形或板式截面,40 m以上多采用箱形截面。世界最大跨度的预应力简支梁跨度达到了76 m。

(二)铁路后张法简支梁标准设计及构造

1. 标准设计简介

道砟桥面后张法预应力混凝土梁跨度有16 m、20 m、24 m及32 m四种。每孔梁分成两片,每片梁架设到位后,再将两片梁间的横隔板连接起来形成整体。梁采用 T 形截面,上翼缘较宽,形成道砟槽,道砟槽板内设倾斜面,以利于排水。

后张法早期为拉锚体系,现在基本为拉丝体系。后张法预应力混凝土简支梁的发展方向是:张拉锚固体系系列化;研制大吨位锚具 QM、XM、OVM 锚等;使用高强低松弛力筋等。

2. 分片简支梁构造

以专桥 2059F 梁(T 梁)为例介绍构造特点:

(1)梁长 32.6 m,道砟槽宽 1.92 m,梁高 2.5 m,梁中心距 1.8 m;

(2)跨中腹板厚 16 cm,端部 20 cm;

(3)下翼缘宽 88 cm,高 20 cm,便于布置力筋,降低力筋重心;

(4)道砟槽与腹板相交处设梗斜;

(5)设挡砟墙断缝,使挡砟墙不参与主梁受力,防止墙顶混凝土被压碎;

(6)设横隔板,使用两片梁形成整体,共同分担列车活载。

(三)铁路先张法简支梁标准设计及构造

1. 标准图简介

道砟桥面低高度先张法预应力混凝土梁,跨度有 8 m、10 m、12 m 及 16 m。跨度为 8 m 者采用板式截面;跨度为 10 m 者,为了节省混凝土用量,减轻自重,采用板式挖洞截面;跨度为 12 m 和 16 m 者采用 T 形截面,每孔梁沿纵向分成两片。由于低高度梁下翼缘较宽,梁高较矮,截面稳定,两片梁架好后不需连接即可通车。

2. 力筋种类

先张梁中预应力筋多采用高强钢丝、钢铰线、粗钢筋,常用强度不低于 850 MPa 的 IV 级以上精轧螺纹钢,近年来也多用高强、低松弛钢铰线。

3. 力筋布置

力筋可布置成直线形或折线形,折线形布筋更合理,和弯矩图配合较好,但工艺复杂,故多布置成直线形。直线形布置的力筋不能弯起分担剪力。为提高梁的抗剪能力,可在支点附近适当加厚腹板厚度,或者将箍筋加密。

(四)预应力混凝土铁路槽形梁

预应力混凝土铁路槽形梁为下承式结构,由行车道板、主梁、端横梁三部分组成。在三个方向施加预应力,即在行车道板(道床板)上施加横向预应力,在主梁上施加纵向和竖向预应力。

槽形梁建筑高度较低,适用于净空和建筑高度有要求的场所,如城市立交桥。缺点是结构复杂,施工难度大,混凝土用量大。

(五)整体式预应力混凝土铁路简支梁

整体式预应力混凝土铁路简支梁具有建筑高度低,自重较轻等优点;无砟桥面的宽度可由 3.9 m 减至 2.3 ~ 2.5 m。缺点是轨面标高不易调整,工艺较复杂。常用的截面形式是 Π 形和箱形截面。

第三节 钢 桥

一、概 述

钢材是一种抗拉、抗压和抗剪强度均较高的匀质材料。由于钢材的强度高,所以钢桥具有很大的跨越能力。钢桥的构件最适合用工业化方法来制造,便于运输,工地安装的速度也快,因此,钢桥的施工期限较短。钢桥在受到破坏后，易于修复和更换。从抢修方面考虑，钢桥也较其他材料制造的桥梁优越。但是，钢材易于锈蚀，需要经常检查和按期油漆，故钢桥的养护费用要比钢筋混凝土桥梁高很多。为节约钢材，钢桥一般只用于40 m及40 m以上的铁路桥梁。

钢桥杆件的连接方式有焊接、铆接及螺栓连接。杆件在工厂组装用焊接，在工地拼装用高强螺栓连接的钢梁称为栓焊梁，工地拼装用铆接连接的钢梁称为铆焊梁。

二、下承式简支钢桁梁桥

我国铁路钢桥大多采用梁式桥，主要形式有板梁和桁梁两种。当跨度大于40 m时，采用板梁就不经济，应采用桁梁。桁梁也有上承式和下承式两种，如图3－3所示。大跨度的钢桥一般采用下承式，下承式简支桁梁的组成部分主要有桥面、桥面系、主桁架、联结系、支座等。

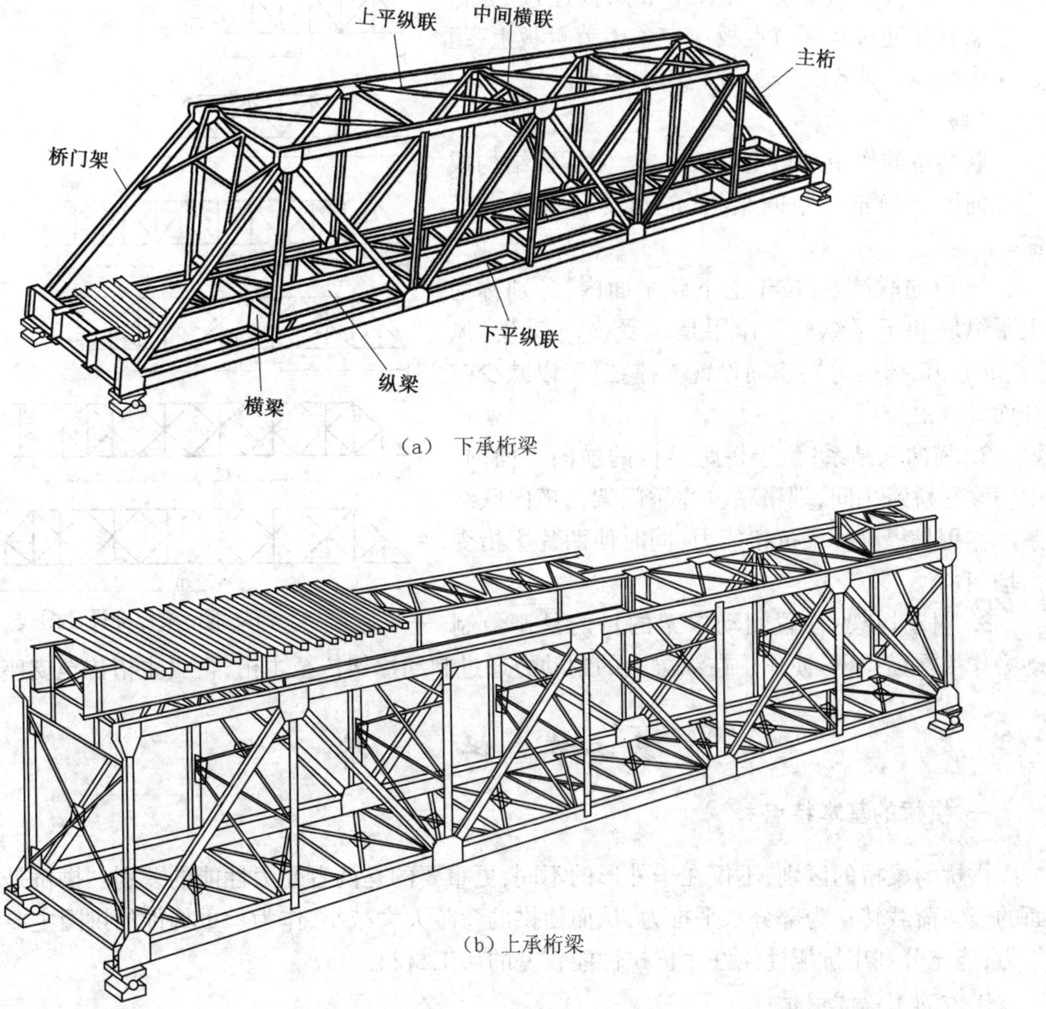

(a)　下承桁梁

(b) 上承桁梁

图3－3　钢桁梁图式

(一)桥　　面

桥面有明桥面和道砟桥面两种，是供列车和行人走行的部分。

明桥面由钢轨、护轨、桥枕、护木、防爬角钢、枕间板、人行道等部分组成。

(二)桥 面 系

桥面系有纵梁和横梁两部分,均采用工字形截面。横梁支承纵梁,纵梁支承桥枕,两纵梁的间距为2 m,两纵梁间设有上平纵联和一个中横梁。

(三)主 桁 架

主桁架的作用是承受竖向荷载,将荷载通过支座传给墩台。由上弦杆、下弦杆及腹杆组成,腹杆包括斜杆和竖杆,竖杆又分为立杆和吊杆。

我国下承式钢桁梁标准设计共有三种图式,如图3－4所示。主桁杆件的截面形式常用的有H形和箱形。H形截面杆件由两块竖板和一块水平板焊接或铆接而成,用于拉杆或长度较短、受力较小的压杆。箱形截面主要用于长度较长、受力较大的杆件,如上弦杆、斜杆。

主桁各杆在节点处交汇,用节点板连接起来,平纵联杆又通过水平节点板连在主桁节点板上,组成一个整体。节点又分大节点和小节点。

(四)联 结 系

联结系的作用是与主桁架一起,使桥跨结构成为几何图形稳定的空间结构,能承受各种横向荷载。

1. 纵向联结系:位于上下弦平面内,分别称为上平纵联和下平纵联。作用是承受横向荷载(风力、离心力、摇摆力);横向设置支撑弦杆,以减少弦杆面外自由长度。

2. 横向联结系:位于桥跨结构的横向平面内。中横联在桥跨中间;端横联也称桥门架。横向联结系的作用是提高桥梁抗扭能力,同时使两片主桁受力均匀。

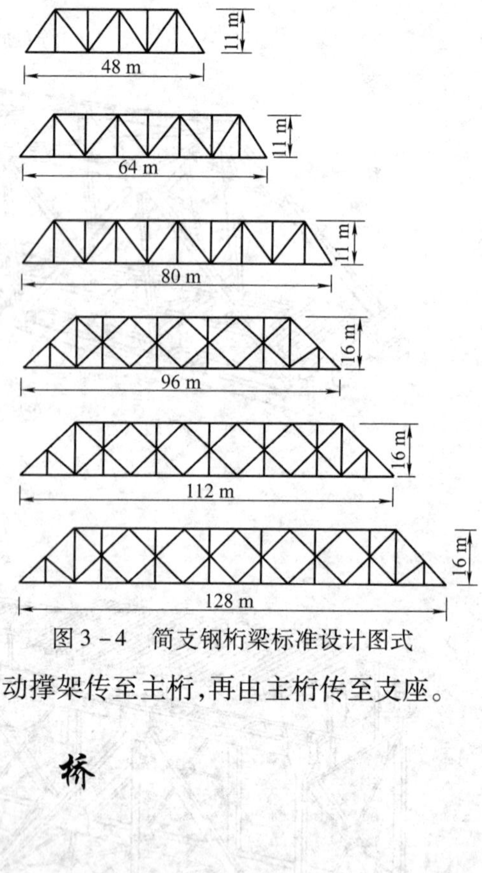

图3－4　简支钢桁梁标准设计图式

3. 制动撑架:设置制动撑架的目的是避免制动力作用在横梁上,使作用在纵梁上的制动力通过制动撑架传至主桁,再由主桁传至支座。

第四节　拱　　桥

一、拱桥的基本特点

拱桥与梁桥的区别,不仅在于外形的不同,更重要的是两者受力性能的差别。拱桥是将桥面的竖向荷载转化为部分水平推力,从而使拱的弯距大大减小,作为承重构件的拱圈主要承受压力,能充分利用抗压性能好而抗拉性能较差的圬工材料。

拱桥的主要优点是:

1. 跨越能力较大;
2. 能充分做到就地取材,与钢桥和钢筋混凝土梁式桥相比,可以节省钢材和水泥;
3. 耐久性好,而且养护、维修费用少;
4. 外形美观;
5. 构造简单,尤其是圬工拱桥,技术容易被掌握,有利于广泛采用。

拱桥的主要缺点是：

1. 自重较大，相应的水平推力也较大，增加了下部结构工程量，当采用无铰拱时，对地基要求高。

2. 拱桥（尤其是圬工拱桥）一般都采用在支架上施工的方法修建，随着跨径和桥高的增大，拱桥的施工难度增加，支架或其他辅助设备的费用也大大增加，从而提高了拱桥的总造价。

3. 由于拱桥水平推力较大，在连续多孔的大、中桥梁中，为防止一孔破坏而影响全桥的安全，需要设置单向推力墩，进一步增加拱桥造价。

4. 和梁式桥相比，上承式拱桥的建筑高度较高，当用于城市立体交叉及平原区的桥梁时，因桥面高程提高，而使两岸接线的工程量增大，或使桥面纵坡增大，既增大造价又对行车不利。

拱桥虽然存在这些缺点，但由于它的优点突出，在条件许可的情况下，修建拱桥往往仍然是经济合理的。尤其是圬工拱桥能节省钢材的优点，符合我国目前的实际情况。

二、拱桥的基本组成

拱桥由上部结构和下部结构两大部分组成，见图 3－5 所示。

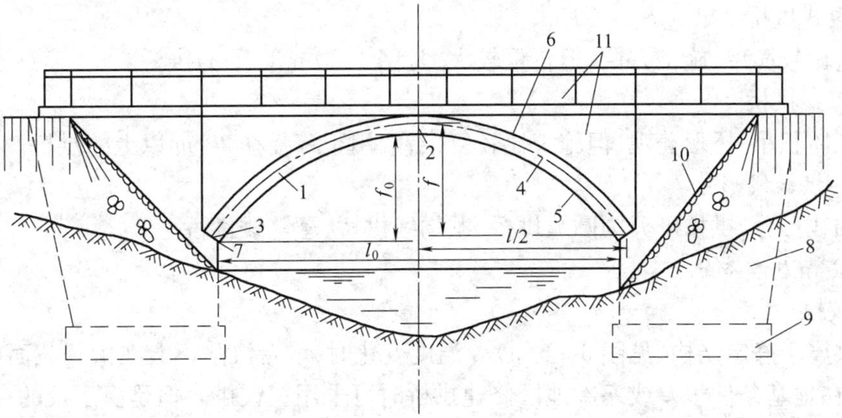

图 3－5　拱桥基本组成

1—主拱圈；2—拱顶；3—拱脚；4—拱轴线；5—拱腹；6—拱背；7—起拱线；8—桥台；9—桥台基础；10—锥坡；11—拱上建筑。f—计算矢高；f_0—净矢高；l_0—净跨径；l—计算跨径。

拱桥的上部结构由拱圈及其上面的拱上建筑所构成。拱圈是拱桥的主要承重结构。由于拱圈呈曲线形，一般情况下车辆都无法直接在弧面上行驶，所以在桥面系与拱圈之间需要有传递压力的构件或填充物，以使车辆能在平顺的桥面上行驶。桥面系和这些传力构件或填充物统称为拱上结构或拱上建筑。桥面系包括行车道、人行道及两侧的栏杆或砌筑的矮墙等构造。

拱桥的下部结构由桥墩、桥台及基础等组成。

拱圈最高处横向截面称为拱顶，拱圈和墩台连接处的横向截面称为拱脚。拱圈各横向截面形心的连线称为拱轴线。拱圈的上曲面称为拱背，下曲面称为拱腹。起拱面与拱腹相交的直线称为起拱线。一般将矢跨比大于或等于 1/5 的拱称为陡拱；矢跨比小于 1/5 的拱称为坦拱。

三、拱桥的主要类型

（一）按拱圈横截面形式分

1. 板拱桥

承重结构的主拱圈在整个宽度内砌成矩形,构造简单,施工方便。但从力学性能方面看,在相同截面积的条件下,实体矩形截面比其他形式截面的截面抵抗矩小。

2. 肋拱桥

将板拱划分成两条或两条以上,并将其分离成独立的拱肋,肋与肋之间用横系梁连接,这样就可用较小的截面积获得较大的截面抵抗矩,以节省材料,减轻拱圈本身重力。

3. 双曲拱桥

双曲拱桥的主拱圈在纵向和横向均呈曲线形,截面的抵抗矩较相同材料用量的板拱大很多,因此可以节省材料。另外,双曲拱桥还具有装配式桥梁的特点。

4. 箱形拱桥

箱形拱桥的外形和板拱相似,由于截面挖空,使箱形的截面具有较大的抵抗矩。又由于是闭口截面,故抗扭刚度也很大,横向的整体性和稳定性均较好,适用于无支架施工。

(二)按建筑材料分

按建筑材料分,拱桥可分为圬工拱桥、钢筋混凝土拱桥和钢拱桥。

(三)按拱上建筑形式分

1. 实腹式拱桥

其构造比较简单,施工方便,但自重较大,常用于20 m以下的拱桥。

2. 空腹式拱桥

其圬工体积小,桥形美观,但施工比较复杂,故用于跨径在20 m以上的拱桥。

(四)按拱轴线形分

按拱轴线形分,拱桥可分为圆弧拱桥、抛物线拱桥、悬链线拱桥。

(五)按静力体系分

1. 三铰拱

三铰拱属于静定结构,见图3-6(a)。温度变化时,墩台沉陷不会在拱圈截面内产生附加力。所以,在地基条件很差或寒冷地区修建拱桥时可采用三铰拱。但是由于铰的存在,使其构造复杂,施工困难,而且降低了结构的整体刚度,尤其是降低了抗震能力,因此主拱圈一般不采用三铰拱。三铰拱常用于空腹式拱上建筑的腹拱圈。

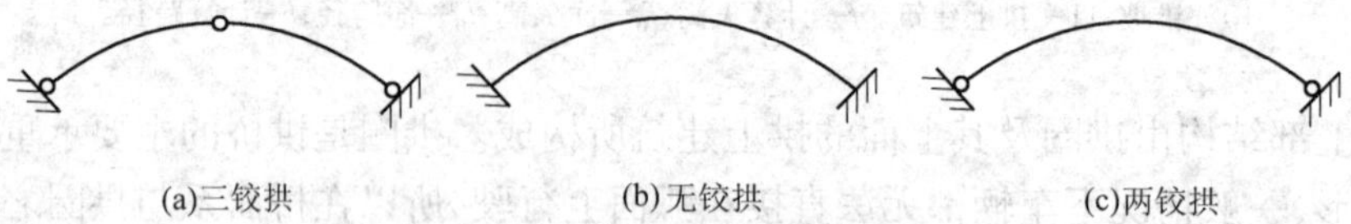

图3-6　拱桥的类型

2. 无铰拱

无铰拱属三次超静定结构,见图3-6(b)。在自重及外荷载作用下,由于拱的内力分布比三铰拱均匀,所以它的材料用量较三铰拱省。又由于没有设铰,结构的整体刚度大,而且构造简单,施工方便,因此在实际中使用最广泛。但是无铰拱的超静定次数高,温度变化、材料收缩,特别是墩台位移会在拱内产生较大的附加力,所以无铰拱一般适宜修建在地基良好的场合。但随着跨径的增大,附加力的影响相对减小,因此钢筋混凝土无铰拱仍是大跨径桥梁的主要桥形之一。

3. 两铰拱

两铰拱为一次超静定结构,见图3-6(c)。由于取消了跨中的铰,结构的整体刚度较三铰拱大。受力特点介于两铰拱和无铰拱之间，故在地基条件较差而不宜修建无铰拱时，可考虑采用两铰拱。

四、拱上结构

拱圈以上的结构称为拱上结构(或拱上建筑)。拱上结构有实腹式和空腹式两种。实腹式拱上结构的构造简单，施工方便，但填料数量较多，恒载较重，一般情况下，小跨度的拱桥多采用实腹式。大、中跨度的拱桥多采用空腹式，以利于减小恒载，并使桥梁显得轻巧美观。

1. 实腹式拱上结构

实腹式拱上结构由边墙、拱腹填料、护拱以及变形缝、防水层、泄水管和桥面等部分组成，见图3-5。两边墙间灌注低等级片石混凝土(即贫混凝土)或浆砌片石，称为砌背；也可夯填粗砂、砾石、碎石等，称为填背。因砌背便于形成道砟槽，故铁路桥中用得较多。车道两侧设人行道，外侧设栏杆(或砌矮墙，称为雉墙)。

拱顶处填料厚度(从拱顶至轨底)一般不宜小于1 m(不得已时不小于0.7 m)，以消除或减小列车冲击力对拱圈的影响，并将活载均匀分布于拱圈；为便于养护，填料厚度也不宜过大。桥上道砟厚度一般为45 cm，轨枕下厚度不得少于20~30 cm，整个道砟槽的宽度在直线桥上不小于3.9 m。

边墙顶面宽度一般为0.5~0.7 m。为保护边墙，其顶上应盖以檐石(又称帽石)，檐石伸出边墙外不小于10 cm，以避免雨水顺边墙流下，并可增加桥的美观。檐石高度不小于20 cm。

温度降低时会引起拱圈及拱上结构下降，并且拱上结构还会产生收缩，从而产生拉力，引起结构开裂。为避免这种现象，在拱上结构和墩台间应设置横向贯通的伸缩缝，把拱上结构和墩台断开。

2. 空腹式拱上结构

大、中跨度的拱桥，特别是当矢高较大时，因实腹式拱上结构的填料用量增多，重量大，故而以采用空腹式拱上结构为宜。空腹式拱上结构除具有实腹式拱上结构相同的构造外，还具有腹孔和腹孔墩。为使拱上结构可随拱圈自由变形，位于拱脚上方的腹拱应做成三铰拱，铰的上边墙应设伸缩缝。

五、墩　　台

拱桥的墩台除承受拱圈传来的竖直压力外，还有水平推力，因此墩台尺寸较大。拱脚一般与水平方向成25°~30°的夹角，并设有拱座。

铁路石拱桥常用U形或带洞的桥台。U形桥台适用于填土高为3~9 m时；当填土高为10~18 m时，可用带洞的桥台。带洞桥台比U形桥台节省材料，但施工较为复杂。另外，遇坚硬外露岩层时，只需挖去岩层表面的风化层，并铺一层约30 cm厚的混凝土垫层，即可将拱圈直接支承在岩石上，若岩层较差，则须加筑一块钢筋混凝土底板。

六、桥　　面

当拱圈宽度为4.4 m及以上时，拱上结构的边墙与填充物即形成道砟槽。当拱圈宽度为3.6 m或3.0 m时，设置两边带有悬臂的钢筋混凝土道砟槽，桥面宽度为4.9 m。

第五节 斜拉桥

一、斜拉桥的特点

预应力混凝土斜拉桥(图 3－7)是由索、梁、索塔三种基本构件组成的结构,属于组合体系桥。其主要组成部分为主梁、斜拉索和索塔。索塔上的斜拉索将主梁吊起,使主梁在跨内增加了若干弹性支点,减小了梁内弯矩,使梁高降低并减轻自重,且斜拉索的水平分力作为主梁的体外预应力,二者共同提高了梁的跨越能力,具有跨越能力大、结构经济合理、外形美观等优点。表 3－2 列出了一些世界上大跨径斜拉桥。

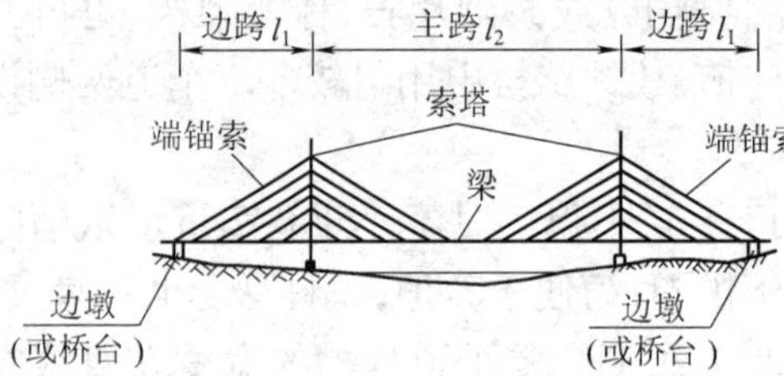

(a) 双塔三跨式

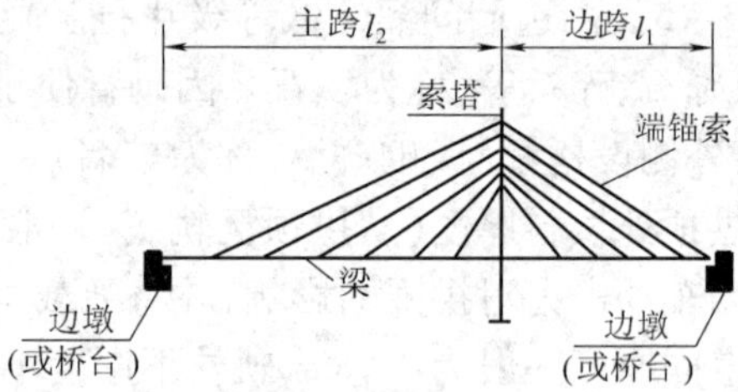

(b) 独塔双跨式

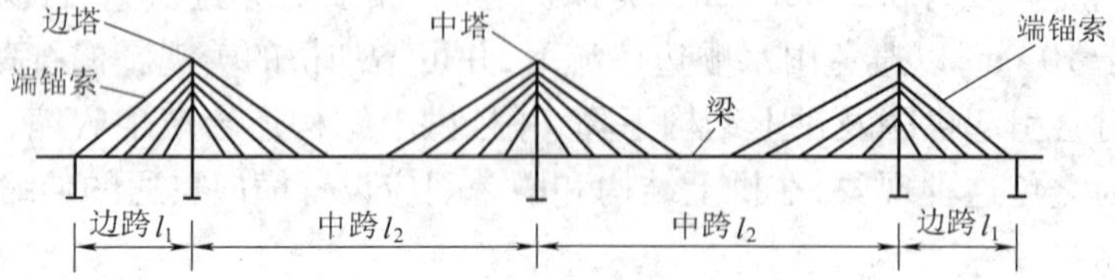

(c) 多塔多跨式

图 3－7 斜拉桥概貌

表 3－2 世界大跨径斜拉桥一览表

排序	桥梁名称	主跨(m)	所在地	建成年份
1	多多罗大桥(Tatara)	890	日 本	1998
2	罗曼蒂大桥(Normandie)	856	法 国	1994
3	南京长江二桥	628	中 国	2001
4	武汉白沙洲大桥	618	中 国	2000
5	青州闽江大桥	605	中国 · 福州	2000
6	杨浦大桥	602	中国 · 上海	1993
7	名港中央大桥(Meiko. Chuo)	590	日 本	1996
8	徐浦大桥	590	中国 · 上海	1997
9	斯卡路森特桥(Skarnsundet)	530	挪 威	1991
10	礐石大桥	518	中国 · 汕头	1999

二、构造类型

斜拉桥常用的主梁形式有连续梁、悬臂梁和悬臂刚构等。主梁截面采用板式或抗扭刚度较大的箱形截面。

斜拉桥的塔柱形式从桥梁立面上看,有独柱形、A 形和倒 Y 形三种,在横桥向又可做成单柱形、双柱形、门形、梯形、倒 V 形、钻石形和倒 Y 形等多种形式，见图 3－8。

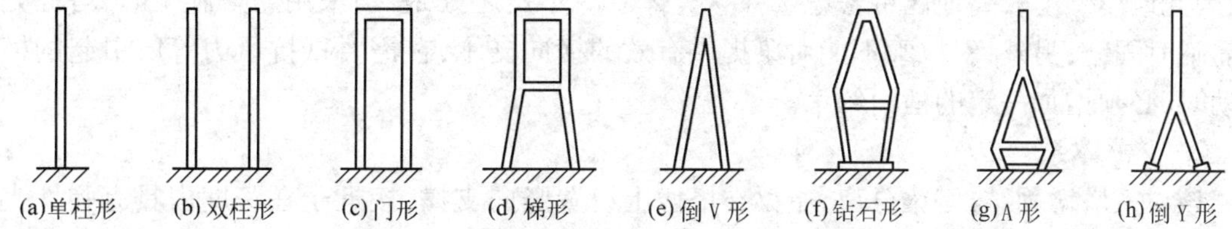

图 3－8　塔柱横向视图

斜索宜用抗拉强度高、抗疲劳强度好和弹性模量较大的钢材做成。斜索立面布置如图 3－9所示，斜拉索的布置形式有竖琴式、辐射式、扇式和非对称式。

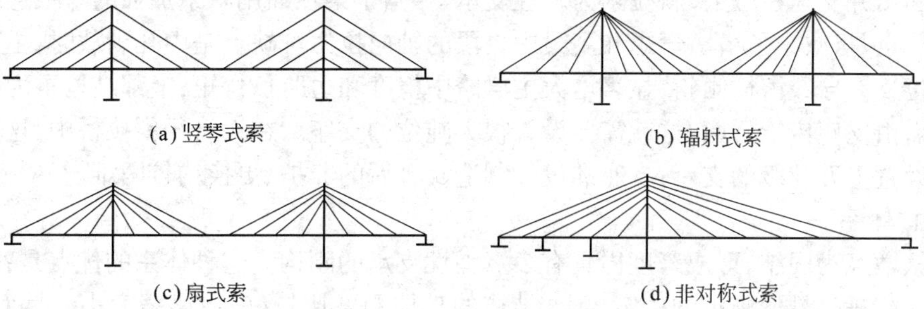

图 3－9　斜索的立面布置

三、结构体系

斜拉桥的主要组成部分是主梁、斜拉索和索塔，这三者按不同的结合方式形成不同的结构体系，即飘浮体系、支承体系（半飘浮体系）、塔梁固结体系、刚构体系（图 3－10）。在设计中应根据具体情况选择最合适的体系。下面介绍四种基本体系的特点。

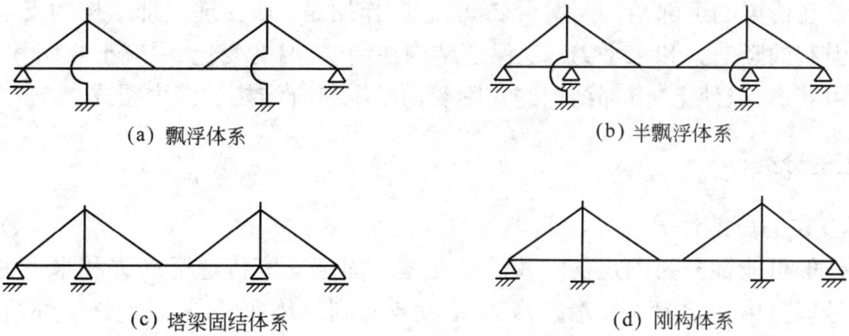

图 3－10　斜拉桥的结构体系

1. 飘浮体系

又称悬浮体系，该体系塔墩固结，塔梁分离，主梁除两端外全部用缆索吊起而在纵向可稍作浮动，其力学模式为多跨弹性支承的单跨梁。

这种体系的优点是全跨满载时，塔柱处主梁无负弯矩峰值；由于主梁可以随塔柱的变形而作刚体平移，所以索塔的温度、收缩和徐变对主梁的内力影响较小。密索体系主梁各截面的变形和内力变化较平缓，受力较均匀；地震时允许全梁纵向摆荡，成为长周期运动，从而抗震消能，因此地震烈度较高地区可考虑选择这类体系。不足之处是：当采用悬臂施工时，塔柱处主梁需临时固结；另外，斜拉索不能对梁提供有效的横向支承，在需要抵抗风力等所引起的横向摆动时，必须增加一定的横向约束。

2. 支撑体系

该体系塔墩固结，塔梁分离，主梁在塔墩上设置竖向支撑，接近于在跨度内具有弹性支承的三跨连续梁，又称半飘浮体系。这种体系的主梁内力在塔墩支点处产生急剧变化，出现了负弯矩峰值，通常须加强支承区段的主梁截面。支承体系的主梁一般均设置活动支座，在横桥方向亦需在桥台和塔墩处设置侧向水平约束。

3. 塔梁固结体系

塔梁固结并支承在墩上，斜拉索为弹性支承，相当于梁顶面用斜索加强的一根连续梁。这种体系的优点是，减小了塔墩弯矩和主梁中央段的轴向拉力。缺点是中孔满载时，主梁在墩顶处的转角位移易导致塔柱倾斜，显著增大主梁跨中挠度和边跨负弯矩；上部结构重力和可变作用反力都需由支座传给桥墩，这就需要设置很大吨位的支座。在大跨径斜拉桥中，这种结构体系可能要设置上万吨级的支座，支座的设计制造及日后的养护、更换均较困难。

4. 刚构体系

梁、塔、墩互为固结，形成跨度内具有多点弹性支承的刚构。这种体系的优点是：既免除了大型支座又能满足悬臂施工的稳定要求；结构的整体刚度比较好；主梁挠度小。然而，刚度增大是由梁、塔、墩固结处能抵抗很大的负弯矩换来的，因此这种体系在固结处附近区段内主梁的截面必须加大。

第六节　桥　梁　支　座

一、支座的作用和要求

支座设置在桥梁的上部结构与墩台之间，它的作用是：① 传递上部结构的支承反力，包括恒载和活载引起的竖向力和水平力；② 保证结构在活载、温度变化、混凝土收缩和徐变等因素作用下能自由变形，以使上、下部结构的实际受力情况符合结构的静力图式。

二、支座的分类

1. 按其变位的可能性分

按其变位的可能性分为固定支座和活动支座。固定支座传递竖向力和水平力，允许上部结构在支座处能自由转动但不能水平移动；活动支座则只传递竖向力，允许上部结构在支座处既能自由转动又能水平移动。活动支座又可分为多向活动支座（纵向、横向均可自由移动）和单向活动支座（仅一个方向可自由移动）。

2. 按材料分

大致可分为简易支座、钢支座、钢筋混凝土支座、橡胶支座和特种支座等。

三、支座的布置

（一）布置原则

固定支座和活动支座的布置，应以有利于墩台传递纵向水平力为原则：

(1)对于桥跨结构,最好使梁的下缘在水平力的作用下受压,从而能抵消一部分竖向荷载在梁下缘产生的拉应力。

(2)对于桥墩,应尽可能使水平力的方向指向河岸,以使桥墩顶部在水平力作用下不受拉。

(3)对于桥台,应尽可能使水平力的方向指向桥墩中心,以使桥台顶部受压,并能平衡一部分台后土压力。

(二)注意事项

(1)桥梁固定支座按下列规定布置:在坡道上时,设在较低一端;在车站附近,设在靠车站一端;在区间平道上,设在重车方向的前端。上述条件相互抵触时,应先满足坡道上的要求。除特殊设计外,不得将顺线路方向相邻两孔的固定支座安设在同一桥墩上。

(2)对于连续梁桥及桥面连续的简支梁桥,为使全梁的纵向变形分散在梁的两端,宜将固定支座设置在靠近桥跨中心;但若中间支点的桥墩较高或因地基受力等原因,对承受水平力十分不利时,可根据具体情况将固定支座布置在靠边的其他墩台上。

(3)对于特别宽的梁桥,尚应设置沿纵向和横向均能移动的活动支座。对于弯桥则应考虑活动支座沿弧线方向移动的可能性。对于处在地震地区的梁桥,其支座构造还应考虑桥梁防震的设施,通常应确保由多个桥墩分担水平力。

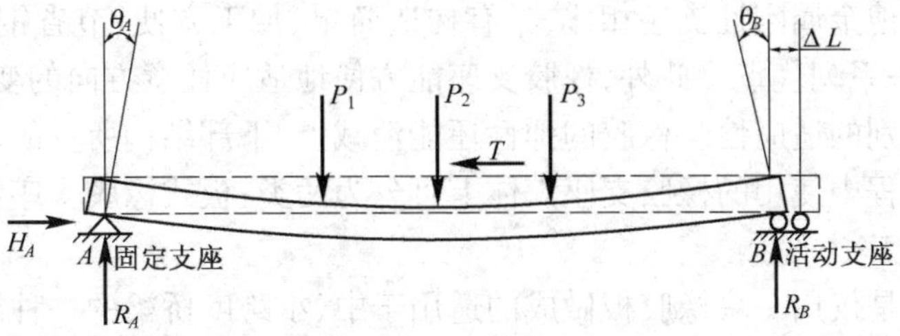

图 3－11　简支梁支座布置

(三)布置方式

桥梁支座的布置方式,主要根据桥梁的结构形式及桥梁的宽度确定。简支梁桥一端设固定支座,另一端设活动支座。铁路桥梁由于桥宽较小,支座横向变位很小,一般只需设置单向活动支座(纵向活动支座),如图 3－11 所示(图中箭头所指表示支座活动方向,无箭头者表示不能活动)。

连续梁桥每联只设一个固定支座。为避免梁的活动端伸缩缝过大,固定支座宜置于每联的中间支点上。但若该处墩身较高,则应考虑避开,或采取特殊措施,以避免该墩身承受水平力过大。

曲线连续梁桥的支座布置会直接影响到梁的内力分布,支座的布置应使其能充分适应曲梁的纵、横向自由转动和移动的可能性。通常宜采用球面支座,且为多向活动支座。此外,曲线箱梁中间常设单支点支座,仅在一联梁的端部(或桥台上)设置双支座,以承受扭矩。有意将曲梁支点向曲线外侧偏离,可调整曲梁的扭矩分布。

四、常用支座的类型和构造

(一)简易支座

简易支座是指在梁底和墩台顶面之间设置垫层来支承上部结构。垫层可用油毛毡、石棉板或铅板等做成,以适应梁端比较微小的转动与伸缩变形的要求,并承受支点荷载。固定端可加设套在铁管中的锚钉锚固。

简易支座仅适于跨度 10 m 以下的公路桥和 4 m 以下的铁路板桥。由于这种支座自由伸缩性差,为避免主梁端部和墩台混凝土拉裂,宜在支座部位的梁端和墩台顶面布设钢筋网加强。

(二)钢 支 座

钢支座是靠钢部件的滚动、摇动和滑动来完成支座的位移和转动的。特点是承载能力强,能适应桥梁的位移和转动需要,广泛应用于铁路桥梁。钢支座常用的有铸钢支座和特种钢支座。

(三)钢筋混凝土支座

钢筋混凝土摆柱式支座可用于跨径大于或等于 20 m 的公路梁桥,或跨径大于 13 m 的公路悬臂梁桥的挂孔。它的水平位移量较大,承载力为 5 500 kN 左右,摩阻系数为 0.05。

钢筋混凝土摆柱放在梁底与支承垫石之间,它的上下两端各放弧形固定钢支座一个。摆柱由 C40 ~ C50 混凝土制成,柱体内一般按含筋率为 0.5% 配置竖向钢筋,同时要配置水平钢筋网,以承受支座受竖向压力时所产生的横向拉力。

(四)橡胶支座

橡胶支座与其他金属刚性支座相比,具有构造简单、加工方便、节省钢材、造价低、结构高度小、安装方便等一系列优点。此外,橡胶支座能方便地适应任意方向的变形,故对于宽桥、曲线桥和斜桥具有特别的适应性。橡胶的弹性还能消减上、下部结构所受的动力作用,有利于桥梁抗震。在桥梁工程中使用的橡胶支座大体上可分为两类:板式橡胶支座和盆式橡胶支座。

1. 板式橡胶支座

板式橡胶支座是仅用一块橡胶板做成的适用于中、小跨度桥梁的一种简单橡胶支座,见图 3-12。它的活动机理是:利用橡胶的不均匀弹性压缩实现转角,利用其剪切变形实现水平位移。

图 3-12　板式橡胶支座

无加劲层的纯橡胶支座,由于其容许压应力较小,约为 3 000 kPa,故只适合于小跨径桥梁。常用的板式橡胶支座都用几层薄钢板或钢丝网作为加劲层。由于橡胶片之间的加劲层能起阻止橡胶片侧向膨胀的作用,从而显著提高了橡胶片的抗压强度和支座的抗压刚度,其抗压容许应力可以达到 8 ~ 10 MPa,而加劲物对橡胶板的转动变形和剪切变形几乎没有影响。加劲板式橡胶支座的承载能力可达 8 000 kN,目前已广泛用于中、小跨度的铁路及公路桥梁。

2. 盆式橡胶支座

盆式橡胶支座是将素橡胶板置于圆形钢盆内,橡胶在受压后的变形由于受钢盆的约束,处于三向受压状态，只要钢盆不破坏，橡胶就永远不会丧失承载力，以此来提高橡胶的容许抗压强度。密封在钢盆内的橡胶板，可以通过适度的不均匀压缩来实现转动，如果在其上加聚四氟乙烯板和不锈钢板，则还可以实现水平位移。因此，盆式橡胶支座可做成固定支座，也可做成活动支座，活动支座又可为多向活动支座和单向活动支座。

在同样的载重下，盆式橡胶支座的体积（高度）和重量不到钢支座的1/10，而且，在纵向及横向均可转动和移动，在功能上优于钢支座，能满足宽桥对支座横向转动及伸缩的要求。

复习思考题

3－1　选择梁的截面形式需考虑哪些因素？

3－2　钢桁梁由哪几部分组成？各部分的构造及作用是什么？

3－3　画出拱桥的构造布置图，指出各部分的名称及作用，并标出拱圈的净跨度、净矢高、计算跨度和计算矢高。说明伸缩缝的作用。

3－4　斜拉桥有何特点，它是由哪些部分组成的？

3－5　桥梁支座的作用是什么？布置支座时应注意哪些问题？

3－6　常见支座有哪些类型，各自的适用情况如何？

3－7　简述板式橡胶支座和盆式橡胶支座的构造。

第四章
桥梁墩台

第一节　桥墩的类型及适用范围

桥墩是桥梁下部结构的一种,位于桥梁中间部分。它的作用是支承相邻的桥跨结构,使之保持在一定的位置,并将桥跨结构传来的荷载和它本身所受的荷载一起传给下面的地基(图4-1)。

桥墩主要由顶帽、墩身、基础等三部分组成(图4-2)。

桥墩的类型有重力式桥墩、轻型墩、拼装式墩等。

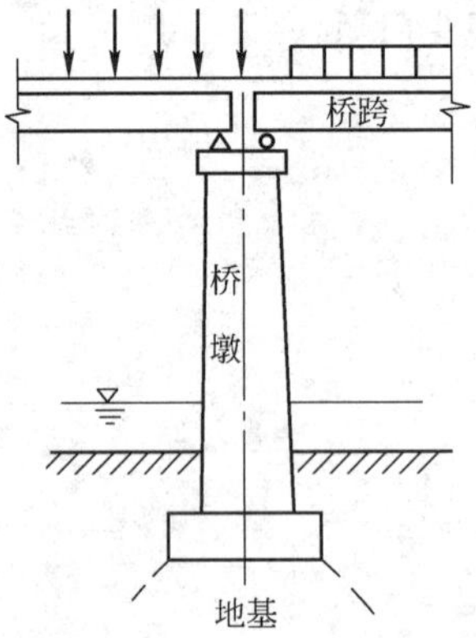

图4-1　桥墩的作用

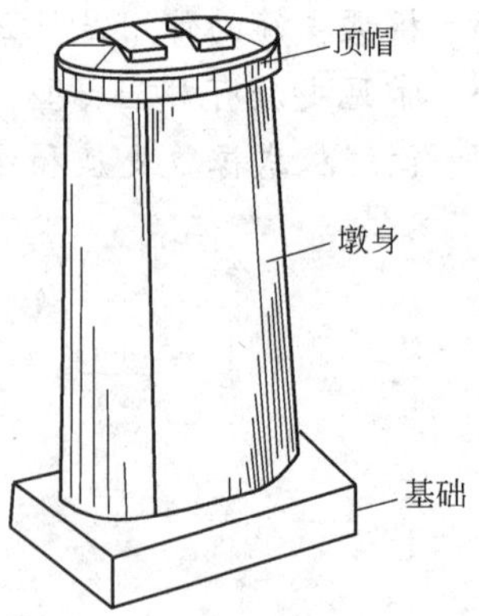

图4-2　桥墩的组成

一、重力式桥墩

重力式桥墩也称实体墩,它的主要特点是依靠本身巨大的重量和建筑材料的抗压性能来承担所受的荷载及保证自身的稳定。因此,墩身截面积较大,具有坚固耐久、抗震性能较好,对偶然荷载有较强的抵抗能力,施工简便,养护工作量小等优点,在目前铁路桥梁中应用广泛。桥墩按墩身横截面形状分主要有矩形、圆端形和圆形桥墩。现将其特点分述如下。

(一)矩形桥墩[图4-3(a)]

矩形桥墩对水流阻碍较大,会引起较大的墩周河床的局部冲刷。但因其截面是矩形,外形简单,施工方便,圬工数量较省。一般用于无水的旱桥和水流较小的跨谷桥。高桥墩高出设计频率水位的部分,因无水流的作用,也可采用矩形截面。

(二)圆端形桥墩[图4-3(b)]

圆端形桥墩的圆端部分对水流的阻碍较小,可减少水流对桥墩周围河床的局部冲刷,是铁路桥梁中应用最多的一种类型。一般用于水流与桥轴法线的交角小于15°的水中桥墩。

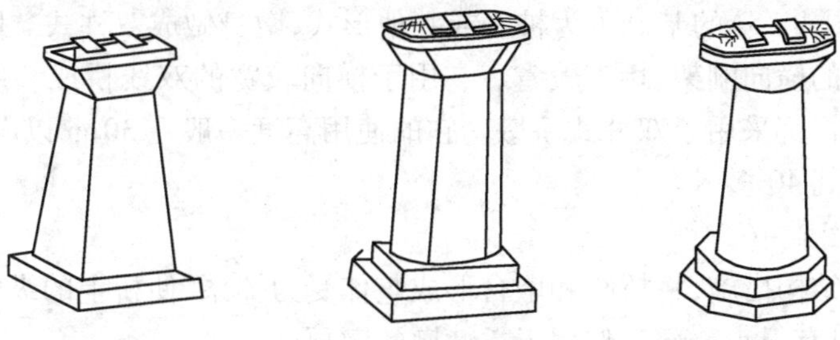

(a) 矩形桥墩　(b) 圆端形桥墩　(c) 圆形桥墩

图 4－3　常见的几种实体桥墩

（三）圆形桥墩［图 4－3(c)］

此种桥墩对水流的阻碍较小，各个方向都能适应水流，不过圆形截面用石料砌筑时较费工时。它适用于河道急弯、流向不固定，与水流斜交角不小于 15°的桥梁中。由于圆形截面横向与纵向具有相同的截面几何特性，故用于曲线时墩身圬工较为浪费，而在直线高墩上，由于纵向水平力的影响较大，圆形截面显然有利，且能节省圬工。

二、轻型桥墩

重力式桥墩的缺点是结构粗笨，墩身及基础的圬工量大，墩身材料强度也难于充分发挥和利用。为了节省圬工、减轻自重，充分发挥材料性能，可采用下列各种轻型桥墩。

（一）空心桥墩

墩高在 30 m 以上的高墩，可将实体墩改为厚壁混凝土空心桥墩，比实体墩节省圬工 20% ~30%。墩高在 50 m 以上的高墩可采用钢筋混凝土空心墩(图 4－4)，节省圬工 50% 左右。近年来，滑动模板施工工艺的采用和发展，为空心墩施工创造了较好的条件。

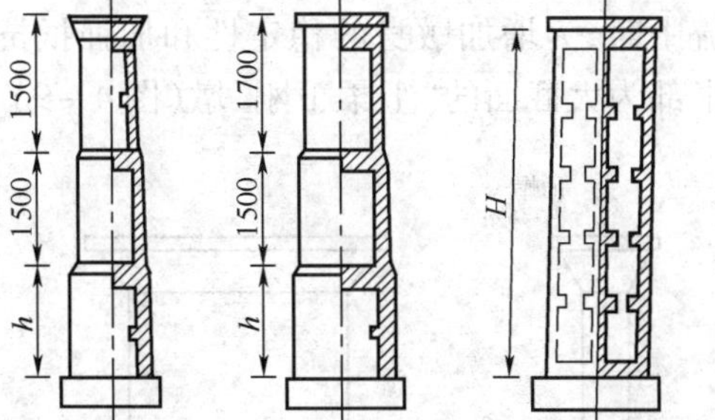

(a) 单筒式圆形（台阶式）　(b) 单筒式圆端形（台阶式）　(c) 双筒式圆端形（等截面立柱式）

图 4－4　薄壁空心桥墩（单位：cm）

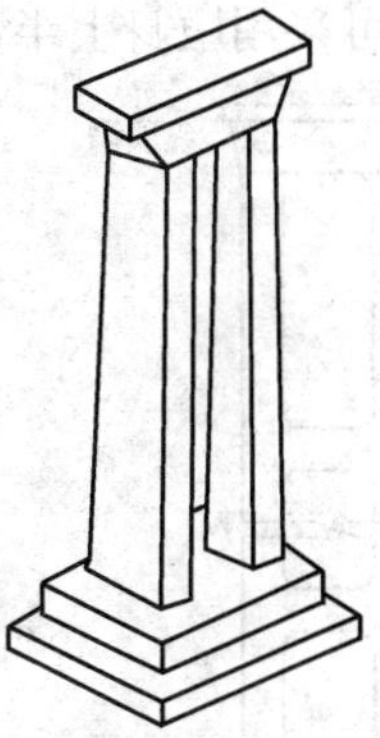

图 4－5　双柱式桥墩

（二）桩柱式桥墩及双柱式桥墩

桩柱式桥墩亦称通天桩式墩，它的墩身可以利用作为基础的桩延伸出地面的部分，顶帽就是连接桩柱的帽梁。其特点是构造简单，用料少，施工快，但其纵向的刚度较小，故它的建筑高度常受墩顶容许位移值的限制。一般用于地基松软，跨度不大，桥墩不高(8 ~10 m 以内)，水流流速不大的情况。

双柱式桥墩(图4－5)的基础可为桩基或其他形式,墩身做成双柱式。墩顶的横梁与双柱组成固结在基顶上的横向刚架,圬工较省。它用于横向较宽的双线桥或一般引桥中,如南京、九江长江大桥的引桥都采用了双柱式桥墩。它的使用高度一般在30 m以内,也有个别桥墩因采用多层刚架而达到40多米。

(三)柔性墩(图4－6)

柔性墩是通过结构措施,将桥跨和墩台形成整体受力体系,使桥上的纵向水平力按墩台的剪力刚度分配后,只有很小一部分作用于柔性墩的墩顶。

我国目前采用柔性墩的桥梁是将简支钢筋混凝土梁或预应力混凝土梁两端均用固定支座与墩台分组联结,每隔若干孔(一般不超过5孔)设一活动支座,在两个活动支座之间结合地形设置一个截面尺寸较大的刚性墩,两端桥台也做成刚性台,其他桥墩均可做成纵向尺寸较小的柔性墩。

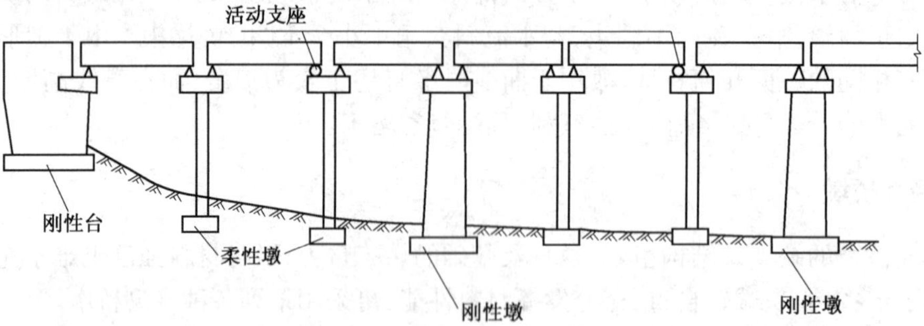

图4－6 柔性墩桥梁布置

根据经验,一个柔性墩仅承担受力体系中2% ~3%的纵向水平力,基本上接近于中心受压,其形式可做成刚架式[图4－7(a)]、板壁式[图4－7(b)]和排架式(图4－8)。当墩身高度较大,或桥墩处在有漂流物、水流湍急的河流中时,为增加墩身的稳定性和加强抵抗漂流物撞击的能力,可采用墩身上半部为小截面、下半部为大截面的“上柔下刚”墩(图4－9)。

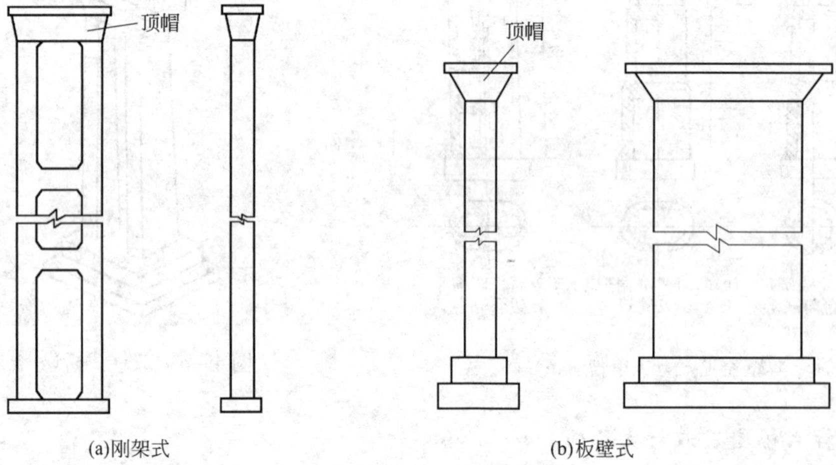

图4－7 刚架式和板壁式柔性墩

由于轻型桥墩结构轻巧,刚度较小,在通航或有流筏、流冰及漂流物的河流,墩身容易撞坏、挤坏;在夹带有大量砂、石的河流上使用时,也容易磨损。故在上述情况下不宜采用。

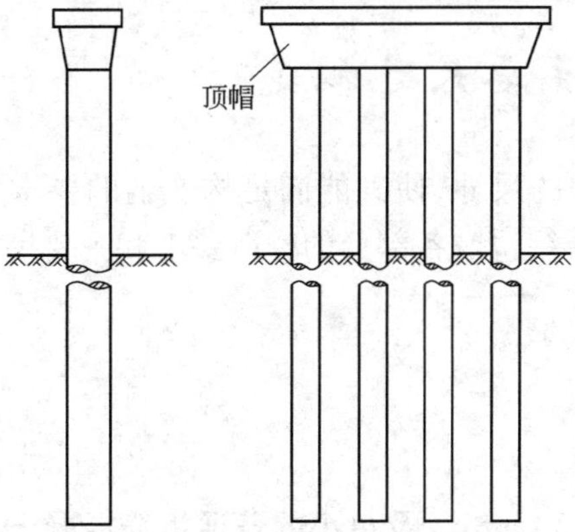

图 4-8　排架桩柔性墩

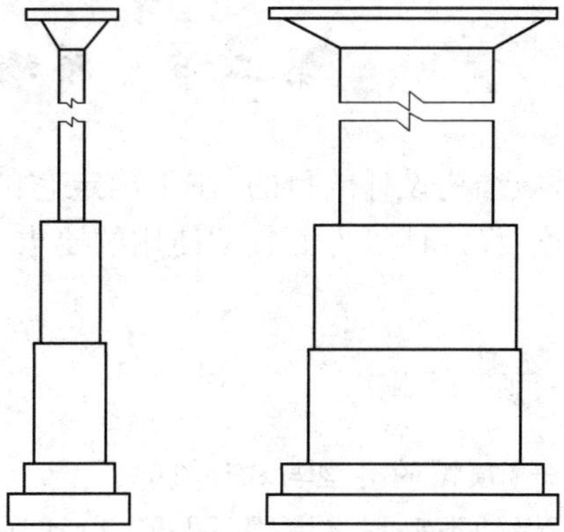

图 4-9　上柔下刚墩

三、拼装式桥墩

按施工方法分，桥墩可就地建造或采用预制构件进行现场拼装而成。桥墩结构的拼装化，不仅能充分利用材料强度，节省圬工，还可以将构件集中在工厂或工地预制，与基础施工平行作业，再加上吊装作业的机械化，可大大加速施工进度。尤其在缺砂石、缺水以及自然条件恶劣，施工季节短的地区，采用拼装式桥墩更为合适。

新中国成立以来，在新建铁路线上曾采用过以混凝土砌块拼装的实体墩，然而优势不显著。在轻型桥墩方面曾做过板凳式拼装墩（图 4-10）、排架式拼装墩、预应力混凝土拼装式空心墩等。由于拼装化带来了一些需要特殊考虑的问题，例如接头部分既要牢靠又要构造简单，便于施工，另外对施工技术的要求也比较高，因此拼装式墩仅在特殊地区使用。

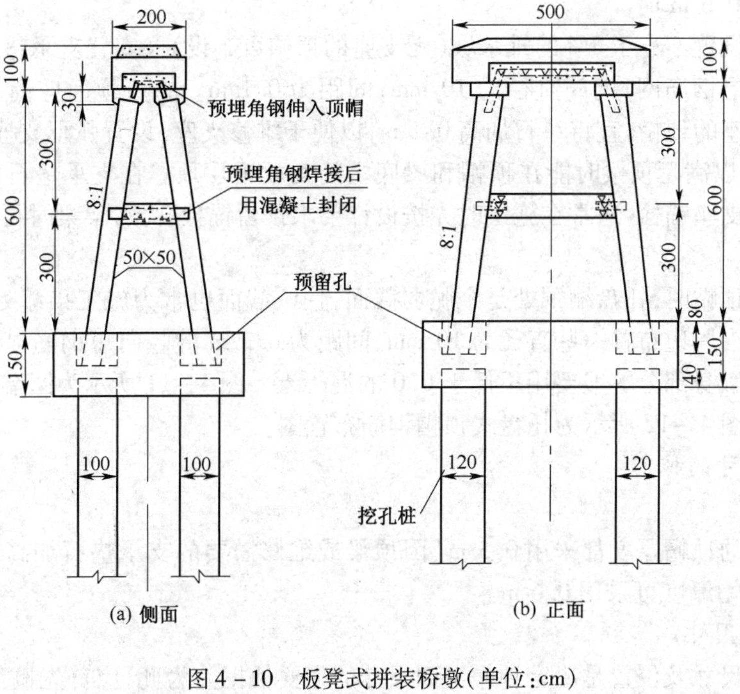

图 4-10　板凳式拼装桥墩（单位：cm）

第二节　桥墩构造及主要尺寸拟定

桥墩结构设计的目的,在于确定它的最经济合理的尺寸,使其能满足构造上的要求和强度、刚度、稳定性等方面长期使用的要求。为此本节介绍桥墩各部分的构造要求和主要尺寸的拟定。

一、顶　帽

(一)顶帽的类型与构造

顶帽的类型有飞檐式(图 4-2)和托盘式(图 4-3)。8 m 及更小的普通钢筋混凝土梁配用的矩形或圆端形桥墩,其顶帽一般采用飞檐式,顶帽的形状均随墩身形状而定。10 ~ 32 m 的普通钢筋混凝土梁及预应力钢筋混凝土梁的桥墩,其顶帽常做成托盘式以节省圬工。托盘式顶帽的顶帽形状除圆形墩采用圆端形顶帽外,其他桥墩的顶帽常采用矩形。托盘的形状则要按墩身形状的需要来确定。

顶帽的作用是安放梁的支座,将桥跨传来的集中压力均匀地分散给墩身;另外顶帽还要有一定宽度以满足架梁施工和养护维修的需要。因此,《铁路桥涵设计基本规范》对顶帽的构造有较多的规定,以保证其能发挥应有的作用。

顶帽应采用不低于 C30 的混凝土,厚度不小于 0.4 m,一般要求设置两层钢筋网,钢筋直径为 10 mm,间距为 0.2 m。但对单线、等跨、跨度不大于 16 m 的钢筋混凝土梁的实体墩台顶帽,有下列情况之一时,也可不设置顶帽钢筋。

(1)无支座;

(2)当地气象条件不会使顶帽受到冻害影响,且顶帽与墩身为整体灌筑,顶帽不带托盘,厚度等于或大于 0.6 m 时。

顶帽顶面要设置不小于 3% 的排水坡(无支座的顶帽可不设)及安置支承垫石平台。垫石内应铺设一至二层钢筋网,钢筋直径为 10 mm,间距为 0.1 m。垫石顶面应高出排水坡的上棱。设置平板支座的顶帽,宜将垫石加高 0.1 m,以便于维修支座;设置弧形支座的顶帽,宜将垫石加高 0.2 m,以满足顶梁时能在顶帽和梁底之间支放千斤顶。在支承垫石内还须安放固定支座底板用的支座锚栓,通常在施工时先按设计要求预留锚栓孔位,架梁时再埋入支座锚栓并固定之。

采用托盘式顶帽时,托盘缩颈处是个脆弱截面,且该截面也常为施工接缝处,故应在托盘与墩身的连接处沿周边布置一些直径为 10 mm,间距为 0.2 m 的竖向短钢筋以加强之。托盘及设置短钢筋的墩身部分一般要用不低于 C30 的混凝土。图 4-11 所示为圆端形桥墩的托盘式顶帽的构造。图 4-12 所示为托盘式顶帽钢筋布置图。

(二)顶帽尺寸的拟定

1. 顶帽厚度

一般有支座的顶帽厚度都采用 0.5 m(因顶梁或维修需要的支承垫石加高部分不包括在内),无支座的顶帽厚度可采用 0.6 m。

2. 顶帽平面尺寸

支座底板的尺寸及位置是决定顶帽平面尺寸的主要依据。为此,应首先搞清梁的跨度 L、梁全长、梁梗中心线位置、支座底板尺寸及梁端缝隙的大小。此外,决定顶帽的平面尺寸时,还

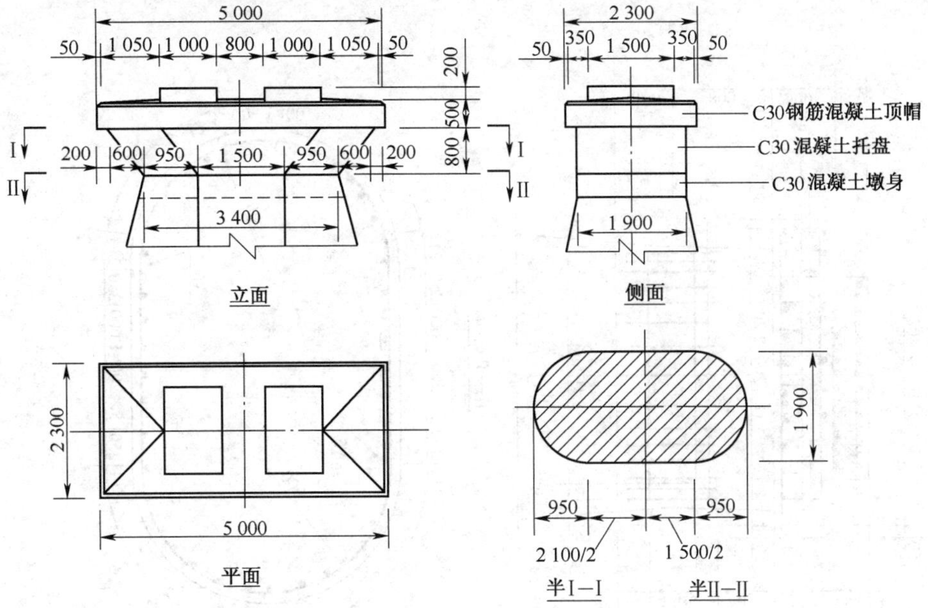

图 4－11　圆端形桥墩托盘式顶帽构造（单位 mm）

要考虑架梁和养护时移梁、顶梁的需要。

顶帽纵向宽度 C 如图 4－13 所示，可写为

$$C \geqslant c_0 + 2c_1 + 2c_2 + 2c_3 + 2c_4 \tag{4-1}$$

式中　c_0——考虑梁及墩台的施工误差、温度变化等因素而设置的梁缝：对钢筋混凝土或预应力混凝土简支梁，当跨度 $L \leqslant 16$ m 时，$c_0 = 60$ mm；$L \geqslant 20$ m 时，$c_0 = 100$ mm；

c_1——梁跨伸过支座中心的长度，即梁全长减去跨度除以 2；

c_2——支座底板的纵向宽度，可根据梁的资料确定；

c_3——支座底板边缘至支承垫石边缘的距离，一般为 0.15 ~ 0.2 m，它是为了施工误差和防止支承垫石表面劈裂或支座锚栓松动所必需的距离；

c_4——支承垫石边缘至顶帽边缘的距离，用以满足顶梁施工的需要。当跨度 $L \leqslant 8$ m 时，$c_4 \geqslant 0.15$ m；8 m $< L <$ 20 m 时，$c_4 = 0.25$ m；$L \geqslant 20$ m 时，$c_4 = 0.4$ m。

矩形顶帽的横向尺寸 B 如图 4－13 所示，可写为

$$B \geqslant c_5 + c'_2 + 2c_3 + 2c'_4 \tag{4-2}$$

式中　c_5——梁梗中心横向间距；

c'_2——支座底板的横向宽度；

c'_4——支承垫石边缘至顶帽边缘的横向距离，为了养护作业的需要，矩形顶帽的 c'_4 不小于 0.5 m。

圆端形顶帽时，支承垫石角至顶帽最近边缘的最小距离 c'_4 与纵向的 c_4 相同。

对于分片式钢筋混凝土梁及预应力混凝土梁分片架立时，考虑到第一片梁横向移梁的需要及保证施工、养护人员的安全作业，顶帽横向宽度一般应采用下列数值：

跨度 $L \leqslant 8$ m 时不小于 4 m；

跨度 8 m $< L <$ 20 m 时不小于 5 m；

跨度 $L \geqslant 20$ m 时不小于 6 m。

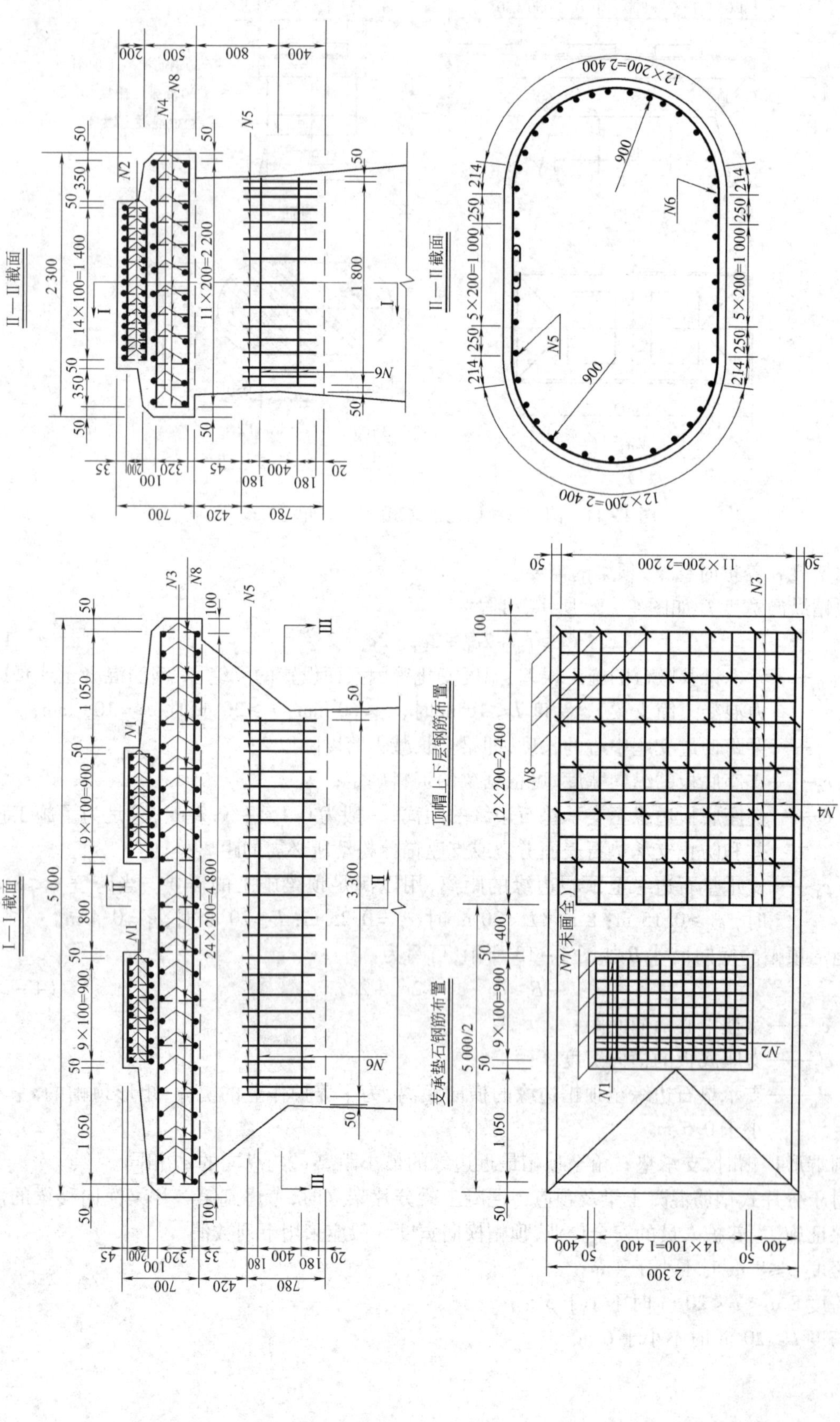

图 4-12　托盘式顶帽钢筋布置图

3. 托盘式顶帽的托盘

在顶帽纵横向尺寸较大时，为使墩身尺寸不致因此过分增大而多用圬工，常在顶帽下设置托盘将纵横向尺寸适当收缩，一般在横向收缩较多，纵向不收缩或少收缩。

托盘顶面的形状与桥墩的截面形式有关，如矩形桥墩的托盘顶面仍是矩形，而圆形、圆端形桥墩者则为圆端形。托盘顶面纵、横向尺寸等于顶帽纵、横向尺寸减去两边飞檐的宽度。

托盘底面与墩身相接，它的形状应与墩身截面形状相同。托盘底面横向宽度不宜小于支座底板外缘的距离。托盘侧面与竖直线间的 β 角不得大于 45°；支承垫石横向边缘外侧 0.5 m 处顶帽底缘点的竖直线与该底缘点同托盘底部边缘处的连线夹角 α 不得大于 30°，见图 4－13 所示。

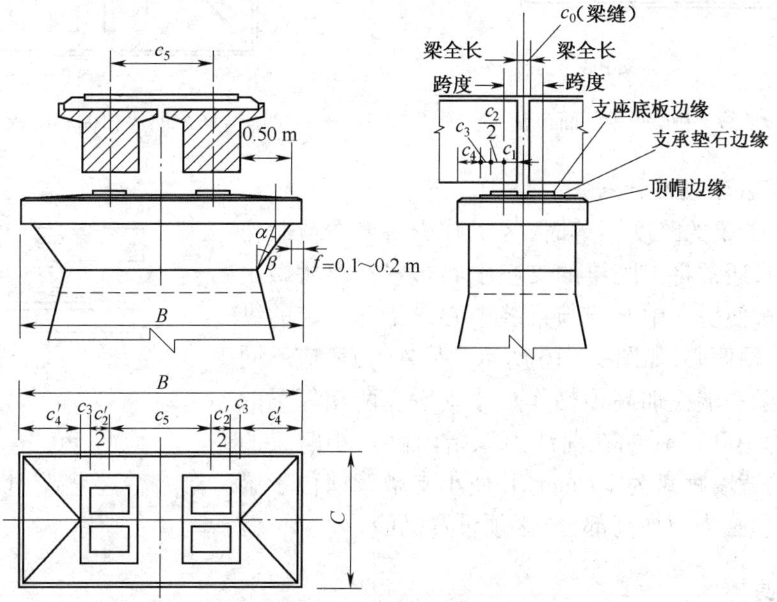

图 4－13　托盘式顶帽尺寸的拟定

(三) 曲线桥桥墩顶帽特点

曲线桥的梁，常采用与直线上的梁相同的外形以简化设计和制造。但为了适应曲线的线路，各孔梁应按折线布置，这就使相邻两孔梁之间的缝隙内窄外宽（其内侧梁缝的最小值要求与直线桥的相同），梁的端部和桥墩横向中心线不平行（图 4－14），梁端支座斜放在支承垫石上。因此曲线上桥墩的垫石平面形状可做成梯形，但为了便于施工，实际上仍将垫石按曲线布置要求适当加宽加长而做成矩形。支座中心和锚栓位置则要根据曲线桥的实际布置另行计算确定。

现行各式桥墩的标准设计中，曲线上都采用如图 4－15 所示的横向预偏心桥墩。所谓预偏心即是将桥墩中心线向曲线外侧移动一定距离，而桥跨中线和支承垫石位置不动。这样做的目的，是使桥跨的自重和列车竖向活载对桥墩的压力产生向曲线内侧的力矩，以平衡一部分由于列车在曲线上行驶而产生的离心力所引起的向曲线外侧的力矩，从而改善桥墩的受力情况和节省圬工。

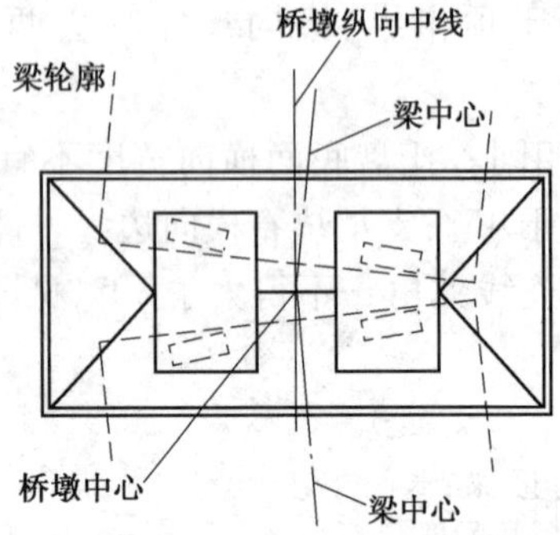

图4-14　曲线上桥墩顶帽平面布置

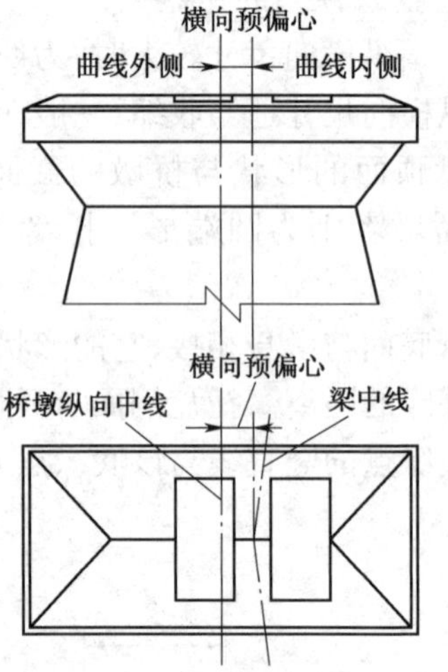

图4-15　曲线预偏心桥墩顶帽

(四)不等跨桥墩顶帽特点

当桥墩上相邻梁的跨度不等时,为了减少桥墩在荷载作用下的偏心力矩,通常将大跨梁的支座中心布置在离桥墩中心线较近的地方,使桥墩中心线与梁缝中心线错开一定的纵向距离形成纵向预偏心,如图4-16所示。另外,为适应不同的梁高,在小跨梁一端应加高顶帽作成小支墩。两相邻梁的梁缝规定最小为100 mm(如在曲线上系指内侧),小跨梁的梁端至小支墩的背墙距离为50 mm,并使小支墩背墙位于梁缝中线。顶帽(包括支墩加高部分)必须设置钢筋。

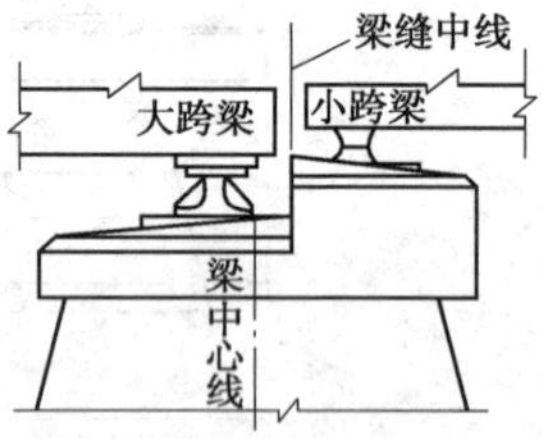

图4-16　不等跨桥墩顶帽

二、墩　　身

(一)墩身构造

实体墩身可根据材料供应情况采用混凝土或混凝土块砌体。为保证桥墩结构的耐久性,混凝土强度等级宜不低于C30。当采用砌体时,其水泥砂浆强度为M20。为了节约水泥,在整体灌筑混凝土墩身时,可掺入不超过总体积20%的片石(片石是用爆破方法开采的形状不规则的石块,石块中部最小尺寸一般不应小于0.15 m)。石料强度等级应不低于MU50。掺入片石的混凝土,通常称为片石混凝土。

(二)墩身尺寸的拟定

采用托盘式顶帽时,墩身顶面尺寸就是托盘底部的尺寸;采用飞檐式顶帽时,墩身顶面尺寸就是顶帽纵、横向尺寸减去两边飞檐的宽度。

墩身坡度一般用n:1(竖:横)表示,n愈大,坡度愈陡;n愈小,坡度愈缓。当墩身较低时(约在6 m以内),其墩顶及墩底受力相差不大,为施工方便,可设直坡。墩身较高时,墩身的纵、横两个方向均做成斜坡,坡度不缓于20:1,具体数值应根据墩身的受力要求由试算决定。

墩身高度根据墩顶标高(由轨底标高减去梁在墩台顶处的建筑高度和顶帽高度求得)和基底埋置深度、基础厚度来确定。

墩身底部尺寸可根据墩身顶部尺寸加上 $2\times\frac{1}{n}\times$ 墩身高来确定。

三、基　　础

基础承受墩身传来的上部荷载并把它传往地基,基础的类型和尺寸应根据上部荷载和地基的承载力而定,这里仅简单介绍对扩大基础的构造要求和尺寸的拟定。

为了将墩(台)所受的荷载安全地传布到地基上去,常将基础平面尺寸自上而下予以扩大,以适应地基承载力的要求,这种基础称为扩大基础(图 4－17)。扩大基础一般是从地面直接开挖基坑而修筑的基础,故也称明挖基础。扩大基础埋置深度较浅,施工简易,应用较广。

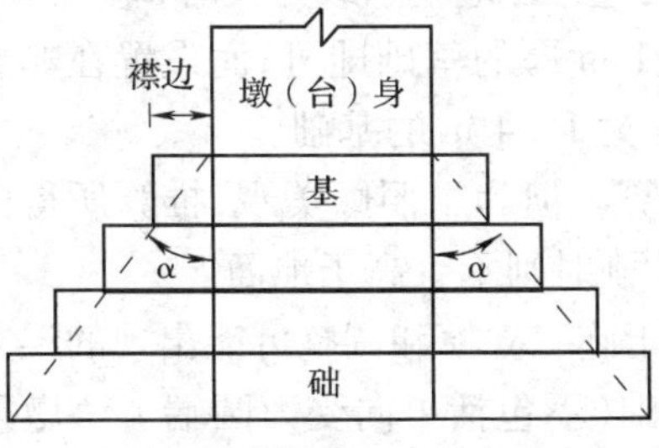

图 4－17　扩大基础

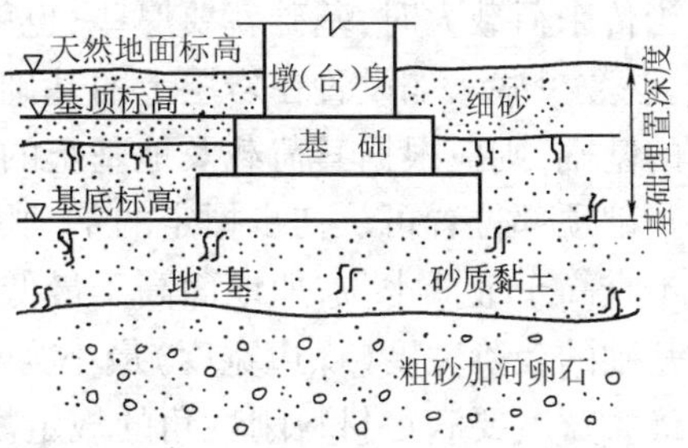

图 4－18　基础底层示意图

(一)基础埋置深度

基础埋置深度是指基础底面至地面(河床无冲刷时)或局部冲刷线(有冲刷时)的距离(图 4－18)。为了保证墩台不致因外界自然现象的影响而失去稳定,《铁路桥涵地基和基础设计规范》(TB 10002.5—2005)对扩大基础的基底埋深有下列要求:

(1)由于水流在桥墩周围产生冲刷坑,基础必须埋设在最大冲刷线以下一定的深度。故桥规规定对于一般桥梁,基底最小埋深为墩(台)附近最大冲刷线下 2 m 加冲刷总深度(自计算冲刷的河床面算起的一般冲刷与局部冲刷深度之和)的 10%;对于特大桥(或大桥)或属于技术复杂、修复困难或重要的桥梁,最小埋深为最大冲刷线下 3 m 加冲刷总深度的 10%。

(2)土因冻胀而隆起和因解冻而融沉,会使建在其上的墩台基础随之升降,并影响其正常使用甚至损坏。为此桥规规定:对于冻胀、强冻胀土和特强冻胀土,基底应埋置在冻结线(当地土层的最大冻结深度)以下不小于 0.25 m;对于弱冻胀土,应不小于冻结深度。有关季节性冻土的分类可见《铁路桥涵地基和基础设计规范》附录。

(3)地表土易受外界气温与湿度等条件的影响,也易受动植物的扰动,故即使无冲刷(或有铺砌防冲时)和冻胀等问题,一般情况下也要求基底埋深在地面以下不小于 2.0 m,特殊困难情况下不小于 1.0 m。

按上述三条规定来确定的基础埋深是保证基础不受自然现象危害的最小埋深,也是保证基础安全的先决条件和最低要求。结合土质条件,在最小埋深以下各土层中,找一个埋深较浅,承载力较高的土层作为支承基础的持力层,从而确定基础的埋置深度。当土层较复杂时,可能会有不同的埋深方案,这就需要从技术、经济和施工条件加以比较后才能选定。

建于岩石上的基础,可以不受上述最小埋置深度的限制,一般仅需将风化层清理后,即可埋置基础。但对于抗冲刷性能较差和风化破碎严重的岩层，应根据具体情况确定基础的埋置深度。

实体桥墩基础的材料可采用混凝土块砌体、混凝土或片石混凝土，混凝土强度等级不得低于 C25。在年最冷月份平均温度为 -5 ~ -15 ℃或 -15 ℃以下的地区，其混凝土强度等级则不应低于 C30；当采用砌体时，其水泥砂浆强度为 M20。

（二）基础尺寸的拟定

在矩形或圆端形矫墩的基础中，基础的平面形状常做成矩形，圆形桥墩的基础则常做成八角形。

基础尺寸与上部传来的荷载大小（与桥跨类型和跨度，桥墩类型和高度等有关）及地基承载力的大小密切相关。为了便于施工和节省工程量，基础多采用每层厚 l m 的逐层扩大的形式。当传来荷载大时，基础就要厚些，也就是基础层数多些；当地基承载力大时，基础厚度就可薄些，层数少些。如设置在岩层上的基础，一般有一层 1 m 厚的基础即可；而设置在非岩石地基上的基础，则应根据其荷载及地基土的好坏选用厚度为 1 ~ 4 m 的基础。

基础顶部位置可从初步拟定的基础埋深和厚度推算。但为了照顾美观，推算所得的基顶位置不宜高于最低水位，如地面高于最低水位且不受冲刷时则不宜高于地面。

基础的台阶宽度（襟边宽度）最小为 0. 20 m，以便于施工立模和调整可能出现的误差。台阶的最大宽度要满足材料刚性角的规定。单向受力基础（不包括单向受力圆端形桥墩采用矩形的基础）各层台阶两正交方向（顺桥轴方向和横桥轴方向）的坡线与竖直线所成夹角，对于混凝土基础不应大于 45°；双向受力矩形墩台的各种形状基础以及单向和双向受力的圆端形桥墩采用的明挖矩形基础，其最上一层基础台阶两正交方向的坡线与竖直线所成夹角，对于混凝土基础不应大于 35°；需要同时调整最上一层台阶两正交方向的襟边宽度时，其斜角处的坡线与竖直线所成的夹角，不得大于上述两正交方向为 35°夹角时斜角处的坡线与竖直线所成的夹角；其下各层台阶正交方向的夹角不应大于 45°，否则应予切角。根据拟定的墩身底部尺寸、基础层数和台阶宽度就可推算出基础的其他尺寸。

第三节　桥台类型及适用范围

桥台是桥梁下部结构的一种，位于桥梁两端，与路堤相接，并挡住路堤填土。为使与路堤的连接可靠，桥台上部应伸入路堤一定深度，在路堤前端的填土应按一定坡度做成锥体，称锥体填土。锥体和桥头路堤的坡面应加铺砌防护，以免波浪的侵袭及流水的冲刷。

桥台一般由台顶（顶帽、道砟槽）、台身、基础三部分组成，如图 4 - 19 所示。

桥台的类型应根据台后路堤填土高度、桥梁跨度、地质、水文及地形等因素来决定。

一、重力式桥台

（一）U 形桥台

它的台身横截面是 U 形（图 4 - 20），桥台后面的中空部分用土料填实以节省部分圬工，但中间填土部分容易积水，如发生冻胀，还易使两翼墙裂损，影响使用寿命，所以翼墙间宜填充渗水性土壤并应有良好的排水设施。一般单线 U 形桥台适用于填土高度 $H \leq 4$ m、梁跨度 $L \leq 8$ m 的情况。

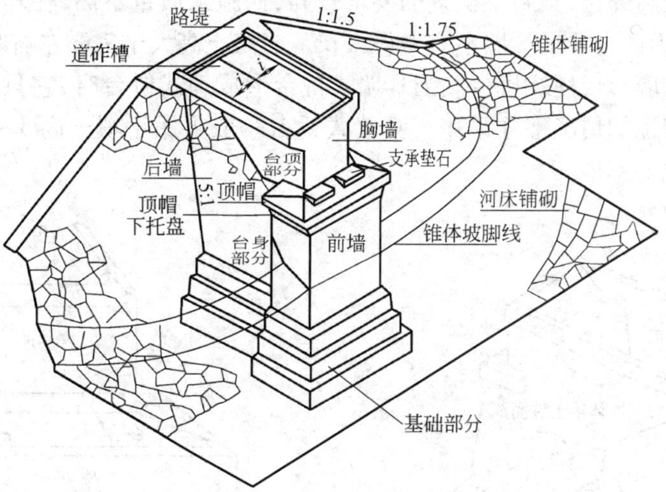

图 4－19　桥台及锥体填土示意图

（二）T 形桥台

桥台后墙减窄使台身横截面为 T 形（图 4－19），而道砟槽与则带有钢筋混凝土悬臂，既节省圬工又能克服 U 台中空部分容易积水的缺点，但 T 形桥台的纵向长度是根据锥体填土的构造要求和锥体填土的坡脚不超出桥台前缘的条件来确定的，故填土较高时，桥台纵向长度、台身及基础的长度也较长，导致圬工数量增大。U 形桥台相比，它适用的填土高较大（$H=4\sim12$ m），配用梁的跨度范围较广（$L=5\sim32$ m）。与下述埋式和耳墙式桥台相比，它的基底面积较大，可适用于地基承载力较低的场地。

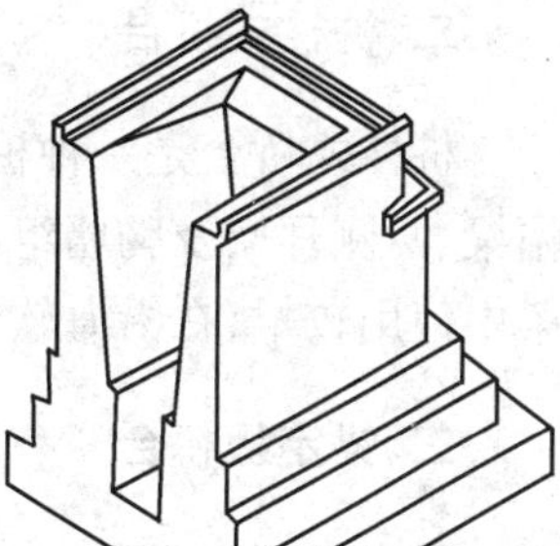

图 4－20　U 形桥台

（三）埋式桥台

当填土高较大时，如仍限制锥体填土坡脚不超出桥台前缘，将使桥台很长而不经济。为了缩短桥台长度和节省圬工用量，可将桥台前缘后退，使桥台埋入锥体填土中形成埋式桥台（图 4－21）。

埋式桥台台身横截面一般采用矩形，结构较简单。台身前后均有坡度，可根据其受力情况进行调整而做成向路堤方向后仰的形式。埋式桥台的锥体将伸入河中，减少了过水面积，同时锥体也易被水流冲坏。所以在桥台处有水流的情况下选用埋式桥台时，应比较其利弊，在跨越河谷的高架旱桥中使用埋式桥台常较为有利。后仰矩形埋式桥台可用于填土高度为 8～20 m、跨度 16～32 m 的情况。

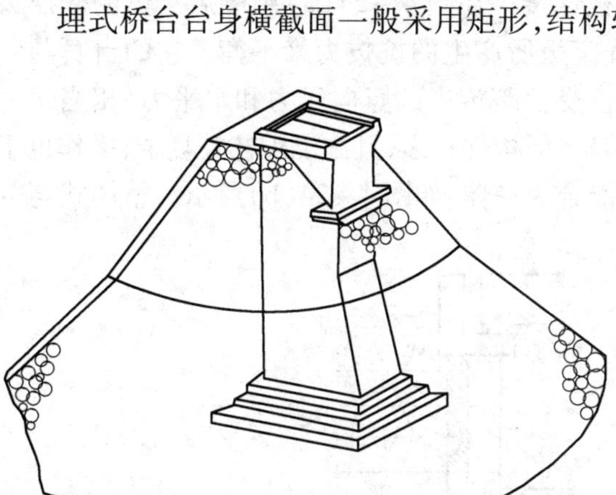

图 4－21　埋式桥台

（四）耳墙式桥台

它用两片钢筋混凝土耳墙代替台尾一部分实体圬工与路堤相连（图 4－22），从而缩短实体台身长度而能较多的节省圬工。但两片耳墙位于地面较高部位，其施工工艺的要求较高，如施工质量不高，在耳墙与台身连接的根部较易产生裂缝，为此也要求耳墙不宜做得太长。当填土高大于7 m左右时，此类桥台的锥体往往也伸出桥台前墙形成埋式桥台。当耳墙式桥台形成埋式桥台时，它只能在干沟或流水不大并有相应防护措施的情况下才采用。耳墙式桥台一般可用于填土高3～10 m，配用梁跨度为6～32 m的情况。

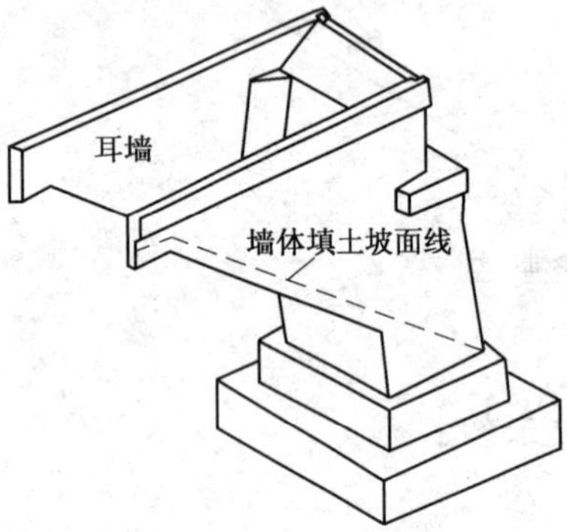

图4－22　耳墙式桥台

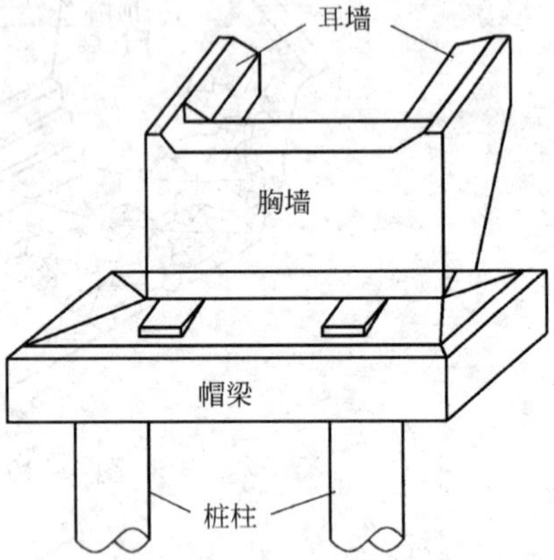

图4－23　桩柱式桥台

二、桩柱式桥台

桩柱式桥台是一种桩基轻型桥台，它的桩柱既是基础也是台身（图4－23）。台顶部分由帽梁、两侧耳墙及胸墙组成。它适用于地基承载力较低、填土不太高的情况，它在我国公路桥梁中使用较早，在沿海软土地区的新建铁路桥梁中也应用较多。

三、锚定板桥台

锚定板桥台（图4－24）是在台后设置由挡墙、拉杆和锚定板组成的锚定结构来承受土压力，以达到本身轻型化的一种桥台。挡墙可用整体式或用预制的钢筋混凝土立柱与挡土板拼装而成，钢拉杆一端与立柱连接，另一端与锚定板连接。在图4－24（a）中墙后土体的侧压力通过墙传至拉杆，拉杆的力由土体抗剪强度对锚定板所产生的抗拔力来平衡。它的台身与锚定结构分开，土压力全部由锚定结构承受，台身仅受桥跨传来的竖向压力和水平力，相当于一个桥墩的作用。这种分离式锚定板桥台，受力明确，但构件较多，且施工工艺较复杂，操作也不方便。锚定板桥台的另一种形式是将台身和挡墙合为一体，如图4－24（b）所示。整体式与分

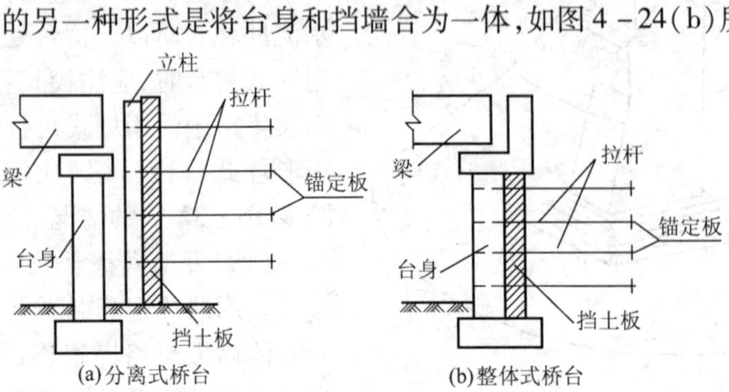

图4－24　锚定板桥台

离式相比,它的构造简单,施工方便,材料也较省,但台顶位移尚难以较精确的估算。

锚定板桥台采用锚定结构承受土压力,改变了重力式桥台靠自重来平衡土压力的受力状态,使桥台向轻型化发展,可节省圬工50% ~70% 和大幅度地降低造价(约50%)。目前国内正在对锚定板桥台积极进行试点研究,并已试建了几座桥台进行观测。

四、拼装式桥台

拼装式桥台的形式和发展情况与拼装式桥墩差不多,有砌块式、排架式(图4-25)、构架式和桩柱式等。目前仅在一些缺乏砂、石、水的地区或多年冻土等特殊地区应用。

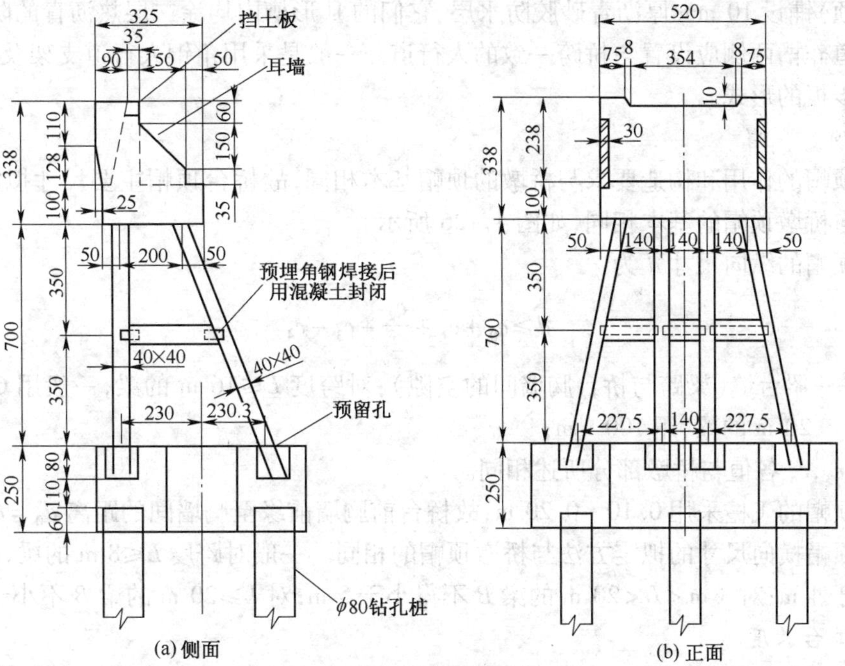

图4-25 排架式拼装桥台(单位:cm)

第四节 桥台构造及主要尺寸拟定

一、台顶部分

桥台顶帽底面线以上部分称为台顶部分。在T台中,台顶部分由顶帽、道砟槽和承托道砟槽的台顶圬工组成。顶帽底面线在T台后墙和U台翼墙中,同时也是材料分界线,它们的上下两部分采用了不同强度等级的圬工材料。

(一)台顶道砟槽

道砟槽是用来铺放道砟、承托轨枕、钢轨等线路设备的。道砟槽的两侧及前端有挡砟墙,以防道砟向外坍落。道砟槽宽度应使道砟坡脚落于挡砟墙内侧,为此要求新建Ⅰ级铁路道砟桥面的道砟槽挡砟墙内侧距线路中心不应小于2.2 m,轨下枕底道砟厚度不应小于0.3 m;新建Ⅱ级铁路道砟桥面的道砟槽挡砟墙内侧距线路中心不宜小于2.2 m,轨下枕底道砟厚度不应小于0.25 m。桥上应铺设碎石道砟,道砟桥面枕底应高出挡砟墙顶不小于0.02 m,以便抽换道砟槽内的轨枕。U形桥台利用翼墙顶作侧面挡砟墙,耳墙式桥台系利用耳墙顶部作侧面挡砟墙,T台及埋式桥台因台身宽度较道砟槽窄而采用托盘式道砟槽。道砟槽前端直立的挡砟墙又叫胸墙，胸墙中心是桥台定位的控制点，胸墙线就是桥台的横向中心线。

为防止雨水渗入台顶圬工，引起圬工冻胀开裂并浸蚀道砟槽内的钢筋，影响结构的使用寿命，道砟槽顶面应有不小于 3 % 的流水坡和防水层设施。现有标准设计的 T 台及埋台的道砟槽顶面均做有人字形横向流水坡（流水坡垫层由贫混凝土做成），道砟槽两侧设泄水管，将台顶水排入河床；但 T 台或埋台在雨水极少的西北地区，桥台道砟槽顶面可在流水坡面上铺一层 10 mm 厚的沥青砂胶防水层。U 台和耳墙式桥台的台顶则设纵向流水坡，但为了保证台顶水不流入路堤内，需在 U 形槽和台后路基的顶面上做有石灰、炉渣、黏土组成的三合土隔水层和泄水沟排水；U 台的混凝土道砟槽（台顶和翼墙顶）和耳墙式桥台的道砟槽（台顶和耳墙切角及梗肋顶）铺设 10 mm 厚沥青砂胶防水层，它们的 U 形槽内均涂二层热沥青的防水层。

台顶道砟槽两侧应设置与桥跨一致的人行道。一般是采用角钢人行道支架及在支架上铺设人行道步板的形式。

（二）顶　　帽

桥台顶帽的作用和构造要求与桥墩的顶帽基本相同，故桥台顶帽主要尺寸拟定的原则和各项规定与桥墩顶帽的基本相同，如图 4－26 所示。

桥台顶帽的纵向尺寸 d 为

$$d \geqslant c_0 + c_1 + \frac{c_2}{2} + c_3 + c_4 \tag{4-3}$$

式中　c_0——梁台缝（梁跨与桥台胸墙间的空隙）：对跨度 $L \leqslant 16$ m 的梁，一般用 60 mm；$L \geqslant 20$ m 的梁，用 100 mm；

c_1, c_2, c_3, c_4 各值与桥墩部分所述相同。

一般顶帽的飞檐采用 0.10～0.20 m，故桥台前胸墙前缘至胸墙间的距离 $d_0 = d - d_5$。

桥台顶帽横向尺寸的拟定方法与桥墩顶帽的相同。一般对跨度 $L \leqslant 8$ m 的梁，顶帽横向尺寸 B 不小于 4 m；对 8 m $< L <$ 20 m 的梁 B 不得小于 5 m；对 $L \geqslant 20$ m 的梁 B 不小于 6 m。

（三）桥台长度

桥台长度是指胸墙前缘到台尾的长度，也是道砟槽的长度，它是根据填土高度和《铁路桥涵设计基本规范》对桥台与路堤连接的有关规定来决定的，其具体方法如下。

1. 非埋式桥台（图 4－27）

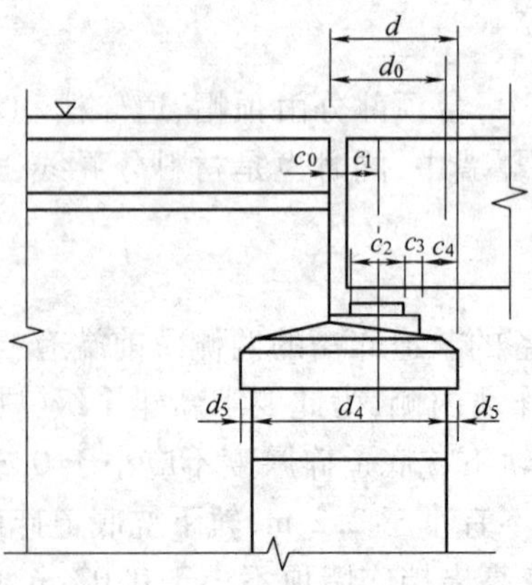

图 4－26　桥台顶帽尺寸

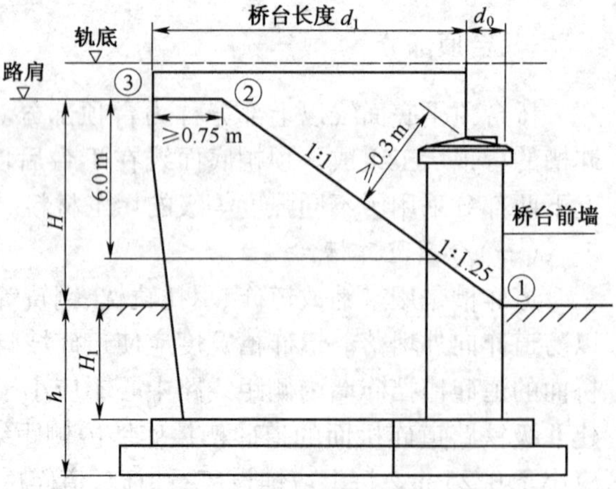

图 4－27　非埋式桥台长度拟定

非埋式桥台的锥体坡脚不超出桥台前缘。该式桥台长度的拟定步骤为：

(1)在设计图上将桥台前缘与铺砌面或一般冲刷线的交点当作坡脚点①,这时,将路肩至铺砌面或一般冲刷线的高度作为填土高度 H。

(2)为了保证锥体填土的稳定,锥体坡面与桥台侧面相交线的坡度应符合:在路肩以下第一个 6 m 的高度不得陡于 1∶1,6 ~ 12 m的高度,不得陡于 1∶1.25,大于 12 m 时,不得陡于 1∶1.5。根据填土高及锥体坡面的规定,自坡脚点①将锥体坡面线在设计图上作出,从而决定锥体在路肩高度处的位置②。

(3)桥台台尾上部应伸入路堤最少 0.75 m,以保证桥台与路堤的可靠连接。按此要求从②点水平地向路堤方向延伸 0.75 m 即可确定台尾位置③和求得桥台长度 d_1。

(4)为保护支座,使其不被冰雪或杂物污染阻塞,还应保证支承垫石后缘至锥体填土坡面的距离不小于 0.3 m。

2. 埋式桥台(图 4 - 28)

重力式埋式桥台的锥体坡度、锥体坡面与垫石后缘的距离及台尾伸入路基的要求与非埋式桥台的相同,但埋式桥台的锥体可伸出桥台前缘。

埋式桥台的长度拟定步骤是先按锥体坡面与垫石后缘不小于 0.3 m 的要求作 1∶1坡面线与路肩线相交于①点;再自①点水平地向路堤方向延伸 0.75 m 定台尾位置②和得出桥台长度 d_1;然后按要求画全锥体坡面线。为了使伸入桥孔后的锥体能保持稳定,《铁路桥涵设计基本规范》要求锥体坡面线与桥台前缘相交处应高出设计频率水位 0.25 m。当按上述步骤拟定的桥台长度不能满足所述要求时,应在设计频率水位加 0.25 m 处增设一平台,将锥体坡面前移[图 4 - 28(b)]。如前移锥体影响桥孔时,可适当加长桥孔将桥台后移。

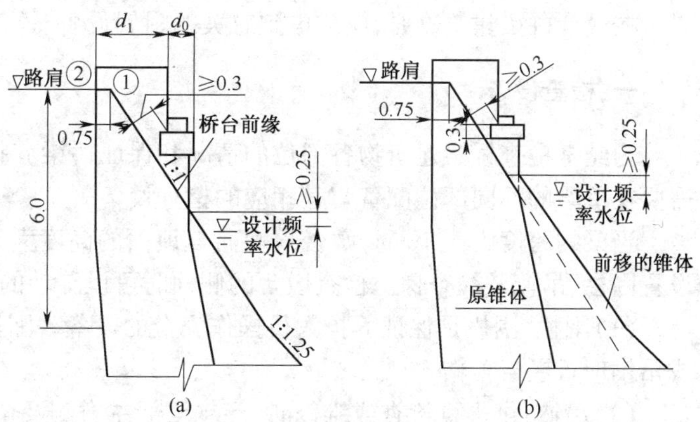

图 4 - 28　埋式桥台长度拟定(单位:m)

此外,《铁路桥涵设计基本规范》规定,钢筋混凝土刚架桥和桩排架桥的锥体坡面的坡度(顺桥向)应不陡于 1∶1.5。

二、台　　身

台身是顶帽底面线以下基础顶面以上的部分。台身的横截面形状通常是桥台命名的根据,所以桥台类型确定后,也就决定了台身的截面形状。T 台的前墙承托顶帽,后墙承托台顶道砟槽。

后墙背部常做成后仰的形式,使台身的底部重心前移,以减小竖向力所产生的向前力矩,也使台背的土压力有所减少。台身前墙表面常做成竖直的以免减小桥跨净空;但也有为了适应受力的需要,将台身前墙表面做成向前斜坡的。台身两侧表面常做成竖直的。

台身纵向尺寸与桥台长度有关,横向尺寸与台顶部分尺寸有关。为了节省圬工,在可能的条件下,桥台的顶帽及道砟槽下均做托盘以缩小台身的尺寸。至于台身高度须在基础尺寸拟定后才能确定。

三、基　　础

桥台基础的基底埋深、刚性角、襟边宽度和基顶位置等构造要求，均与桥墩的相同。拟定尺寸时，通常先按冻胀、冲刷等自然条件确定最小埋深，然后再结合土层承载力情况选定合适的持力层。T台基础平面形状为适应台身形状可做成T形，但当地基比较松软，所受荷载又较大，每层基础的台阶宽已按刚性角放足，而基底面积仍不能满足地基强度要求时，除了增加基础总厚度和扩大底面积外，也可将锥体填土所包盖的T形台身加宽为矩形，这时T台的基础也做成矩形并加大了基底面积。其他形式桥台基础平面形状一般均做成矩形。由于桥台后受有土压力，拟定基础尺寸时应使基底形心适当前移，因此，后端襟边常采用较小值，前端襟边则采用较大值。至于尺寸的具体拟定则应根据桥台所支承的梁的跨度、填土高度及地基承载力等因素，参考同类设计考虑。

第五节　桥梁附属设备

在设计桥梁建筑物时，应考虑到有关的附属设备。

一、检查设备

为经常检查桥梁建筑物各部位的情况和保证桥梁养护维修人员的正常工作及操作安全，需要在桥梁的不同部位配备与其相应的检查设备。

当梁的跨度大于10 m，墩台顶帽面至地面的高度大于4 m或经常有水的河流，墩台顶应设置围栏、吊篮及检查梯。检查墩台的侧面时可设移动的梯子或小船。

(1)围栏：围栏是保证养护人员操作安全的设备。围栏为栅栏式，一般高1 m，立柱用圆钢或角钢埋入墩台顶帽。

(2)吊篮：供进行检查或维修时，穿越梁部左右侧及梁端部进行工作之用。通常桥台设单侧吊篮，桥墩设双侧吊篮(图4－29)。一般采用预先焊好的角钢支架，以预埋的U形螺栓固定在桥墩台的托盘或顶帽上，吊篮里的步行板可铺设钢筋混凝土板。

(3)检查梯：是便于从桥面下到墩台顶和进行支座检查用的设备。

(4)简易台阶：当桥头路堤高度大于3 m时应根据需要在路堤边坡上设置简易台阶。大中桥一般在上下游交错处各设置一个，小桥则在上游设置一个(图4－30)。

长大与重要的桥梁应根据构造特点和需要，设置专门的检查设备。

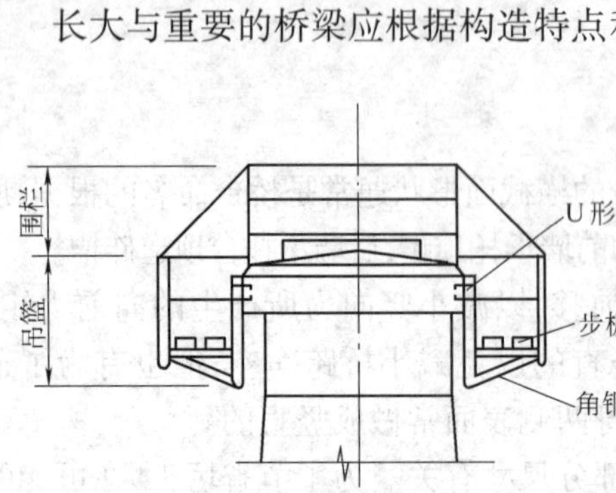

图4－29　围栏、吊篮示意图

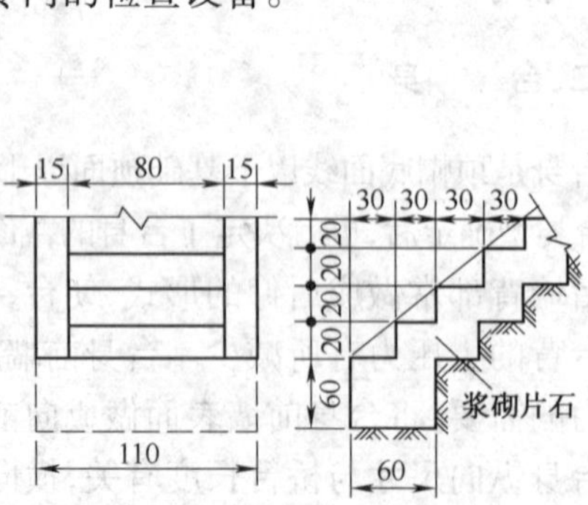

图4－30　检查台阶(单位:cm)

二、桥上护轨及避车台

道砟桥面的构造与路基上的轨道基本相同，但还需要按规定铺设护轨、人行道、避车台。

（一）护轨的作用

护轨设于基本轨内侧，当机车车辆在桥头或桥上脱轨时，能将脱轨车轮限制于护轨与基本轨之间的轮缘槽内，以免机车车辆撞击桥梁或自桥上坠下造成重大事故。

（二）护轨铺设的条件

《铁路桥涵设计基本规范》规定，在下列情况下应铺设护轨：

（1）桥长等于或大于 10 m 的小桥，当曲线半径小于或等于 600 m，或桥高（轨底至河床最低处）大于 6 m 时；

（2）特大桥及大中桥；

（3）跨越铁路、公路、城市交通要道的立交桥。

多线桥各线均应铺设护轨。三线及以上的桥，当各线的桥面分别设于分离式的桥跨结构上时，各线均应铺设护轨；当各线铺设于同一桥跨结构（如整体刚架桥）上时，可仅对两外侧线铺设护轨。桥上护轨宜采用不小于 43 kg/m 的钢轨。

护轨顶面不应高出基本轨顶面 5 mm，也不应低于基本轨顶面 25 mm。

不采用机械化养护的桥梁，其护轨与基本轨头部间净距应为 200 mm。当铺设 60 kg/m 基本轨时，其净距应为 220 mm。采用机械化养护的桥梁，其护轨与基本轨头部间净距应符合有关规定。

（三）护轨铺设的范围

护轨伸出桥台挡砟前墙以外，平行于基本轨部分直段不应少于 5 m，当直线上桥长超过 50 m及曲线上桥长超过 30 m 时，应不少于 10 m，然后弯曲交汇于线路中心，并将轨端切成斜面联结。弯轨部分的长度不应少于 5 m，轨端超出台尾的长度不应少于 2 m。自动闭塞区间在护轨交会处应安装绝缘衬垫。

（四）人行道、避车台

道砟桥面桥梁应设双侧带栏杆的人行道，以供养护人员使用。桥上线路中心至人行道栏杆内侧的最小净距应按表 4－1 确定。对于人行道宽度有特殊要求的特大桥和人烟稀少地区的桥梁，其桥上线路中心至人行道栏杆内侧的净距宜根据具体情况确定。个别情况下，当桥上允许非养护人员通过时，线路中心至人行道栏杆内侧的净距应根据具体需要考虑，并在人行道与线路之间采取可靠的安全分隔措施。

在不考虑大型养路机械的桥上，养路机械可由避车台存放，人行道不考虑由于养路机械化的需要而加宽。特大桥桥上无电源时，避车台除考虑存放养路机械外，尚应考虑养路机械发电机组作业的需要，每隔 500 m 距离宜加大一处避车台。

采用大型养路机械的铁路桥梁不再设养路机械作业平台。

在两台尾之间，沿桥梁全长每隔 30 m 左右，应在人行道栏杆外侧各设置避车台一座。单线桥应在两侧人行道上按间隔 30 m 左右交错设置避车台；双线及多线桥应在每一侧各相距 30 m 左右设置避车台。

线路中心至避车台内侧的净距不小于 4.25 m，避车台应尽量设在桥墩处。

表 4－1　桥上线路中心至人行道栏杆内侧的最小距离

类　别		桥上线路中心至人行道栏杆内侧的最小距离		
		直线上的桥和 $R>3\ 000$ m 曲线上的桥	曲线上的桥	
			$3\ 000\ \text{m}\geqslant R\geqslant 600$ m	$R<600$ m
区间内的小、中、大、特大桥	明桥面	2.45	2.70	3.00
	道砟桥面	3.00	3.25	3.50
车站内的小、中、大、特大桥	明桥面	3.00	3.25	3.50
	道砟桥面	3.20	3.50	3.50
牵出线和梯线上的小、中、大、特大桥	明桥面	3.50	3.50	3.50
	道砟桥面	3.50	3.50	3.50

三、桥上通信和供电设备

通信、信号线路可采用在桥上设置通信、信号电缆槽的方式过桥。

电力线路过河，当河流水面不宽时，可采用架空明线过河；当河流水面较宽时，可采用桥上设置电力电缆槽的方式过桥。

在电力牵引或预定为电力牵引的铁路上，当桥长在 40 m 以上时，应在墩台上设置或预留设置接触网支架的位置，曲线地段一般设在外侧，直线地段可根据桥梁两端连接情况确定设在左或右侧。线路中心线距接触网支柱内侧最小距离不应小于 2.8 m。

圬工梁上的电缆槽可设在人行道支架的下方或人行道的外侧。明桥面梁上的电缆槽，为便于检查、维修与养护，可设于人行道的外侧。

四、锥体填土及护坡

锥体填土的作用是加强桥台与路基的连接并包裹桥台，增加桥台的稳定性。锥体填土宜用渗水土填筑。锥体护坡的作用是保护锥体填土和桥头路堤免被水流冲刷以保证线路的稳定。一般以全高防护，并根据水流流速、流冰、流木等情况决定防护标准。其坡脚埋入深度应考虑一般冲刷的影响。

五、台后填土及排水设施

为排除台后积水，保证台后线路稳定和减小台后土压力，缩小桥台与路堤之间的刚度悬殊，减小列车通过时桥台与路堤之间的变位差，降低列车与轨道结构之间的冲击影响，提高列车运行的平稳性、舒适度，延缓结构物和车辆的损坏，需在台后的一定距离之内设置过渡段（图 4－31）。台后基坑应以混凝土回填或以碎石分层填筑压实。

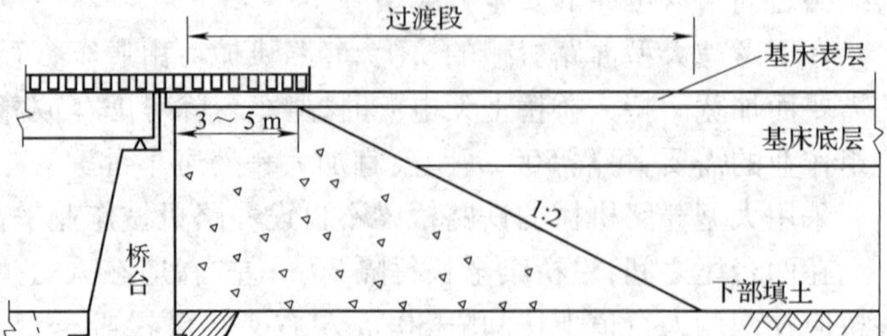

图 4－31　路桥过渡段设计图

过渡段的基床表层填料与

压实标准与相邻基床表面相同,基床表层以下应选用 A 组填料,压实标准应与基床表层相同。当过渡段浸水时,浸水部分的填料还应满足渗水土的要求。

复习思考题

4-1 桥墩的作用是什么?它由哪几部分组成?

4-2 桥墩有哪些类型?它们的特点及应用范围如何?

4-3 曲线桥墩顶帽有什么特点?

4-4 不等跨桥墩顶帽有什么特点?

4-5 顶帽横向宽度、支承垫石高度与桥梁施工或养护有什么关系?

4-6 桥台的作用是什么?它由哪几部分组成?

4-7 桥台有哪些类型?它们的特点及应用范围如何?

4-8 桥台长度指什么?如何拟定非埋式桥台或埋式桥台的长度?

4-9 桥梁的附属设备有哪些?

第五章
隧　道

第一节　概　述

一、隧道概况

在地层内挖出的各类通道均可称为隧道，通常供给各类车辆、行人、水流、船只、管线等通过之用，如铁路隧道、公路隧道、航运隧道、输水隧道、水底隧道、地下隧道等等。铁路隧道是在修建铁路中，为了改善线路平、纵断面，减缓坡度，减少曲线和加大曲线半径，克服高程障碍，缩短线路长度，减少盘山绕行，避免深路堑，避开滑坡等不良地质地段和城市建筑物以及避免修建跨越山川、江、湖等大桥，而在岩石或土体内修建的地下建筑物。

随着铁路建设事业的发展，铁路隧道也逐渐增长、增多。目前，我国已建成的铁路隧道总座数已超过 4 800 多座，总延长里程已达 2 000 多公里。其中成昆线隧道 427 座，总延长 341. 3 km，占全线总长的 31. 3%。近年来相继建成的南昆线、侯月线、宝中线、京九线，隧道都占有相当的比重（表 5 – 1）。在已建成（截止到 2008 年）的隧道中，有 16 座隧道的长度超过 6 km（表 5 – 2）。在国外，已建成的最长的山岭隧道是日本的大清水双线隧道，长度为 22. 28 km。最长的铁路水底隧道是日本的青涵海底隧道，长度 53. 85 km。

表 5 – 1　四大干线中隧道所占的比重（%）

线路名称	线路长度（km）	隧道数量（座）	总延长（km）	隧道长/线路长（%）
南昆线	862	250	190. 8	22. 1
侯月线	253. 39	50	56	22. 4
宝中线	500	66	59	11. 8
京九线	2 583	126	61	2. 36

二、隧道的分类

铁路隧道按其不同特点，有不同的分类：

（1）按照穿越障碍或作用的不同，隧道可分为山岭隧道、水底隧道和地下铁道。

（2）按照隧道长度分：特长隧道——全长 10 000 m 以上；

长隧道——全长 3 000 m 以上至 10 000 m；

中隧道——全长 500 m 以上至 3 000 m；

短隧道——全长 500 m 及其以下。

隧道长度系指进出口洞门端墙之间的距离，即以墙面与内轨顶面的交线同线路中线的交点计算。双线隧道以下行线为准，位于车站上的隧道以正线为准。

(3)按照隧道的埋藏深度,可分为深埋隧道、浅埋隧道。

(4)按照隧道内的线路数目,可分为单线隧道、双线隧道和多线隧道。

(5)按照受力条件或地质条件,可分为偏压隧道或不良地质隧道。

(6)按照隧道所在的平面位置,可分为直线隧道和曲线隧道。

表5-2 我国已建成的长度超过6 km的铁路隧道

隧道名称	长度(km)	隧道内线路数目	线路名称	建成年代
秦岭隧道	18.456	单线	西康线	1999年
大瑶山隧道	14.295	双线	京广线	1987年
长梁山隧道	12.78	双线	朔黄线	2002年
米花岭隧道	9.383	单线	南昆线	1996年
军都山隧道	8.46	双线	大秦线	1989年
驿马岭隧道	7.032	单线	京原线	1969年
沙木拉达隧道	6.383	单线	成昆线	1966年
平型关隧道	6.189	单线	京原线	1971年
关村坝隧道	6.187	单线	成昆线	1970年
奎先隧道	6.152	单线	南疆线	1978年
南岭隧道	6.062	双线	京广线	1988年
云台山Ⅰ线隧道	8.145	单线	侯月线	1994年
云台山Ⅱ线隧道	8.178	单线	侯月线	1996年
圆梁山隧道	11.068	单线	渝怀线	2007年
分水关隧道	7.252	单线	横南线	1996年
乌鞘岭隧道	20.050	单线	兰新线	2006年

三、隧道建筑物的组成

隧道建筑物总体上可分为主体建筑物和附属建筑物两大部分。

主体建筑物有洞身衬砌(简称衬砌)和洞门。衬砌是用来加固隧道洞身,防止洞身周围地层发生分化剥落或坍塌的结构物;洞门则用来加固隧道的出入口,阻挡落石。两者共同保证车

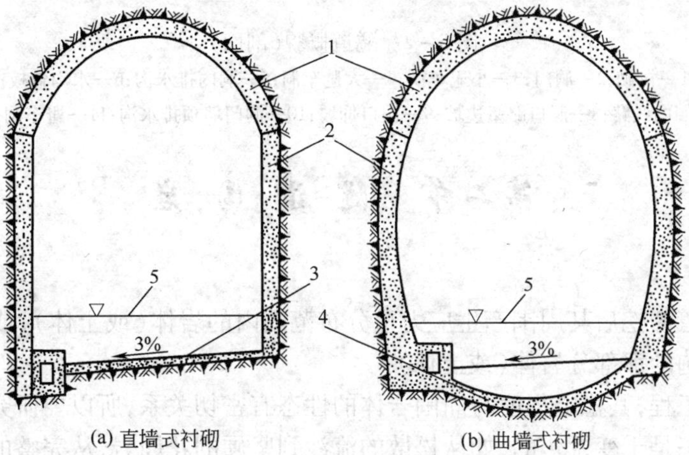

(a) 直墙式衬砌 (b) 曲墙式衬砌

图5-1 铁路隧道的衬砌

1—拱圈;2—边墙;3—铺底;4—仰拱;5—内轨顶面

辆在隧道中的行车安全。

隧道的衬砌，常采用由拱圈和边墙组成的拱形结构［图 5－1(a)］，在地质条件较差的情况下则常设置仰拱而形成封闭式衬砌［图 5－1(b)］。

隧道的附属建筑物主要包括大避车洞、小避车洞及防排水设施。在隧道较长通风不良时，还要修建通风建筑物。此外，在隧道内还可能由于铁路电气化或通信信号等方面的需要而修建相应的附属建筑物（如电缆槽、无人增音站洞及绝缘梯车洞等各种洞室）。图 5－2 为铁路隧道概貌剖面图。

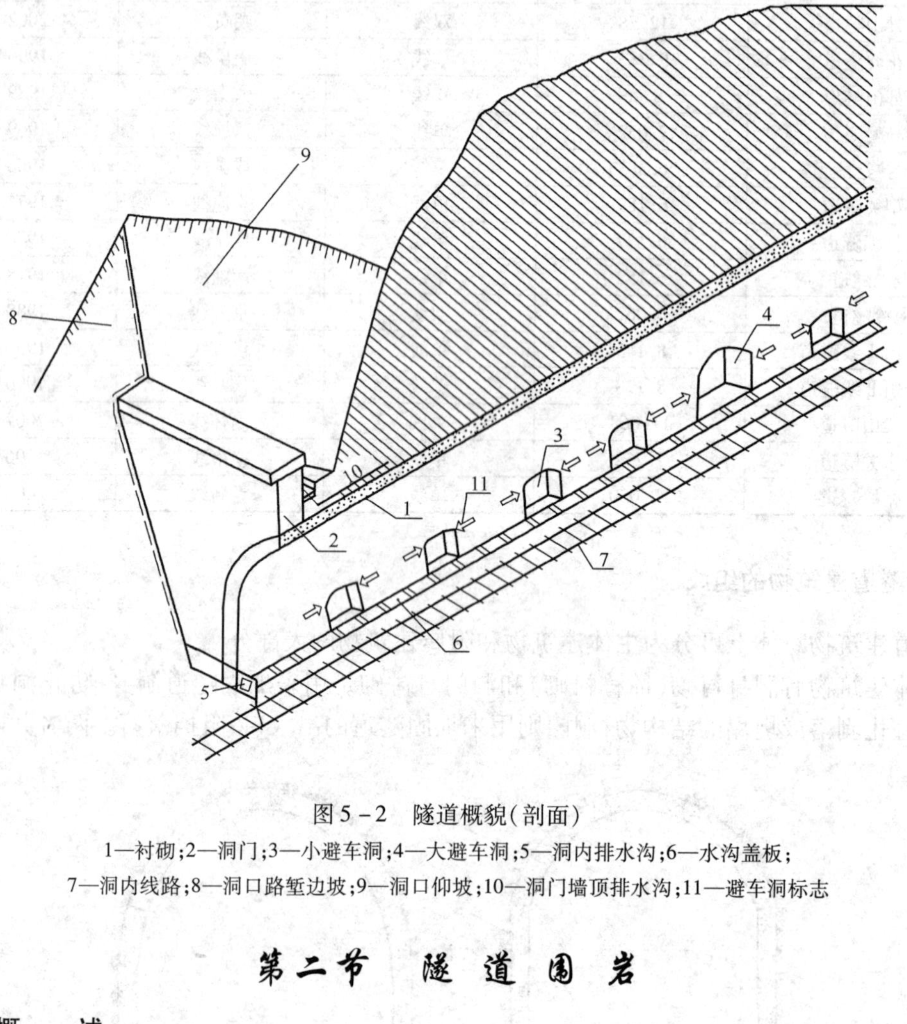

图 5－2　隧道概貌（剖面）

1—衬砌；2—洞门；3—小避车洞；4—大避车洞；5—洞内排水沟；6—水沟盖板；7—洞内线路；8—洞口路堑边坡；9—洞口仰坡；10—洞门墙顶排水沟；11—避车洞标志

第二节　隧　道　围　岩

一、概　　述

围岩是指隧道开挖后其周围产生应力重分布范围内的岩体（或土体），或指隧道开挖后对其稳定性产生影响的那部分岩体（或土体）。

隧道是地下工程，其稳定程度与周围岩体的性态有密切关系，所以要研究围岩的特征。隧道的围岩特征状态是千变万化的，如从松散的流沙到坚硬的花岗岩，从完整的岩体到极破碎的断裂构造带等，都会因在其中修建隧道而表现出不同的稳定性（所谓稳定性，即在隧道开挖后不加支护的情况下其自身的稳定程度，可分为：充分稳定、基本稳定、暂时稳定、不稳定）。

根据长期的工程实践，人们认识到，各种围岩的物理性质之间存在着一定的内在联系和规律，因而可将稳定性相似的一类围岩划归为一级，并将全部围岩划分为若干级，这就是围岩分级。

围岩分级是选择隧道施工方法的依据，是进行科学管理及正确评价经济效益，确定结构荷载(松散荷载)，确定衬砌结构的类型及尺寸，制定劳动定额、材料消耗标准等的基础。

二、围岩分级方法简介

随着各类地下工程的修建，人们对围岩分级的研究也有了很大的发展，现行的围岩分级法考虑了三个基本因素：其一，与岩性有关的因素，如岩石的强度和变形性质(抗压强度、弹性模量、弹性波速等)，据此可将岩石分为硬岩、软岩、膨胀岩等。其二，与地质构造有关的因素，如软弱结构面的分布与性态、风化程度等，其分级指标是采用评价岩体完整性或结构状态的岩石质量指标或地质因素等。这种分级指标在围岩分级中占有重要地位。其三，与地下水因素有关。目前国内外的隧道围岩分级依其性质可分为 4 种，见表 5－3。

表 5－3 国内外的隧道围岩分级

分级法	表达式或分级情况	主要参数	事例说明	优缺点
以岩石强度和物理性质指标的分级法	1. 我国解放初期的分级法	分为坚岩、次坚岩、松石及土四级	在我国成渝线的修建中使用过	实践证明这类方法有一定的片面性，与实际出入较大，如我国的老黄土，江西、福建等地的红砂岩，虽然强度低，但稳定性较好
	2. 日本最初的国铁土石分级法	主要是以开挖岩(土)的难易程度(强度)划分分为 10 级		
	3. 前苏联的普氏(M·M·普洛托季雅可诺夫)分级法，$f=R_c/(100\sim150)$		我国在 20 世纪 60 至 70 年代广泛应用，后经修正，考虑了地质条件的影响，即以岩石的物性指标分级	
以岩体构造、岩性特征及围岩稳定性为基础的分级法	1. 太沙基(K. Terzaghi)法	根据 3.0 m×3.0 m 断面的坑道中实测的岩体构造和特征分为 9 级，每级围岩都有相应的支护类型	在美国、英国等广泛应用	较好地反映了坑道围岩的稳定状态
	2. 我国铁路隧道围岩分级	分为 6 大级	我国现行铁路隧道规范规定的方法	
与地质手段关联的分级法	1. 弹性(纵波)波速分级	将围岩分为 7 级		
	2. 岩石质量指标 RQD(Rock Quality Designation)分级法，RQD＝(单位长度中 10 cm 以上岩芯累计长度/单位钻孔长度)×100%	RQD＞90% 为优质；75% ＜RQD＜90% 为良好；50% ＜RQD＜75% 为好；25% ＜RQD＜50% 为差；RQD＜25% 为很差	日本于 20 世纪 70 年代应用此法	我国目前在工程中已有应用
	3. Q[Norwegian Geotechnical Institute Tunnelling Quality Index(Q system)]分级法，$Q=\mathrm{RQD}\times J_r\times J_w/(J_h\times J_a\times \mathrm{SRF})$，$J_h$、$J_R$、$J_a$、$J_w$ 分别为节理组数、节理粗糙度、节理蚀变值和节理含水折减系数，SRF 为应力折减系数，RQD 同前	分为 9 级：$Q=400\sim1\ 000$ 为特好；$Q=100\sim400$ 为极好；$Q=40\sim100$ 为良好；$Q=10\sim40$ 为好；$Q=4\sim10$ 为中等；$Q=1\sim4$ 为不良；$Q=0.1\sim1$ 为坏；$Q=0.01\sim0.1$ 为极坏；$Q=0.001\sim0.01$ 为特别坏		
理想的分级法(人工智能专家系统)	以岩体为研究对象，与地质勘探手段相联系，有明确的工程对象和工程目的，量化程度高，采用先进的手段	根据岩体的强度、结构特性、结构状态、弹性波速、地下水等实测资料由计算机自动进行分级		经济、安全、可靠

三、我国铁路隧道的围岩分级法

在我国现行的《铁路隧道设计规范》(TB 10003—2005)中，明确规定了要采用以围岩稳定性为基础并结合施工中常用的弹性波速测试资料进行分级。

(一)围岩基本分级

影响围岩稳定性的因素很多,除了工程地质条件外,还有工程结构条件。围岩基本分级主要考虑了岩体完整程度和岩石坚硬程度两个因素,把围岩分为6级,见表5-4。

表5-4 围岩基本分级

级别	岩体特征	土体特征	围岩弹性纵波速度 v_p(km/s)
Ⅰ	极硬岩,岩体完整	—	>4.5
Ⅱ	极硬岩,岩体较完整;硬岩,岩体完整	—	3.5~4.5
Ⅲ	极硬岩,岩体较破碎;硬岩或软硬岩互层,岩体较完整;较软岩,岩体完整	—	2.5~4.0
Ⅳ	极硬岩,岩体破碎;硬岩,岩体较破碎或破碎;较软岩或软硬岩互层,且以软岩为主,岩体较完整或完整;软岩,岩体完整或较完整	具压密或成岩作用的黏性土、粉土及砂类土;黄土(Q_1、Q_2);一般钙质、铁质胶结的粗角砾土、粗圆砾土、碎石土、卵石土、大块石土	1.5~3.0
Ⅴ	软岩,岩体破碎至极破碎;全部极软岩及全部极破碎岩(包括受构造影响严重的破碎带)	一般第四系坚硬、硬塑黏性土,稍密及以上、稍潮或潮湿的碎石土、卵石土、粗圆砾土、细圆砾土、粗角砾土、细角砾土、粉土及黄土(Q_3、Q_4)	1.0~2.0
Ⅵ	受构造影响很严重呈碎石、角砾及粉末、泥土状的断层带	软塑状黏性土、饱和的粉土、砂类土等	<1.0(饱和状态的土<1.5)

1. 岩体完整程度

围岩体通常是被各种结构面切割成大小不等、形态各异、种类不同的岩石单元体(即结构体),围岩结构特征是指结构面和结构体的特征。

结构特征体现围岩体的受力特征,完整状态体现围岩体在受各种地质作用力下所表现的形态。把围岩的结构特征和完整状态相结合就组成了评价围岩稳定性的最直接最重要的指标,它与地质构造变动的特征(可分为轻微、较重、严重、很严重)、结构面的密集程度、节理(裂隙)发育程度(可分为不发育、较发育、发育、很发育)、风化程度(可分为全风化、强风化、弱风化、微风化)、岩层厚度的关系如下:

Ⅵ级　　　　　　围岩级别　　　　　　Ⅰ级

差←------围岩的结构特征和完整状态-------→好

大←--地质变动的剧烈程度、规模大小、次数多少---→小

大←---------结构面的密集程度--------→小

大←--------节理(裂隙)的发育程度-------→小

大←-----------风化程度-----------→小

小←-----------岩层的厚度----------→大

很显然,当风化作用使岩体结构松散、破碎、软硬不一时,应结合因风化作用造成的各种状况综合考虑围岩的结构完整状态。围岩的结构特征和完整状态越好,则围岩的级别越高。

《铁路隧道设计规范》规定:岩体完整程度应采用定性划分和定量指标两种方法综合确定,见表5-5。

2. 岩石坚硬程度

围岩岩石强度是围岩抵抗外力的一个重要方面,在岩体完整程度相同的情况下,围岩的稳定性主要取决于围岩岩石的强度。一般来说,无裂隙或少裂隙的围岩具有整体结构,

其强度可用岩石试件的抗压强度来表示,对于多裂隙的围岩体,其强度可用工程类比法判断。《铁路隧道设计规范》规定:岩石坚硬程度应采用定性划分和定量指标两种方法综合确定,见表5-6。

表5-5 岩体完整程度的划分

完整程度	结构面特征	结构类型	岩体完整性指数(K_v)
完 整	结构面1~2组,以构造型节理或层面为主,密闭型	巨块状整体结构	$K_v>0.75$
较完整	结构面2~3组,以构造型节理、层面为主,裂隙多呈密闭型,部分为微张型,少有充填物	块状结构	$0.75\geqslant K_v>0.55$
较破碎	结构面一般为3组,以节理及风化裂隙为主,在断层附近受构造影响较大,裂隙以微张型和张开型为主,多有充填物	层状结构、块石、碎石状结构	$0.55\geqslant K_v>0.35$
破 碎	结构面大于3组,多以风化型裂隙为主,在断层附近受构造作用影响大,裂隙宽度以张开型为主,多有充填物	碎石角砾状结构	$0.35\geqslant K_v>0.15$
极破碎	结构面杂乱无序,在断层附近受断层作用影响大,宽张裂隙全为泥质或泥夹岩屑充填,充填物厚度大	散体状结构	$K_v\leqslant 0.15$

表5-6 岩石坚硬程度的划分

岩石类别		单轴饱和抗压强度 R_c(MPa)	代表性岩石
硬质岩	极硬岩	$R_c>60$	未风化或微风化的花岗岩、片麻岩、闪长石、石英岩、硅质灰岩、钙质胶结的砂岩或砾岩等
	硬 岩	$30<R_c\leqslant 60$	弱风化的极硬岩;未风化或微风化的熔结凝灰岩、大理岩、板岩、白云岩、灰岩、钙质胶结的砂岩、结晶颗粒较粗的岩浆岩等
软质岩	较软岩	$15<R_c\leqslant 30$	强风化的极硬岩;弱风化的硬岩;未风化或微风化的云母片岩、千枚岩、砂质泥岩、钙泥质胶结的粉砂岩和砾岩、泥灰岩、泥岩、凝灰岩等
	软 岩	$5<R_c\leqslant 15$	强风化的极硬岩;弱风化至强风化的硬岩;弱风化的较软岩和未风化或微风化的泥质岩类;泥岩、煤、泥质胶结的砂岩和砾岩等
	极软岩	$R_c\leqslant 5$	全风化的各类岩石和成岩作用差的岩石

(二)隧道围岩分级修正

围岩级别应在围岩基本分级的基础上,结合隧道工程的特点,考虑地下水状态、初始地应力状态等必要的因素进行修正。

1. 地下水

地下水能软化围岩,降低围岩体强度;地下水能软化围岩体中的结构面,降低围岩体的抗剪强度,使围岩体容易滑动;地下水往往形成承压水体,促使围岩失去稳定。《铁路隧道设计规范》规定地下水状态的分级宜按表5-7确定。考虑地下水的影响对围岩基本分级的修正按表5-8进行。

表5-7 地下水状态的分级

级别	状 态	渗水量〔L/(min·10m)〕
Ⅰ	干燥或湿润	<10
Ⅱ	偶有渗水	10~25
Ⅲ	经常渗水	25~125

表5-8 地下水影响的修正

地下水状态分级 \ 围岩基本分级	Ⅰ	Ⅱ	Ⅲ	Ⅳ	Ⅴ	Ⅵ
Ⅰ	Ⅰ	Ⅱ	Ⅲ	Ⅳ	Ⅴ	–
Ⅱ	Ⅰ	Ⅱ	Ⅳ	Ⅴ	Ⅵ	–
Ⅲ	Ⅱ	Ⅲ	Ⅳ	Ⅴ	Ⅵ	–

2. 初始地应力

围岩初始地应力状态,当无实测资料时,可根据隧道工程埋深、地貌、地形、地质、构造运动史、主要构造线与开挖过程中出现的岩爆、岩芯饼化等特殊地质现象,按表 5－9 评估。

表 5－9　初始地应力场评估基准

初始地应力状态	主要现象	评估基准 (R_c/σ_{max})
极高应力	硬质岩:开挖过程中时有岩爆发生,有岩块弹出,洞壁岩体发生剥离,新生裂缝多,成洞性差	<4
	软质岩:岩芯常有饼化现象,开挖过程中洞壁岩体有剥离,位移极为显著,甚至发生大位移,持续时间长,不易成洞	
高应力	硬质岩:开挖过程中可能出现岩爆,洞壁岩体有剥离和掉块现象,新生裂缝较多,成洞性较差	4～7
	软质岩:岩芯时有饼化现象,开挖过程中洞壁岩体位移显著,持续时间较长,成洞性差	

考虑初始地应力对围岩的影响,围岩级别的修正宜按表 5－10 进行。

表 5－10　考虑初始地应力影响的修正

修正级别 / 围岩基本分级 / 初始地应力状态	Ⅰ	Ⅱ	Ⅲ	Ⅳ	Ⅴ
极高应力	Ⅰ	Ⅱ	Ⅲ或Ⅳ①	Ⅴ	Ⅵ
高应力	Ⅰ	Ⅱ	Ⅲ	Ⅳ或Ⅴ②	Ⅵ

注:① 围岩岩体为较破碎的极硬岩、较完整的硬岩时定为Ⅲ级;围岩岩体为完整的较软岩、较完整的软硬互层时定为Ⅳ级。

② 围岩岩体为破碎的极硬岩、较破碎及破碎的硬岩时定为Ⅳ级;围岩岩体为完整及较完整软岩、较完整及较破碎的较软岩时定为Ⅴ级。

3. 隧道埋深

隧道洞身埋藏较浅时,应根据围岩受地表的影响情况进行围岩级别修正。当围岩为风化层时,应按风化层的围岩基本分级考虑;围岩仅受地表影响时,应较相应围岩降低 1～2 级。施工阶段隧道围岩级别的判定宜按《铁路隧道设计规范》规定的判定卡进行。

综上所述,《铁路隧道设计规范》中对围岩级别的确定见表 5－11。

表 5－11　铁路隧道围岩分级

围岩级别	围岩主要工程地质条件		围岩开挖后的稳定状态(单线)	围岩弹性纵波速度 v_p(km/s)
	主要工程地质特征	结构特征和完整状态		
Ⅰ	极硬岩(单轴饱和抗压极限强度 $R_c>60$ MPa):受地质构造影响轻微,节理不发育,无软弱面(或夹层);层状岩层为巨厚层或厚层,层间结合良好,岩体完整	呈巨块状整体结构	围岩稳定,无坍塌,可能产生岩爆	>4.5
Ⅱ	硬质岩($R_c>30$ MPa):受地质构造影响较重,节理较发育,有少量软弱面(或夹层)和贯通微张节理,但其产状及其组合关系不致产生滑动;层状岩层为中厚或厚层,层间结合一般,很少有分离现象;或为硬质岩石偶夹软质岩石	呈巨块或大块状结构	暴露时间长,可能会出现局部小坍塌;侧壁稳定;层间结合差的平缓岩层、顶板易塌落	3.5～4.5

续上表

围岩级别	围岩主要工程地质条件		围岩开挖后的稳定状态(单线)	围岩弹性纵波速度 v_p(km/s)
	主要工程地质特征	结构特征和完整状态		
Ⅲ	硬质岩($R_c>30$ MPa):受地质构造影响严重,节理发育,有层状软弱面(或夹层),但其产状及其组合关系尚不致产生滑动;层状岩层为薄层、中层,层间结合差,多有分离现象;或为硬、软质岩石互层	呈块(石)碎(石)状镶嵌结构	拱部无支护时可产生小坍塌,侧壁基本稳定,爆破震动过大易坍塌	2.5~4.0
	较软岩($R_c=15\sim30$ MPa):受地质构造影响较重,节理较发育,层状岩层为薄层、中层或厚层,层间结合一般	呈大块状砌体结构		
Ⅳ	硬质岩石(($R_c>30$ MPa):受地质构造影响极严重,节理很发育,层状软弱面(或夹层)已基本破坏	呈碎石状压碎结构	拱部无支护时可产生较大的坍塌,侧壁有时失去稳定	1.5~3.0
	软质岩石($R_c\approx5\sim30$ MPa):受地质构造影响严重,节理发育	呈块(碎)(石)状镶嵌结构		
	土体:1. 具压密或成岩作用的黏性土、粉土及砂类土; 2. 黄土(Q_1、Q_2); 3. 一般钙质、铁质胶结的碎石土、卵石土、大块石	1和2呈大块状压密结构,3呈巨块状整体结构		
Ⅴ	岩体:软岩,岩体破碎至极破碎;全部极软岩及全部极破碎岩(包括受构造影响严重的破碎带)	呈角(砾)碎(石)状松散结构	围岩易坍塌,处理不当会出现大坍塌,侧壁经常小坍塌,浅埋时易出现地表下沉(陷)或塌至地表	1.0~2.0
	土体:一般第四系坚硬、硬塑黏性土,稍密及以上、稍潮或潮湿的碎石土、卵石土、圆砾土、角砾土、粉土及黄土(Q_3、Q_4)	非黏性土呈松散结构、黏性土及黄土呈松软结构		
Ⅵ	岩体:受构造影响严重,呈碎石、角砾及粉末、泥土状的断层带	黏性土呈易蠕动的松散结构,砂性土呈潮湿松散结构	围岩极易坍塌变形,有水时土砂常与水一齐涌出,浅埋时易塌至地表	<1.0(饱和状态的土<1.5)
	土体:软塑状黏性土、饱和的粉土、砂类土等			

注:1. 表中“围岩级别”和“围岩主要工程地质条件”栏,不包括特殊地质条件的围岩,如膨胀性围岩、多年冻土等。
2. 层状岩层的层厚划分:厚度大于1.0 m为巨厚层;厚度大于0.5 m,且小于等于1.0 m为厚层;厚度0.1~0.5 m为中厚层;厚度小于或等于0.1 m为薄层。

四、围岩压力

坑道开挖以后,地层的一侧丧失了约束,平衡状态受到破坏,引起应力集中,围岩就可能向坑道内变形。变形的大小取决于应力变化的大小和围岩抵抗这些变形的能力。对于不同的岩质则有不同的情况。在坚硬且完整的围岩中,围岩体本身的强度足以承受坑道周边的应力,这时围岩是自承的,不需要支撑或衬砌提供外加平衡力。但爆破时会发生围岩松动及暴露后受到风化,故仍需要修筑支护结构。在破碎的岩层或松软地层中修筑隧道,开挖坑道时,由于围岩体破碎,再加上在开挖坑道时受到爆破震动,围岩丧失稳定而产生变形、松弛、错动、挤压、断裂、下沉或坍塌等现象,这些现象统称为围岩压力现象。为了阻止围岩的移动和崩落,保证坑道具有设计的建筑限界和净空,就需要架设临时支撑或永久性支护结构。这种衬砌结构承受的压力,即围岩压力。它是作用于隧道支撑或衬砌结构上的主要荷载。

(一)坑道开挖前后围岩的应力状态

1. 坑道开挖前围岩的应力状态

坑道开挖前,地层是处于相对静止的状态。因为地层中任何一处的土石都受到其上、下、左、右、前、后土石的挤压,保持着相对的平衡,称为原始应力状态。

2. 坑道开挖后围岩的应力状态

坑道开挖后,围岩原来的平衡状态受到破坏,由相对的静止状态变成显著的变动状态,于是围岩在应力和变形方面开始了一个新的变化运动,出现了围岩应力的重分布和围岩向开挖后的坑道空间变形,直至达到新的平衡状态。

(二)围岩的成拱作用

在工程实践中人们发现,当隧道在多裂隙围岩(包括一般土层)中埋置较深时,作用在支护结构上的围岩压力远远小于其上覆层自重所造成的压力。在上述条件下,当坑道开挖后,如果让其任意变形、松动,坑道在坍塌到一定程度后会逐渐稳定下来,形成一个相对稳定的天然拱,承受着上覆土体的重量,这就是围岩的成拱作用。

(三)影响围岩压力的因素

影响围岩压力的因素很多,一类是工程地质因素,主要包括原始应力状态、岩石的力学性质、岩体的结构面等;另一类是工程结构因素,包括施工方法、支护设置时间、支护本身的刚度、坑道形状和尺寸、埋置深度等。其中起决定作用的是围岩的地质条件,它是内因,其对围岩压力的影响已在围岩分级中述及。现将其他因素分析如下:

(1)时间因素。不论何种围岩,在坑道开挖后的暴露时间均是越短越好。从另一方面讲,就是要修筑永久性衬砌,并使之能提供所需支护力的时间不宜过迟。否则,要受到较大的松动围岩压力作用。按照一般混凝土衬砌的修筑方法,从开挖到做完衬砌并使之具有一定的强度,往往需要较长的时间,因此衬砌结构就要受到很大的松动围岩压力,衬砌结构就要做得相对厚些。而采用喷射混凝土技术来支护围岩,可使围岩的暴露时间较短,能及时制止围岩的变形,防止变形过大而产生较大的松动压力,充分利用围岩自身的承载能力。

(2)坑道尺寸与形状因素。围岩压力是随着坑道的尺寸增大而增大的,当坑道有引起应力集中的形状,即有明显的拐角时,围岩压力相对较大。

(3)坑道的埋深因素。当坑道的埋置深度在某一范围内时,围岩压力是随着埋深的增大而增大的,但当坑道埋深超过此范围时,则围岩压力的大小基本不受埋深变化的影响。

(4)支护因素。有支护的坑道围岩压力要比无支护的坑道小;支护及时要比支护晚的围岩压力小;支护与坑道周边密贴的越好则围岩压力越小;支护的刚度较小即柔性支护时,坑道的围岩压力相对较小。

(5)爆破因素。采用爆破法开挖对围岩的稳定极为不利,尤其是对地质条件较差的围岩,爆破的扰动很大,能造成围岩压力过大,岩体松动甚至塌方。因此在隧道施工中应严格控制爆破用药量,提倡采用光面爆破、预裂爆破等先进的爆破技术。

(6)超挖回填因素。衬砌背后的超挖部分在施工时回填不密实,使围岩得不到很好的支护而继续松动,严重时会造成围岩坍塌,引起衬砌裂损。

第三节 隧道构造

铁路隧道结构由主体建筑物和附属建筑物两部分组成。

隧道的主体建筑物是为了保持隧道的稳定,保证列车的安全运行而修建的,它由洞身衬砌和洞门组成。在洞口容易坍塌或有落石的危险时,还需要加筑明洞。隧道的附属建筑物是为了养护、维修工作的需要以及供电、通信等方面的要求而修建的，它包括：防排水设施、大小避车洞、电缆槽、长大隧道的通风设施，根据电信传输衰耗和通信设计要求而增设的无人增音站（洞），在电气化铁路上，当隧道较长或在隧道群地段，为了将接触线和承力索进行锚固而设置的下锚装置，用于存放维修接触网用的绝缘梯车的专门洞室等。

一、衬砌结构类型

隧道开挖后，为了保持围岩的稳定性，一般需要进行支护。隧道衬砌的构造与围岩的级别和施工方法是密切相关的。归纳起来，有以下几种。

（一）整体式混凝土衬砌

指就地灌注混凝土（钢筋混凝土）衬砌，也称模筑混凝土衬砌。其工艺流程为：立模→灌注→养护→拆模。模筑衬砌的特点：对地质条件适应性强，易于按需要成型，整体性好，抗渗性强，而且可以适合多种施工条件，如可用木模板、钢模板或模板台车等，因而在我国铁路隧道工程中广泛采用。依照不同的地质条件，或是按照不同的围岩级别，又有直墙式和曲墙式两种形式。

1. 直墙式衬砌

直墙式衬砌适应于地质条件比较好，以垂直围岩压力为主而水平围岩压力较小的Ⅰ、Ⅱ、Ⅲ级围岩，个别情况也适用于Ⅳ级围岩。Ⅳ级围岩的衬砌结构形式以曲墙式为主，所谓个别情况是指在一座隧道内，大部分为Ⅳ级以下围岩，仅个别地段是Ⅳ级围岩。为施工方便，该段也可采用直墙式。直墙式衬砌由上部拱圈、两侧竖直边墙和下部铺底三部分组成。Ⅲ级围岩单线电气化铁路隧道衬砌断面标准图见图5-3。

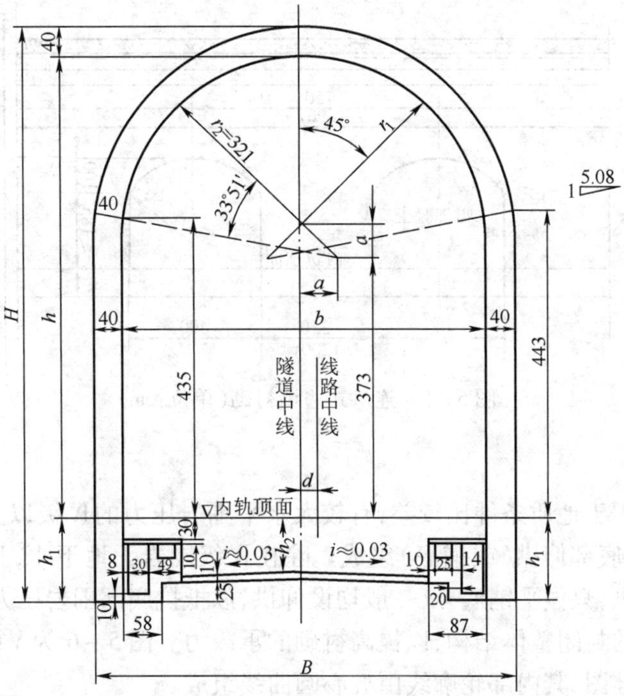

图5-3　Ⅲ级围岩单线电气化铁路隧道衬砌断面标准图（单位：cm）

在地质条件较好时，为了节省圬工，直墙式衬砌在构造上可采取若干改进措施，如在Ⅱ级围岩中采用大拱脚喷混凝土(或喷砂浆)边墙衬砌(图 5 - 4)。在Ⅰ、Ⅱ级围岩中采用柱式边墙或连拱墙(统称为花边墙)。柱式边墙是做成一排均匀间隔的立柱,柱间间隔不宜大于 3m,表面喷 3 ~5 cm 厚的混凝土。连拱墙衬砌则把边墙部分做成连拱形式(图 5 -5)。

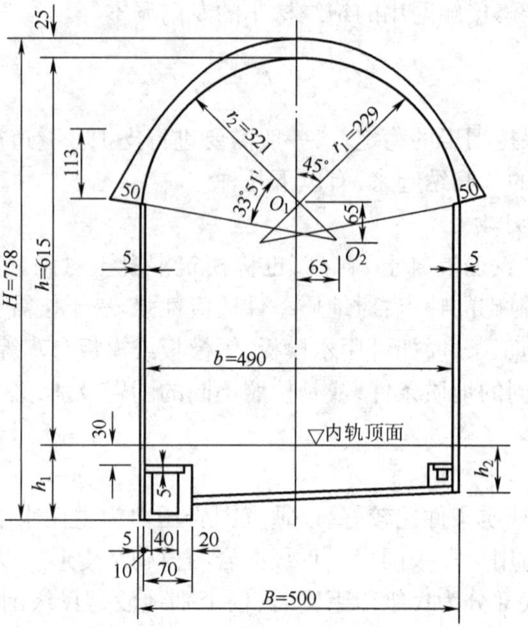

图 5 -4 大拱脚喷混凝土(或砂浆)边墙衬砌(单位:cm)

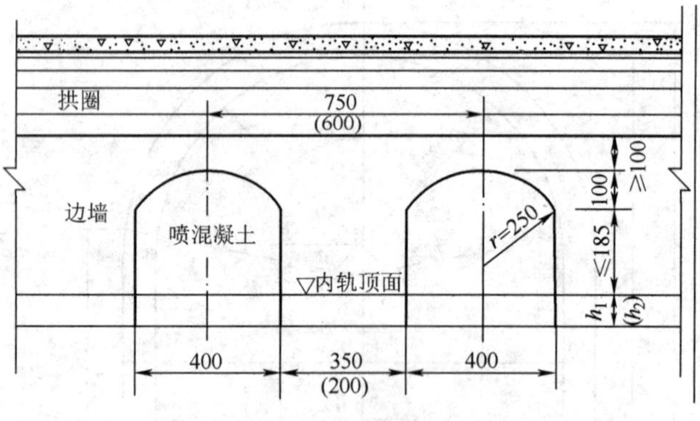

图 5 -5 连拱式边墙衬砌(单位:cm)

2. 曲墙式衬砌

曲墙式衬砌适用于地质条件比较差,有较大水平围岩压力的Ⅳ级以上的围岩。它由顶部拱圈、侧面曲边墙和底部仰拱(或铺底)组成。除在Ⅳ级围岩无地下水,且基础不产生沉陷的情况下可以不设仰拱,只做平铺底外,一般均设仰拱,以抵抗底部围岩压力和防止衬砌沉降,使衬砌形成一个环状的封闭整体结构,以提高衬砌的承载力。图 5 -6 为Ⅴ级围岩单线电气化铁路隧道衬砌断面标准图,其内部轮廓线由五心圆曲线组成。

双线隧道或三线隧道的洞身衬砌,可以采用单孔式,四线隧道可采用双孔式。单孔式衬砌应满足双线或三线隧道衬砌净空的要求。双孔式衬砌一般由两个双线隧道组成,做成两个洞身孔道,中设隔墙,隔墙中间可以设孔洞。

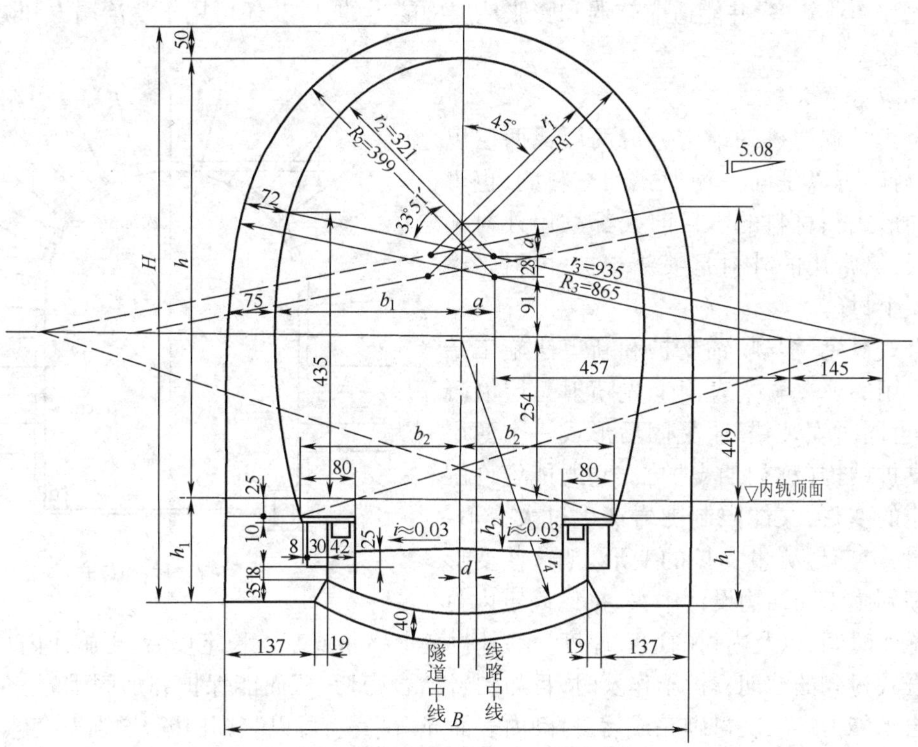

图5－6 Ⅴ级围岩单线电气化铁路隧道衬砌断面标准图(单位:cm)

(二)装配式衬砌

随着社会不断地向着工业化和机械化发展,隧道施工也提出向工业化和机械化发展。于是,出现了装配式的隧道衬砌。这种衬砌是把若干工厂或现场预制的构件,运入坑道内,再用机械把它们拼装成一环接着一环的衬砌。

整体式混凝土衬砌虽然在我国被广泛地采用,但是,它在灌注以后不能立即承受荷载,必须经过一个养生的过程,因而施工进度受到一定的限制。

这种衬砌具备下列优点:

(1)一经装配成环,不需要养生时间,即可承受围岩压力;

(2)大量构件可以在工厂成批生产,在坑道内进行机械化拼装,从而改善了劳动条件,节省了劳动力;

(3)拼装时,不需要临时支撑如拱架、模板等,从而节省大量的支撑材料及劳动力;

(4)拼装速度因采用机械化拼装而提高,缩短了工期,还可能降低造价。

由于装配式衬砌有这些优点,国外早在19世纪就已开始使用,尤其在地下铁道工程中采用较多。但它们还存在着一些缺点,如需要坑道内有足够的拼装空间,制备构件的尺寸要求有一定的精度,接缝多,防水较困难等。由于以上原因,在我国铁路上未能推广使用。

(三)喷锚支护

指采用混凝土喷射机,将掺有速凝剂的混凝土干拌料和水,高速喷射到清洗干净的岩石表面,凝结后(当围岩不够稳定时,可加设锚杆或钢筋网)构成的一种支护形式,简称"喷锚支护",见图5－7。

采用喷锚支护可充分发挥围岩的自承能力,控制围岩变形,有效地利用洞内净空,提高作业安全性和作业效率,并能适应软弱和膨胀地层中隧道的开挖,还可用于整治塌方和隧道衬砌破损的修复。

(四)复合式衬砌

复合式衬砌把衬砌结构分成两层或两层以上,各层衬砌可以是同一种形式和材料的,也可以是不同形式和材料的。目前大都采用外衬和内衬两层,最常用的外衬是喷锚支护,内衬是整体式混凝土衬砌。

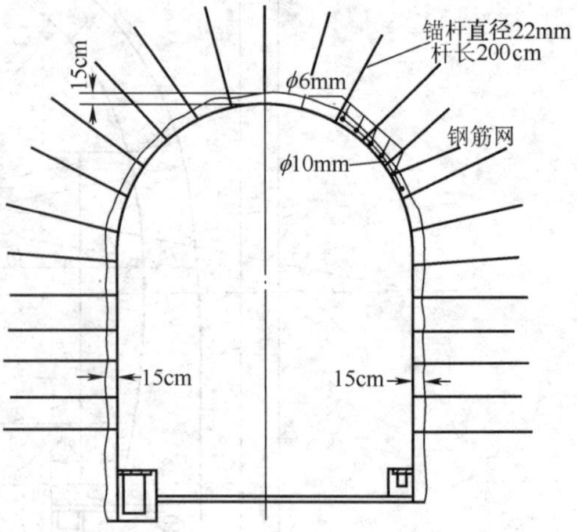

图5-7　喷锚支护

复合式衬砌是与喷锚支护和新奥法施工结合起来应用的。在洞壁表面上先喷射一层混凝土,有时也同时安装锚杆,凝固后形成一个薄层的柔性支护结构(称初期支护)。它既能容许围岩有一定的变形,又能限制围岩产生过大变形。在施工时,定期地测量支护的变形,把这些变形信息反馈到施工和结构设计中去,据以确定内衬的最佳施作时间,以及内衬的适宜厚度。在外衬变形终止或基本稳定以后,再施作内衬。

复合式衬砌的初期支护施作及时,且与围岩结合密切,从而能保护和加固围岩,充分发挥围岩的自承能力。二次衬砌完成后,衬砌内表面光滑平整,可以装饰内壁,增强安全感,是一种较为理想的结构形式,目前应用广泛。

二、洞　门

在隧道两端洞口处应设置洞门。

(一)洞门的作用

(1)减少洞口土石方开挖量。洞口段范围内的路堑是依照地质条件以一定的边坡开挖的。当隧道埋深较大时,开挖量就很大。设置隧道洞门,能起到挡土墙的作用,减少土石方开挖量。

(2)稳定边坡、仰坡。设置洞门可以减小洞口路堑的边坡高度,缩小正面仰坡的坡面长度,使边坡及仰坡得以稳定。

(3)引离地表水流。地表水流往往汇集在洞口,如不排除,将会浸入线路,危及行车安全,修建洞门可以把水流引入侧沟排走,确保运营安全。

(4)装饰洞口。洞口是隧道唯一的外露部分,是隧道正面的外观。修建洞门可以起到装饰作用,特别是位于城市及风景区附近的隧道更应配合环境进行美化处理。

(二)洞门的类型

洞门根据地形、地质,并结合衬砌类型及工作特点,可分为一般隧道洞门(图5-8)、明洞洞门和特殊洞门。

一般隧道洞门包括:

(1)端墙式[图5-8(a)]:适用于Ⅰ~Ⅲ级围岩,线路与地形等高线基本正交,边坡、仰坡坡度为1:0.3~1:0.5。

(2)翼墙式[图5-8(b)]:适用于Ⅲ~Ⅵ级围岩,边坡、仰坡坡度为1:0.75~1:1.5,抗滑、抗倾覆性能好。

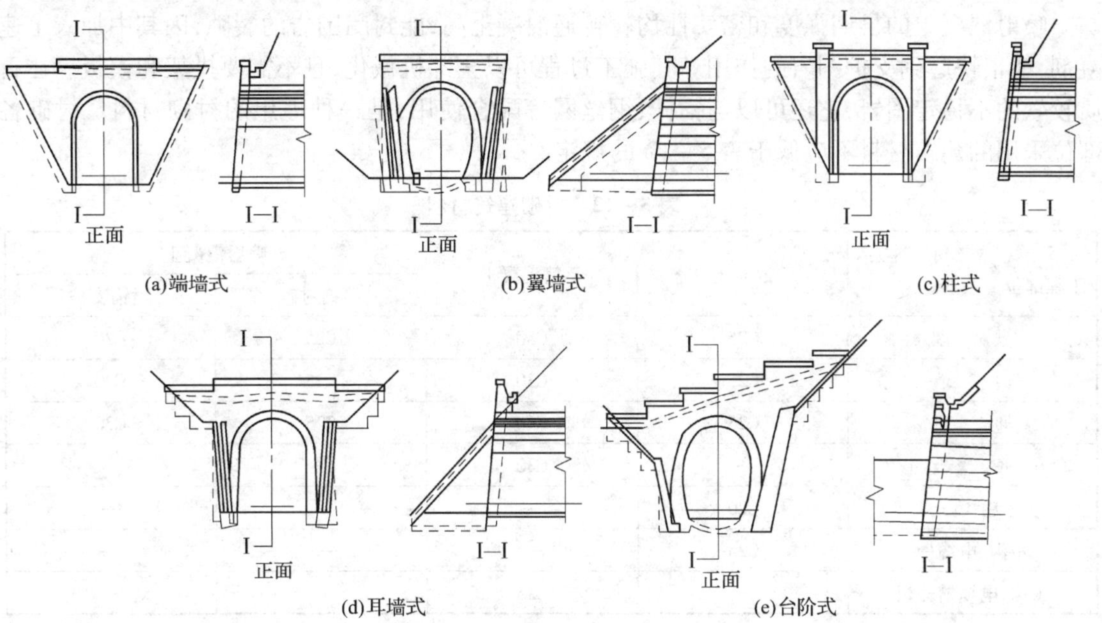

图 5－8　一般隧道洞门

(3)柱式[图 5－8(c)]:适用于Ⅲ～Ⅳ级围岩,边坡、仰坡坡度为 1∶0.5～1∶0.75,适合于风景区或城镇隧道,或洞口受地形限制,无法布置翼墙式的洞门。

(4)耳墙式[图 5－8(d)]:适用于Ⅲ～Ⅳ级围岩,边坡、仰坡坡度为 1∶0.75～1∶1.5,具有翼墙式的特点,并能拦截仰坡径流及风化剥落体。

(5)台阶式[图 5－8(e)]:适用于Ⅲ～Ⅴ级围岩,边坡、仰坡坡度为 1∶0.5～1∶1.25,可减少靠山坡仰坡开挖高度,一般与偏压衬砌配合使用。

三、建筑材料

(一)衬砌建筑材料

修建隧道衬砌的材料,应具有足够的强度和耐久性,在某些环境中,还必须具有抗冻、抗渗和抗腐蚀性。此外,还应满足就地取材,降低造价,施工方便及易于机械化施工等要求。常用的铁路隧道衬砌材料有如下几种。

1. 混凝土和钢筋混凝土

混凝土是目前隧道施工采用最广泛的建筑材料之一。其优点是:整体性和抗渗性较好,既能现场浇筑,也可以在工厂预制,而且能采用机械化施工。可以在水泥中掺入密实性外加剂,以提高混凝土的密实度,从而提高混凝土的抗渗性和防水性能。现浇混凝土的缺点是:混凝土浇筑后需要养生而不能立即承受荷载,需要达到一定强度后才能拆模,占用和耗用较多的拱架及模板,化学稳定性(耐侵蚀性能)较差。但其优点是主要的,所以目前混凝土仍然是隧道衬砌结构的主要建筑材料。

混凝土中加入钢筋是为了提高混凝土的抗拉、抗剪性能,所以钢筋混凝土材料主要用在明洞衬砌及地震区、偏压、通过断层破碎带或淤泥、流沙等不良地质地段的隧道衬砌中,在特殊情况下可加入旧钢轨或焊接钢筋骨架进行加强。

2. 喷射混凝土

喷射混凝土的早期强度和密实性均较普通混凝土高，能封闭围岩的裂隙，因其中加入了速凝剂，能很快起到支护围岩的作用。其施工过程可以全部机械化，且不需要拱架和模板。在石质较软的不稳定围岩，它还可以与锚杆、钢丝网等配合使用，是一种理想的衬砌材料。衬砌各部位采用的建筑材料不应低于表 5－12 的规定。

表 5－12　衬砌建筑材料

材料种类 工程部位	混凝土	钢筋混凝土	喷射混凝土	
			喷锚衬砌	喷锚支护
拱　圈	C25	C30	C25	C20
边　墙	C25	C30	C25	C20
仰　拱	C25	C30	C25	C20
底　板	—	C30	—	—
仰拱填充	C20	—	—	—
水沟、电缆槽	C25	—	—	—
水沟、电缆槽盖板	—	C25	—	—

（二）洞门建筑材料

1. 片石混凝土

为了节省水泥，洞门建筑材料除采用混凝土和钢筋混凝土外，还可在混凝土中掺入片石（片石的掺量不应超过总体积的 20%），片石因可以就地取材，降低了工程造价。

2. 砌体

指把粗料石、块石、片石或混凝土预制块用强度不低于 M10 的水泥砂浆砌筑成砌体。片石强度等级不应低于 MU40，块石强度等级不应低于 MU60，有裂缝和易风化的石材不应采用。其优点是：可以就地取材，能节约大量水泥和模板，耐久性和耐侵蚀性能较好，可保证衬砌厚度并能较早地承受荷载。其缺点是：砌缝多容易漏水，防水性能较差，施工主要靠手工操作，难于机械化施工，费工、费时，施工进度较慢，而且需要大量熟练工人。在盛产石料的地区尤其是洞门挡墙、挡土墙等仍然经常使用。

洞门各部位采用的建筑材料不应低于表 5－13 的规定。

表 5－13　洞门建筑材料

材料种类 工程部位	混凝土	钢筋混凝土	砌　体
端　墙	C20	C25	M10 水泥砂浆砌块石或 C20 片石混凝土
顶　帽	C20	C25	M10 水泥砂浆砌粗料石
翼墙和洞口挡土墙	C20	C25	M10 水泥砂浆砌块石
侧沟、截水沟	C15	—	M10 水泥砂浆砌片石
护　坡	C15	—	M10 水泥砂浆砌片石

注：①护坡材料也可采用 C20 喷射混凝土；

②最冷月平均气温低于 －15 ℃的地区，表列水泥砂浆强度应提高一级。

四、隧道附属建筑物

为了保证列车在隧道中安全运行，改善洞内环境及工作条件，在隧道内还应修建避车洞、排水沟、电缆槽、通风系统等附属建筑物。

(一)避 车 洞

避车洞分为小避车洞和大避车洞。小避车洞是为了保证隧道内行人和维修人员安全而设置的。大避车洞是为了存放一些必要的维修材料、工具及为轨道小车避让列车而设置的。

1. 设置规定及要求

隧道内大、小避车洞应交错设置于两侧边墙内,大避车洞之间设置小避车洞,其间距和尺寸见表5-14。

表5-14 避车洞的间距及尺寸(m)

名 称	一 侧 间 距		尺 寸		
			宽	深	中心高
大避车洞	碎石道床	300	4.0	2.5	2.8
	混凝土宽枕道床或整体道床	420			
小避车洞	碎石道床	60	2.0	1.0	2.2
	混凝土宽枕道床或整体道床				

大避车洞见图5-9,小避车洞见图5-10。

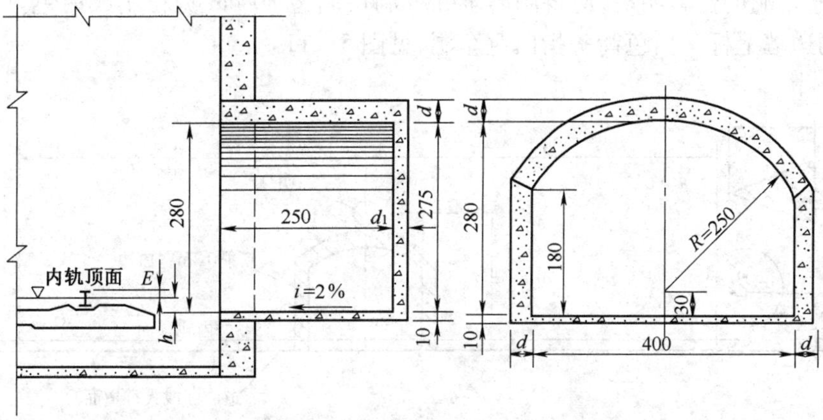

图5-9 大避车洞断面图(单位:cm)

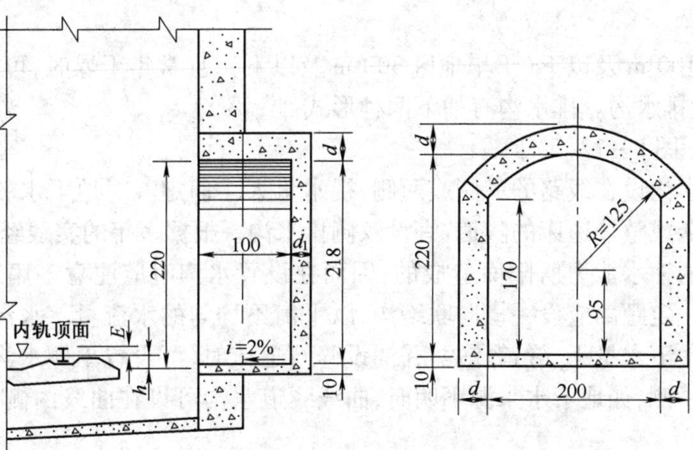

图5-10 小避车洞断面图(单位:cm)

避车洞布置应符合下列规定：

(1)隧道长度小于300 m时，可不设大避车洞；长度为300～400 m时，可在隧道中部设一个大避车洞。

(2)洞口接桥或路堑，当桥上无避车台或路堑侧沟无平台时，应与隧道一并考虑设置大避车洞。

(3)避车洞不得设于衬砌断面变化处或沉降缝、工作缝、伸缩缝处，并要求离开上述接缝净距不应小于1 m。

(4)允许行人通过的隧道，可根据行人的情况，将小避车洞适当加密。

2. 避车洞底部标高

当避车洞位于直线上且隧道内有人行道时，避车洞底面应与人行道顶面齐平，无人行道时，避车洞的底面应与道砟顶面(或侧沟盖板顶面)齐平；隧道内采用整体道床时，避车洞底面与道床面齐平。当避车洞位于曲线上时，因受曲线外轨超高的影响，曲线内侧及外侧的避车洞底面分别降低或抬高一定距离。

3. 避车洞的衬砌类型

避车洞的衬砌类型一般与隧道衬砌类型相适应。

为了使避车洞的位置明显，应将洞内全部及洞口周边30 cm宽粉刷成白色。在洞的两侧各10 m处的边墙上标一白色箭头指向避车洞，见图5－11。

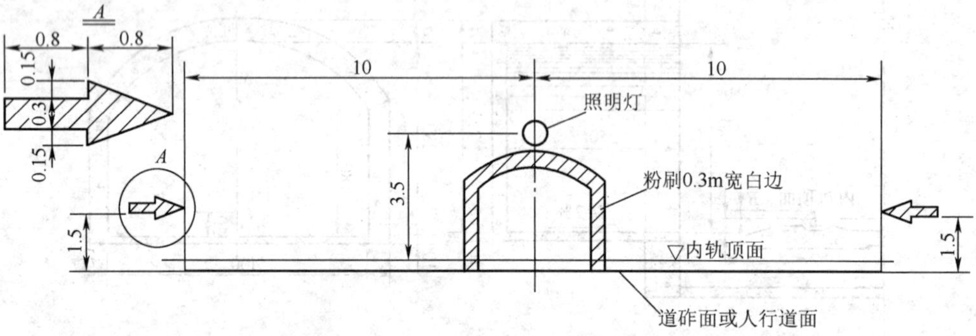

图5－11 避车洞位置标志图(单位：m)

(二)排 水 沟

隧道全长在100 m及以下(干旱地区300 m及以下)，且常年干燥时，可不设洞内排水沟。除此之外，均应设排水沟。排水沟有如下两种形式。

1. 侧式水沟[图5－12(a)]

这种形式的水沟设在线路的一侧或两侧，视水量大小而定。对地下水较大、隧道较长、采用混凝土宽枕道床或整体道床的隧道，宜设双侧排水沟。根据多年的实践经验，隧道底部的水害多是由排水沟的输水能力所限而造成的，因而在设置水沟时应注意多用双侧水沟，以防后患。双侧水沟隔一定距离应设一横向联络沟，以平衡不均匀的水流量。水沟的侧面应设有足够的进水孔。当地下水量小、隧道较短，并铺设碎石道床时，可设置单侧水沟。单侧水沟应设在地下水来源的一侧，如地下水来源不明时，曲线隧道水沟可设在曲线内侧，直线隧道水沟可设在任一侧。

2. 中心式水沟[图5－12(b)]

隧道采用整体道床时，水沟可设在线路中线的下方，或设在双线隧道两线路之间。

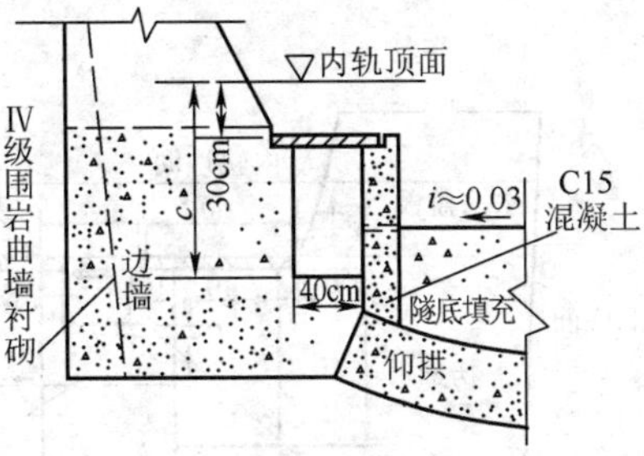

(a) 侧式水沟

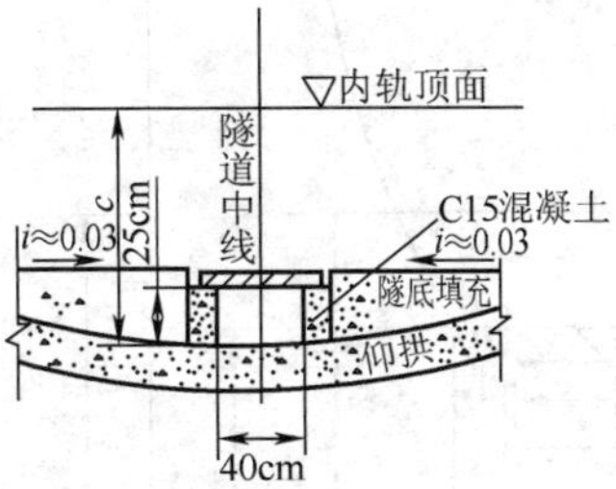

(b) 中心式水沟

图 5－12 排水沟

侧沟常用高式水沟,水沟盖板与道砟面齐平,便于检查、清理及行走。中心水沟常用低式水沟,盖板顶面与隧道底平齐而被道砟覆埋,不便于清理和维修,但可减少挡墙的圬工数量。

水沟坡度应与线路坡度一致。在隧道中的平坡地段和车站内的隧道,排水沟底部应有不小于1‰的坡度。横向排水坡的坡度宜为2%,不应小于1%。

水沟断面视水量大小而定,应有足够的过水能力。水沟断面一般为:单线不应小于25 cm(高)×40cm(宽);双线不应小于30 cm(高)×40 cm(宽)。

(三)电力及通信设施

1. 电缆槽

当铁路通信、信号电缆通过隧道时,为了避免电缆被破坏、腐蚀,以保证通信、信号工作的安全,应在隧道内设置电缆槽。

根据隧道衬砌类型、电缆槽位置与洞内水沟异侧或同侧等情况,电缆槽分为甲[图5－13(a)]、乙[图5－13(b)]、丙[图5－13(c)]三种类型,其主要尺寸见表5－15。当隧道长度大于500 m时,为便于电缆维修,电缆应留余长,并需在电缆槽同侧的大避车洞内设余长弧形电缆槽[图5－13(d)]。

表5－15 电缆槽尺寸(单位:cm)

净空尺寸	a	b	c	内轨顶面至水沟底高差 d			
				重 型	次重型	中 型	轻 型
25×20	25	40	23	108	103	98	93
20×20	20	35	13				

2. 无人增音站(洞)

根据电讯传输衰耗和通信设计要求,每隔一定距离应设置无人增音站(洞)一处。当无人增音站(洞)位于隧道内时,则应在边墙处增设无人增音站(洞),以便安装无人增音机。其具体位置由通信专业根据采用无人增音机的类型确定。此外,根据具体情况,隧道内有时也设信号继电器洞箱、绝缘梯车洞、无线电通信电台箱洞、无线列调中继器洞、变压器洞等附属设施。

(四)运营通风设施

列车通过隧道时会排出大量有害气体,同时还散发出许多热量,此外,衬砌缝隙也不时渗透出某些天然有害气体和潮湿气体,再加上维修人员在工作时不断呼出二氧化碳,这些因素使得隧道内的空气变得污浊、炽热和潮湿。时间长,浓度就会变大,使人感到呼吸困难,健康受到威胁,工作效率降低,洞内线路也容易被腐蚀。因此,必须设法把隧道内集聚的有害气体和热

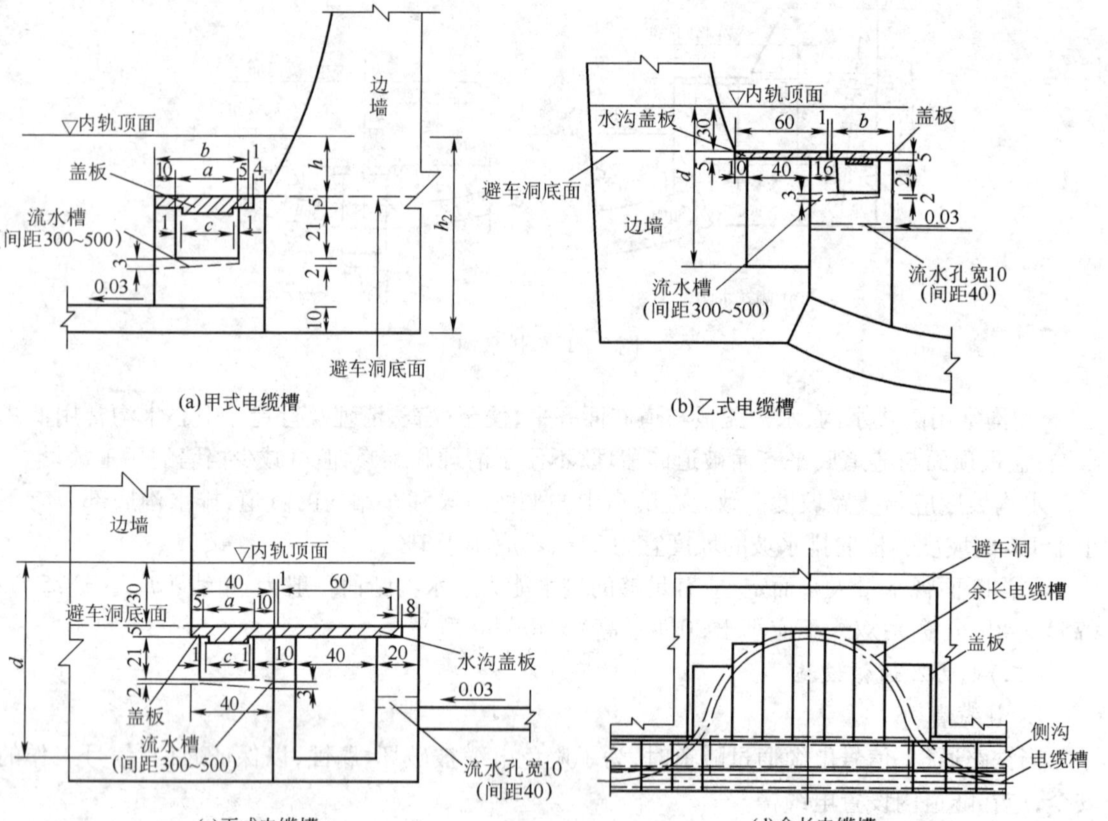

(a)甲式电缆槽　(b)乙式电缆槽　(c)丙式电缆槽　(d)余长电缆槽

图 5－13　电缆槽(单位:cm)

量等排出去,把洞外的新鲜空气引进来,使洞内空气达到无害的程度。

运营隧道的通风可分为自然通风和机械通风两种。

自然通风是利用洞内的天然风流和列车运行所引起的活塞风来达到通风的目的。

机械通风是采用通风机械将洞内外气体进行交换,来达到通风的目的。

第四节　明　　洞

以明挖法修建的隧道称为明洞。

一、明洞的适用条件

明洞一般适用于下列情况:

(1)洞顶覆盖较薄,难以用暗挖法修建隧道的地段;

(2)受塌方、落石、泥石流等威胁的地段;

(3)公路、铁路、沟渠等必须在铁路上方通过,又不宜修建隧道、立交桥或渡槽等的地段。

(4)为了减少隧道工程对环境的破坏,保护环境和景观,洞口段需延长者。

二、明洞的类型

明洞的结构类型常因地形、地质和危害程度的不同而不同。常用的有拱形明洞和棚式明洞。

(一)拱形明洞

(1)路堑对称式:适用于洞顶地面平缓,两侧路堑地质条件基本相同,边坡有落石、坍塌等不良地质现象;洞顶覆盖较薄,难以用暗挖法修建隧道或已成深路堑边坡不稳定,有少量坍塌和落石的地段。

(2)路堑偏压式:适用于洞顶地面倾斜,路堑边坡一侧较低,明洞边墙顶以下部位为挖方,另一侧边坡较高,有坍塌、落石或泥石流等不良地质现象。

(3)半路堑偏压式:适用于外侧地面宽敞稳定,填土坡面线能与地面相交;另一侧边坡或山坡有坍塌、落石或泥石流等不良地质现象。

(4)半路堑单压式:适用于外侧地形陡峻,无法填土;另一侧边坡或山坡有坍塌、落石或泥石流等不良地质现象,见图5-14。

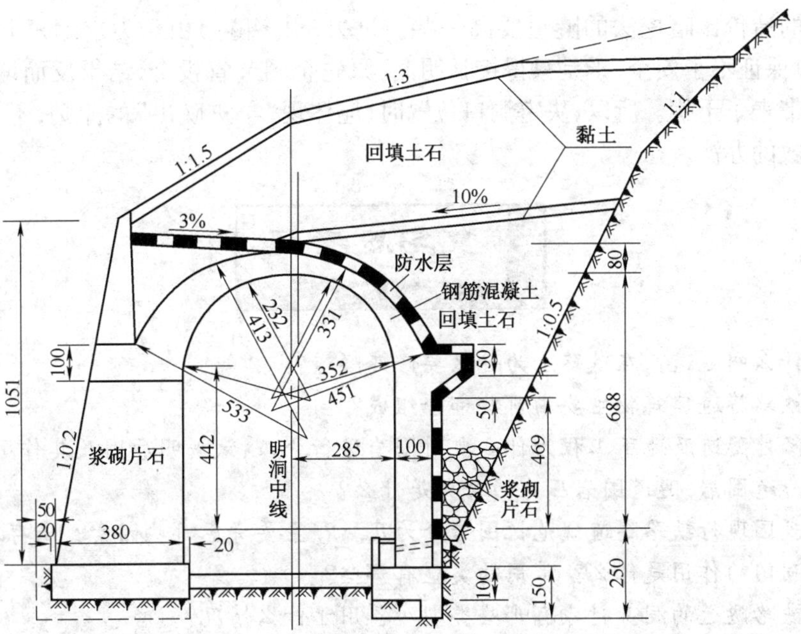

图5-14　半路堑单压式拱形明洞(单位:cm)

(二)棚　洞

(1)墙式棚洞:适用于边坡有坍塌、落石地段;外侧地基承载力较低的稳定土层或岩层。

(2)刚架式棚洞:适用于边坡有少量的落石、掉块地段;外侧地基为坚固稳定的岩层。

(3)柱式棚洞:适用于边坡有少量的落石、掉块地段;外侧地基承载力较高或基岩埋藏浅的地段。

(4)悬臂式棚洞:适用于边坡有少量的坍塌、落石、剥落、掉块地段;外侧地形狭窄,地层松软,基岩埋藏深,不宜设支承结构的地段,见图5-15。

明洞虽然是在敞开的地面上修建的,但是,由于它的圬工数量较大,上覆土回填也较费工

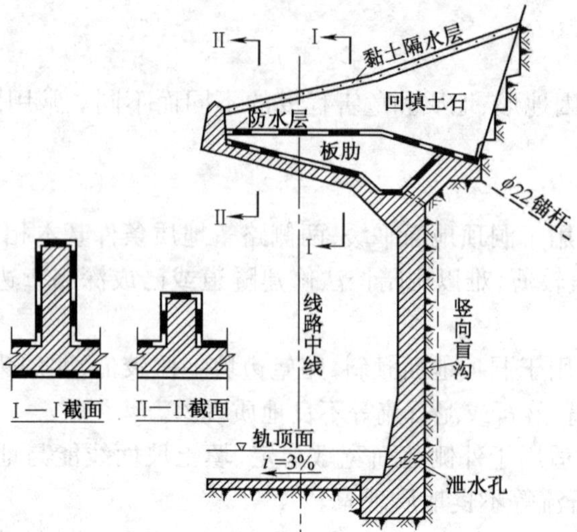

图5－15　悬臂式棚洞

时,所以,它的造价比暗挖法的隧道要高一些。过去,很多隧道由于力求缩短洞身,在施工以后,发现洞口保证不了安全,于是只得接长明洞,原先企图节省投资,结果反而增添了费用,还给洞口施工带来了干扰。所以,决定洞口位置时,应体现“早进晚出”的原则,不宜以事后增修明洞作为补救的办法。

复习思考题

5－1　什么叫隧道?在铁路上为什么要修建隧道?

5－2　铁路隧道建筑物主要由哪些部分组成?

5－3　修建隧道及地下工程为什么要对围岩进行分级,试说明原因及其作用。

5－4　隧道围岩、隧道围岩压力的含义是什么?

5－5　我国现行铁路隧道规范把围岩分为几级?主要考虑哪些因素?尚存在什么问题?

5－6　洞门的作用是什么?常用的类型有哪些?

5－7　铁路隧道的洞身衬砌有哪些类型?各用于什么情况?

5－8　什么叫明洞?一般用于什么情况?主要有哪些类型?

5－9　避车洞的尺寸和布置原则各是什么?

5－10　运营隧道为什么要进行通风?通风方式有哪几种?

第六章
涵　　洞

第一节　涵洞的组成与分类

一、涵洞的类型

涵洞是一种横穿路堤的建筑物。按照不同的分类标准，涵洞可分为下列几种类型。

(一)按用途分

涵洞按用途可分为排洪涵、灌溉涵和交通涵。

(二)按水力性质分

(1)无压涵[图6－1(a)]:水体在其经过涵洞的全部流程上保持自由水面。

(2)有压涵[图6－1(b)]:涵洞入口处水位高于涵洞顶面，整个洞身为水流所充满。

(3)半有压涵[图6－1(c)]:涵洞入口被水淹没，但在入口下游的全部流程上水体仍具有自由表面。

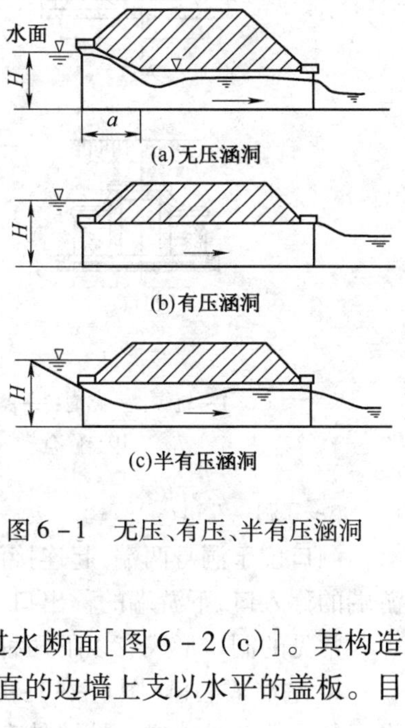

图6－1　无压、有压、半有压涵洞

(三)按涵洞的洞身横截面形状分

(1)圆形涵洞:圆形涵洞的洞身系圆形的混凝土管、钢筋混凝土管、铸铁管或皱纹铁管等，目前新建的圆形涵洞一般均采用钢筋混凝土圆管，如图6－2(a)所示。

(2)拱形涵洞:此种涵洞的洞顶结构部分具有拱形截面[图6－2(b)]。拱形涵洞因所用材料不同可分为石拱涵、混凝土拱涵、钢筋混凝土拱涵。钢筋混凝土拱涵现在极少使用。

(3)矩形涵洞(板涵):此种涵洞的洞身截面具有矩形的过水断面[图6－2(c)]。其构造特点是，洞身或是钢筋混凝土的封闭式刚架结构，或是内侧竖直的边墙上支以水平的盖板。目前所称矩形涵洞一般指前者;后者称为盖板箱涵。

(四)按涵洞轴线与线路中线的交角分

(1)正交涵:涵洞轴线与线路中线垂直。

(2)斜交涵:涵洞轴线与线路中线不垂直。

(五)按涵洞的孔数分

涵洞按孔数可分为单孔涵洞、双孔涵洞和多孔涵洞。

二、涵洞的组成部分

为适应过水、受力以及与路堤的衔接等方面的要求，涵洞由洞口和洞身两个主要部分，以

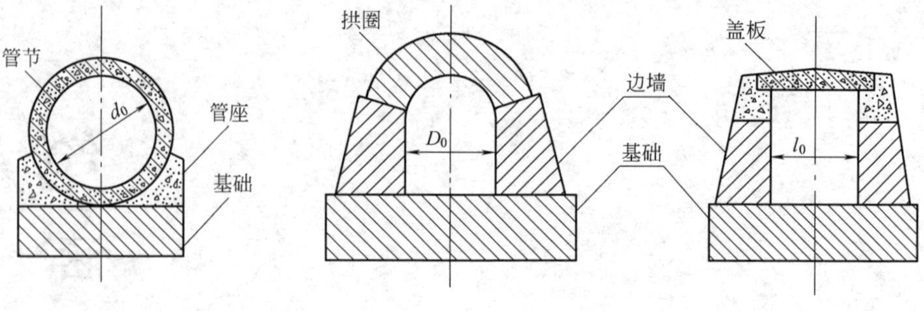

图 6－2　涵洞的洞身截面形式

及附属工程部分组成(图 6－3)。

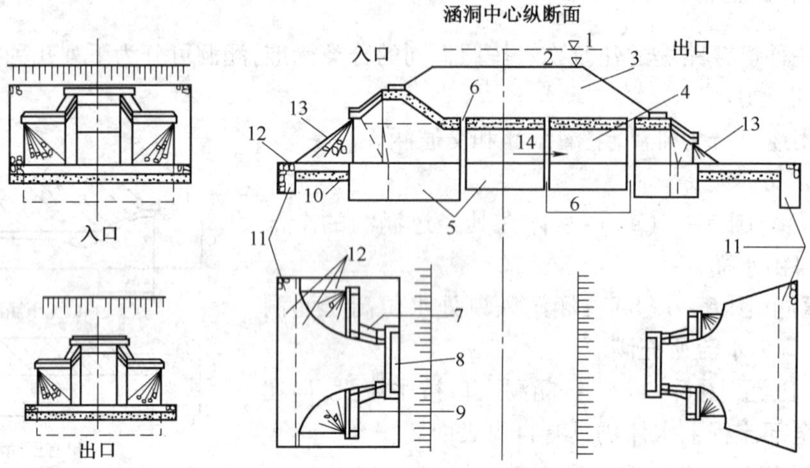

图 6－3　涵洞的组成

1—轨底;2—路肩;3—路堤;4—洞身;5—基础;6—沉降缝;7—翼墙;8—端墙;9—雉墙;
10—碎石垫层;11—垂裙;12—河床铺砌;13—锥体护坡;14—流向

(一)洞　　口

洞口位于洞身两端,起连接洞身和路堤边坡并诱导水流顺利地进出涵洞等作用。位于上游端的称入口,下游端的称出口。

常见的洞口形式有以下两种:

1. 端墙式洞口(图 6－4):由一道垂直于涵洞轴线的竖直的端墙以及盖于其上的帽石和设于其下的基础组成。端墙外有收敛路堤边坡的附属工程——锥体。其构造简单,但泄洪能力小。

2. 八字式洞口(图 6－3):除端墙外,并在端墙外的洞口两侧设有张开成八字形的翼墙。为缩短翼墙长度和便于设置锥体,在适当位置将翼墙折成与线路平行的雉墙,雉墙外为锥体。端墙、翼墙、雉墙之上均盖以帽石,整个洞口下设基础。

(二)洞　　身

洞身是涵洞的主要部分,它承担排水或交通任务,并承受路堤填土自重及由路堤填土传来的列车活载压力。

由于压力对洞身中部作用大,而对洞身端部的作用较小,因此位于非岩石地基上的涵洞,

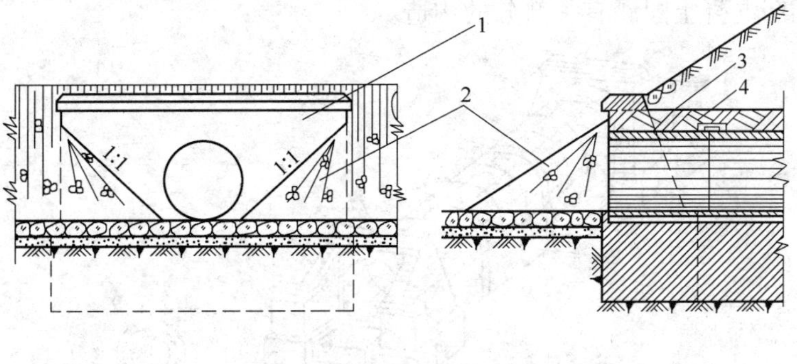

图6-4　端墙式出入口

1—端墙;2—锥体;3—保护层;4—防水层

一般将洞身分段修建,其间设置沉降缝,以避免因受力不均匀导致洞身的不规则断裂。沉降缝用有弹性且不透水的材料填塞。为避免涵洞投入使用后,因洞身中部受力较大而形成中部下沉多,两端下沉少,以致中间积水淤积,或出现洞身下游逆坡现象,对于修建于非岩石地基上的涵洞,特将洞身中部的标高较理论设计标高再提高一数值Δ,称为上拱度(图6-5)。

(三)基　础

基础是洞口和洞身的一部分,主要有整体式和分离式两种(图6-6)。孔径较小的涵洞一般采用整体式基础,若孔径较大且地质情况良好,则可采用分离式基础,以节约圬工。对于分离式基础,一般在分离的边墙与基础之间用片石砌成较薄的流水板。流水板与边墙基础之间留有纵向缝隙,板下设砂垫层。

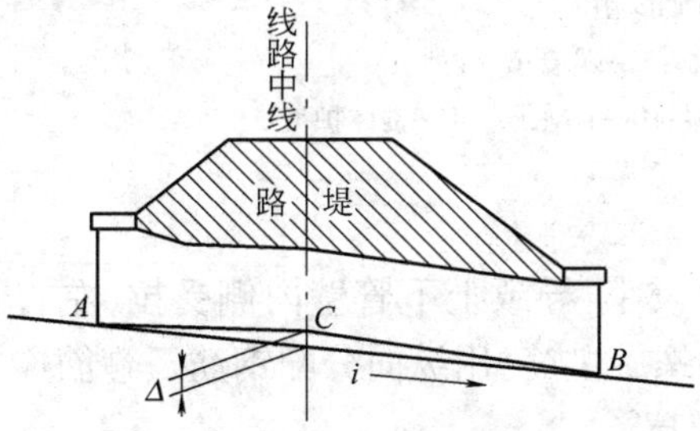

图6-5　预留上拱度示意图

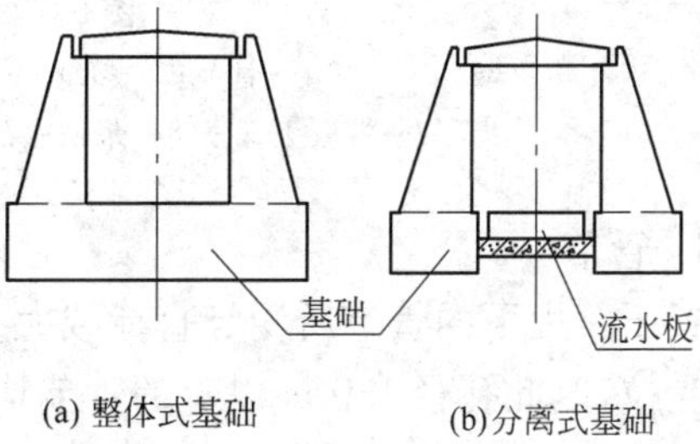

图6-6　基础类型

对于圆涵及其他封闭式截面的涵洞,若基底为石质或砂质土壤,且质地均匀,下沉量不大,亦可采用无基涵洞(不设圬工基础),但涵洞出入口节仍应设置基础。

(四)附属工程

涵洞的附属工程包括:收敛路堤边坡并起导流作用的锥体;防止冲刷的河床及路堤边坡铺砌;改移和加固河渠的人工水道;提供养护人员工作方便的路堤边坡检查台阶等。

第二节　涵 洞 构 造

一、圆形涵洞

圆形涵洞如图6-7所示。圆涵的孔径为:0.75 m(单孔和双孔),1.0 m、1.25 m、1.50 m、2.0 m、2.50 m(单孔、双孔和三孔)。圆涵的孔径系指洞身管节的内径。

下面介绍钢筋混凝土圆涵有关部分的构造。

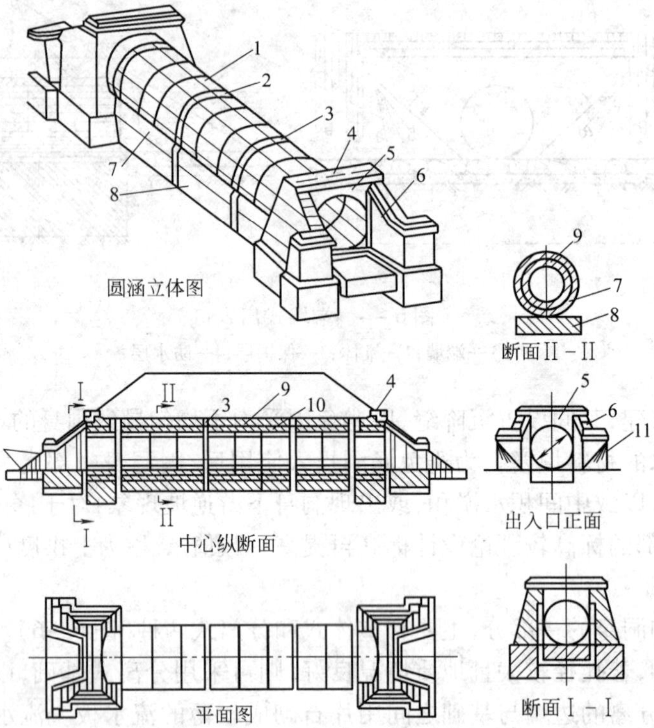

图 6－7　钢筋混凝土圆形涵洞

1—管节；2—接缝；3—沉降缝；4—帽石；5—端墙；6—翼墙；
7—混凝土管座；8—浆砌片石基础；9—黏土层；10—防水层；11—锥体护坡

1. 管节

置于路堤下的管节所受竖直荷载大，水平侧压力较小，导致上下管壁内侧受拉，左右管壁外侧受拉，因此孔径 1.0 m 以上的管节均布置有双层螺旋主筋，用纵向分配钢筋及箍筋连成骨架。0.75 m 孔径管节因其所受弯矩较小，主筋设为单层。

各孔径管节长度均定型化为 1 m。管壁厚度因路堤填土高度的不同而不同。

2. 出入口

孔径 0.75 m 的圆形涵洞仅用作流量较小的灌溉涵，故采用端墙式出入口。其余孔径圆涵一律采用八字式出入口。

3. 基础

圆涵洞身的基础分为有基（一律为整体式）和无基两种（图 6－8）。较好的岩石地基采用无基。一般的石质土、砂质土以及土质均匀、下沉量不大的黏性土地基原则上采用无基，亦可用有基。一般黏性土地基采用有基。

若洞顶至轨底填方高超过 5 m 且为非岩石地基；或最大流量的涵前积水深度超过 2.5 m；或位于经常流水的河沟或沼泽地区，则不得采用无基。

出入口的端墙、翼墙、雉墙一律采用有基。

4. 管节接缝和沉降缝与防水层（图 6－9）

有基涵洞：非沉降缝的各管节接缝应尽量顶紧，内外侧均用 M10 水泥砂浆填塞。沉降缝

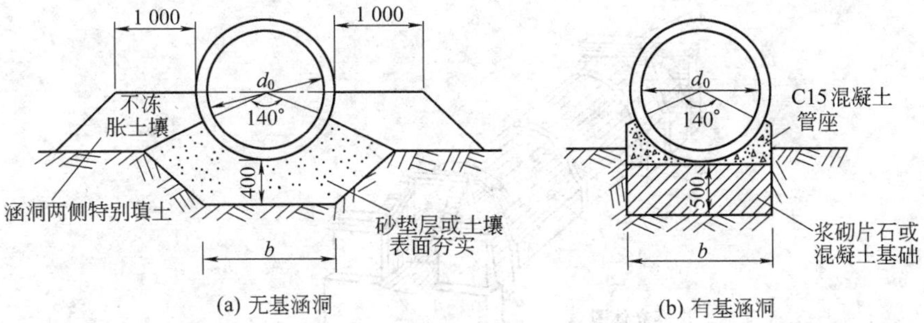

图 6－8 圆形涵洞基础(单位:mm)

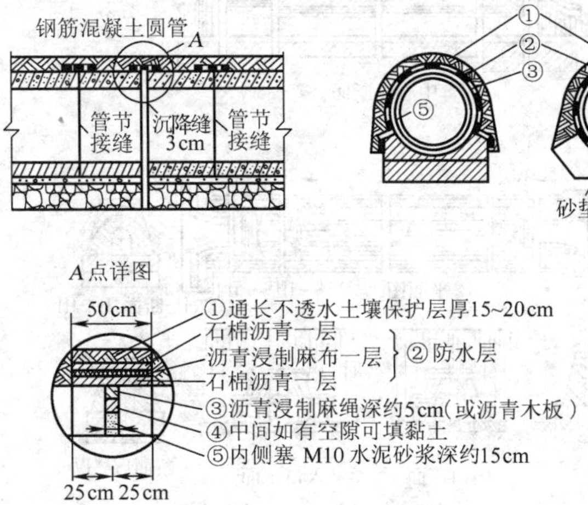

图 6－9 圆涵的防水层和保护层

外,管节内侧用 M10 水泥砂浆填塞,外侧用沥青浸制的麻筋填塞(深 50 mm);基础用黏土或砂黏土填塞。接缝及沉降缝外面,自管座襟边以下 150 mm 开始,铺设一层沥青浸制的麻筋两层石棉沥青的防水层,其宽度为 500 mm。

无基涵洞:洞身不设沉降缝,仅在洞身与出入口相接处各设一道沉降缝。防水层作成封闭式,且接头处应搭接 100 mm。

涵洞的防水层外面,均需铺设通长的、拌和均匀的塑性黏土或砂黏土保护层,厚度为 150 ~200 mm。

二、拱形涵洞

1. 一般构造

拱形涵洞如图 6－10 所示。石及混凝土拱涵分单孔和双孔两种,孔径范围为 0.75 ~ 6.0 m。孔径系指涵身边墙与边墙或边墙与中墩之间的水平净距。

拱涵的洞身主要由基础、边墙和拱圈组成;双孔尚有中墩。

拱涵的基础有整体式、分离式和板凳式。

整体式基础拱涵用于压缩性很小的各类地基和岩石地基上,不得用于湿陷性黄土地基。对于拱顶至轨底填方高 $H = 1 \sim 12$ m 和 $H > 12$ m 的情况,要求地基基本承载力分别大于

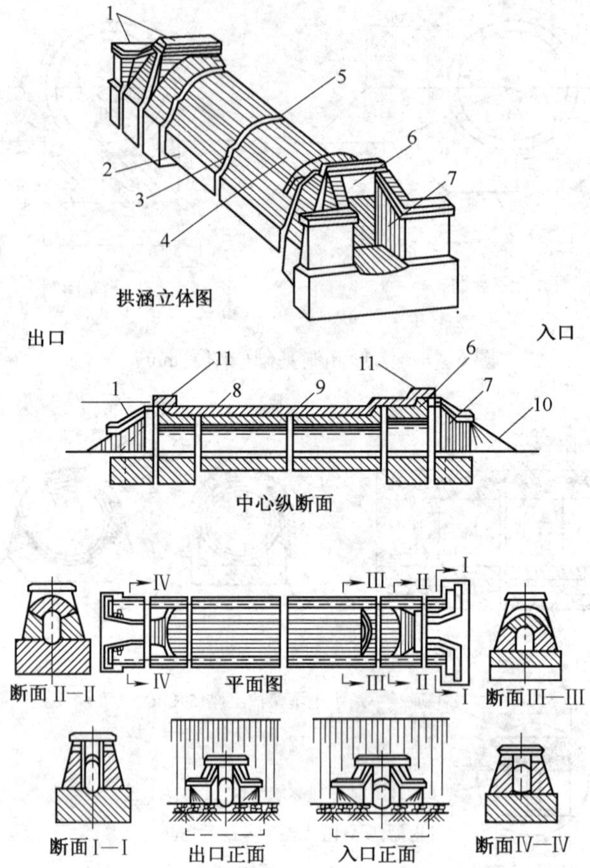

图 6－10　拱涵

1—管节;2—基础;3—边墙;4—拱圈;5—沉降缝;6—端墙;
7—翼墙;8—黏土层;9—防水层;10—锥体护坡;11—路堤

200 kPa和 300 kPa。

分离式基础拱涵主要用于压缩性极小,土壤密实度在“密实”以上的各类地基和岩石地基上,基本承载力必须大于 500 kPa。

板凳式基础拱涵主要用于压缩性极小,土壤密实度基本在“密实”以上的砂土和“中密”以上的碎石土以及岩石地基,基本承载力必须大于 400 kPa。

拱涵的边墙为适应受力的要求,设计成上窄下宽的类似挡墙的形式。

拱圈一律采用圆弧形。

对于孔径 1.5～2.5 m,填方高度大于 10 m 或孔径 3.0～6.0 m,填方高度大于 5 m 的拱涵,需在边墙与拱圈之间设置 400 mm 厚的拱座。拱座采用与拱圈相同的材料砌筑。

拱涵顶部的填方高度因路堤填料的不同而异。其中最小者为 1 m,最大者为 30 m。

拱涵的出入口节一律采用八字式。其中入口节又分提高节和非提高节两种形式。顺便指出,有提高节的涵洞较无提高节的涵洞有更高的泄水能力。

此外还有一种低边墙扁平式拱涵(采用整体基础),配合较低矮的路堤使用。入口形式仅有非提高节式一种。

2. 建筑材料

拱圈:根据填方高度和外力大小分别采用混凝土、浆砌片石或浆砌粗料石。

边墙和中墩:根据填方高度和外力大小分别采用片石混凝土、浆砌片石或浆砌块石。

洞身基础:片石混凝土或浆砌片石。

出入口端墙、翼墙、雉墙及基础:浆砌片石。

以上各部分如采用片石圬工,水泥砂浆强度等级不得低于 M10。

3. 沉降缝及防水层(图 6－11)

拱涵沉降缝外侧填塞 50 mm 深的沥青浸制麻筋,内侧填塞 150 mm 深的 M10 水泥砂浆。中间空隙处填塞黏土。在沉降缝处,于拱背及边墙的外面(至襟边以下 150 mm)设两层石棉沥青,中间夹一层沥青麻布的防水层,宽 500 mm。其余部分用水泥砂浆抹平以防积水。最后用 200 mm 厚的黏土将整个洞身抹平。

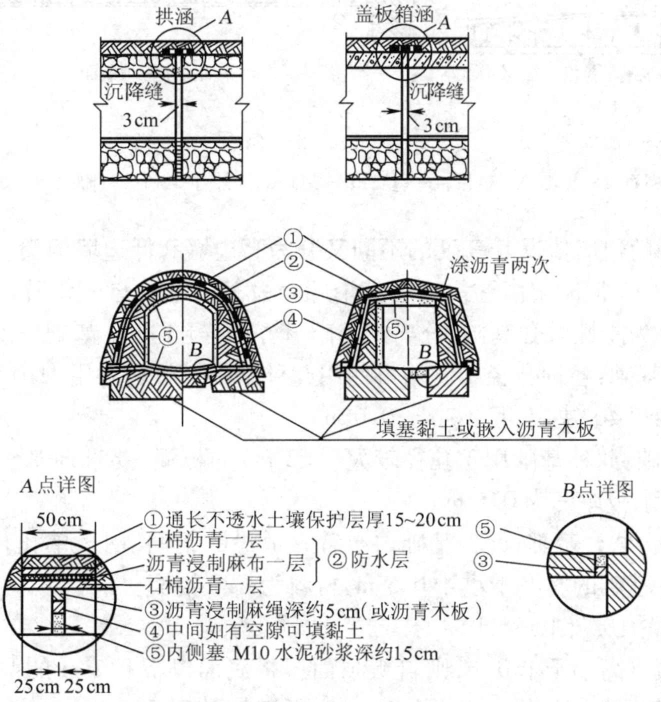

图 6－11　沉降缝和防水层

三、盖板箱涵

盖板箱涵如图 6－12 所示。钢筋混凝土及混凝土、石盖板涵的孔径范围为 0.75～6.0 m。

1. 出入口

0.75 m 孔径板涵采用端墙式,其余孔径板涵一律采用八字式。孔径 1.0～3.0 m 者,入口分提高节和非提高节两种;孔径为 3.5～6.0 m 者入口均采用非提高节式。

2. 洞身

洞身由盖板、边墙和基础组成。

0.75 m 孔径的板涵,可采用石、混凝土、钢筋混凝土盖板。其余孔径的板涵一律采用钢筋混凝土盖板。盖板顶面设人字形排水坡。盖板沿涵轴方向定型化为 1.0 m。

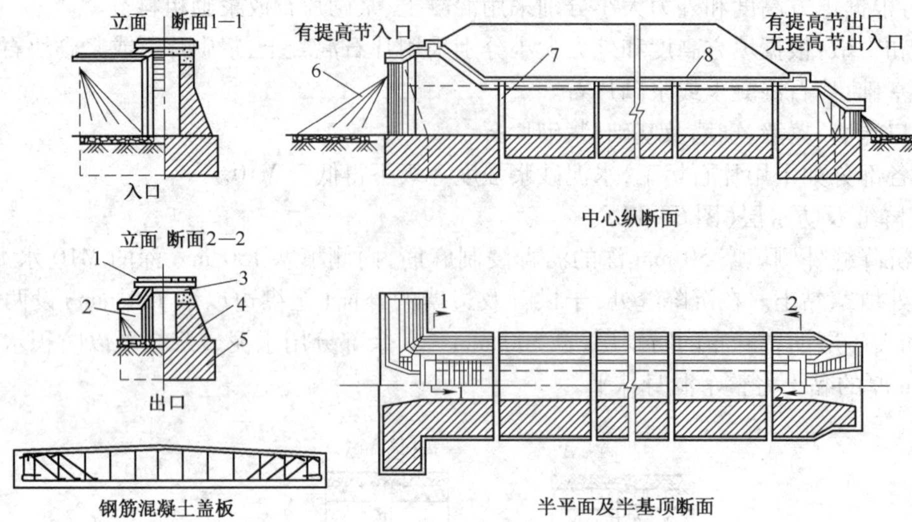

图 6－12 盖板箱涵

1—帽石;2—翼墙;3—盖板;4—边墙;5—基础;6—锥体护坡;7—沉降缝;8—防水层

各种孔径板涵的边墙依据其高度的不同又分为高边墙和低边墙两类。从墙顶到盖板底面以下 0.4 m 处,用 C15 混凝土灌注。边墙其余部分为 M10 水泥砂浆砌片石。

板涵的基础分为刚性联合基础、分离式基础、钢筋混凝土联合基础三种。

(1)刚性联合基础:各种孔径板涵均可使用此种基础。材料采用 M10 水泥砂浆砌片石,基础厚度按材料刚性角 40°决定,且不小于 0.6 m。

(2)分离式基础:此种基础用于孔径较大(≥2 m)的板涵,要求地基土质较好。基础厚度为 1.0 m。孔内流水板厚度为 0.5 m。

(3)钢筋混凝土联合基础:此种基础内布置有适量的钢筋,用于单孔孔径为 3.0～6.0 m、土质较差的地基。基础的厚度不小于 0.5 m,材料为 C20 混凝土。

3. 防水层及保护层(图 6－11)

若涵中板顶填方高小于 1.0 m,则自板顶面至板底面以下 0.2 m 的两侧边墙外面设甲种防水层。如涵中板顶填方高大于等于 1.0 m,则对于钢筋混凝土板涵的上述部位只涂两层热沥青;对于石及混凝土板涵顶面只需抹 M5 水泥砂浆。最后在涵洞顶面及两侧防水层的外面以不透水土壤作成 150～200 mm厚的通长保护层。

4. 沉降缝(图 6－11)

板涵沉降缝外侧填塞 50 mm 深的沥青浸制麻筋,内侧填塞 150 mm 深的 M10 水泥砂浆。中间空隙处填塞黏土。

第三节 涵洞设计简介

一、涵洞标准孔径

涵洞的标准孔径为 0.75 m、1.0 m、1.25 m、1.5 m、2.0 m、2.5 m、3.0 m、3.5 m、4.0 m、4.5 m、5.0 m、5.5 m、6.0 m,其中 0.75 m 孔径仅用于无淤积地区的灌溉渠。

二、孔径选择

选择涵洞孔径时,除考虑涵洞的排洪能力外,还要满足养护维修作业的要求。

(1)排洪涵洞的最小孔径不应小于 1.25 m。

(2)各式涵洞的长度应视其净高 h 或内径而定:

$h=1.25$ m,长度不宜超过 25 m;

$h>1.5$ m,长度不受限制。

当采用 0.75 m 孔径,且 $h<1.0$ m 时,长度不宜超过 10 m;当 $h\geqslant1.0$ m 时,长度不宜超过 15 m。

(3)位于城市或车站范围内有污水流入的涵洞,可根据需要酌情予以加大孔径。

(4)增建第二线或改建既有线时,如旧涵洞状态良好,其孔径和长度可视具体情况而定。

三、涵洞孔数确定

涵洞有单孔或双孔之分,如技术上和经济上均属适宜,可考虑设置多于两孔的涵洞。但在相同的排水能力下,一般多孔涵洞的造价较单孔涵洞为高,且多孔涵洞的宽度增加,沟床加固范围亦增大。

四、洞顶填土厚度

涵洞顶至轨底的填方厚度不应小于 1.2 m。

如果涵洞顶填方厚度不足 1.2 m,则涵洞所受活载冲击力的影响很大,而当涵洞顶填方厚度等于或大于 1.2 m 时,竖向活载的冲击能量可被填方吸收。

五、涵洞的过水情况

涵洞一般设计为无压的。有压涵洞因其接缝可能透水,水流渗入路堤和基底将使路堤失去稳定,故仅在条件允许的情况下且结构上有一定措施时,方可设置有压涵洞。

六、陡坡涵洞

位于陡坡地段的涵洞(图 6-13),可采用错台平置式方案布置,但涵洞两节间错台的高度,一般不超过涵顶结构厚度的 3/4。如坡度较大时,可加大错台高度,但不应大于 0.7 m,且错台处的净空高度不应小于 1.0 m。此时应在较低的涵顶上设挡墙,以掩盖可能产生的缝隙。

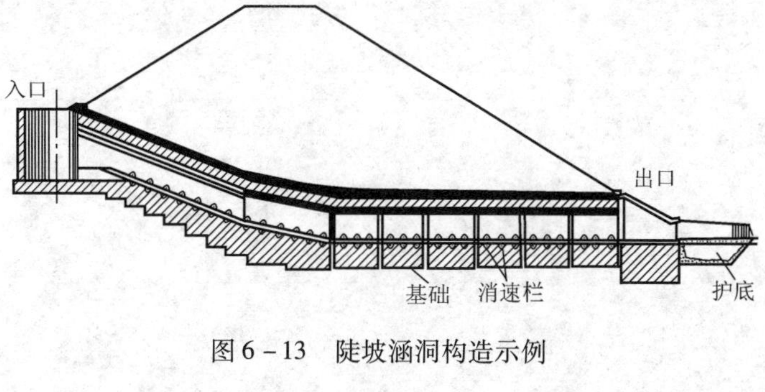

图 6-13　陡坡涵洞构造示例

亦可采用斜置式方案布置，为防止涵洞整体向下滑移，可将基础作成锯齿状。

由于水流入口处比水流出口处高出很多，水流往往以极大的速度流向涵洞，因此必须建造缓流井或阶梯式水槽等消能设施来降低水流速度以策安全。

七、涵洞的铺砌

涵洞出入口一定范围内的沟床、路基坡面、锥体填方均应铺砌加固。出入口铺砌的平面形式应根据沟形确定。铺砌材料应按通过的最大水流速度确定。铺砌末端必须设垂裙，一般为直裙。

复习思考题

6－1　涵洞按洞身截面形式可分为哪几种?

6－2　涵洞主要由哪些部分组成？它们的作用是什么?

6－3　简述三种常用涵洞的构造特点。

第七章 桥隧养护管理工作概况

第一节 桥隧养护工作的基本要求

一、桥隧养护工作的基本要求

桥隧是铁路工务设备中永久性的大型结构物，也是铁路行车设施的重要组成部分和确保铁路运输安全畅通的关键设备，具有结构复杂、技术性强、修建困难、造价较高的特点。一旦损坏，轻则限速减载，重则中断行车。我国铁路桥梁自20世纪初修建铁路以来，由于建造年代不同、技术标准不一和设计施工中的局限性，存在着许多问题。随着我国国民经济建设的持续发展，铁路运输强度的不断增长，为适应列车提速、重载运输的需要，桥梁必须具有更好的承载、抗灾能力和安全可靠度，这对桥隧养护部门提出了更高的要求。因此，做好桥隧养护工作，对于确保铁路运输安全，促进我国经济建设的发展，具有十分重要的意义。

二、桥隧养护的任务

桥隧养护工作按业务范围和工作性质可分为检查、保养、维修和大修等内容。桥隧养护工作，必须确立以"保证行车安全"为主要目标，遵循"设备质量保安全"的指导思想，做到每座设备"基础牢固，结构良好，状态均衡，设备改善，保证安全"。桥隧养护的基本任务是：

1. 根据桥隧运营中的状态变化，合理投入人力、物力，适时进行维修养护，预防或延缓设备状态的劣化，经常保持状态均衡完好，以保证列车按规定的速度，安全不间断地运行。

2. 随着铁路运输强度的提高，有计划地加固和改善桥隧设备状态，提高承载能力，满足建筑限界和孔径要求，增强抗洪、抗震能力，充分发挥使用效能。

三、桥隧养护工作的原则

桥隧养护工作要满足铁路运输发展和行车安全的需要，而大部分施工作业又是在行车条件下进行既有设备的拆除、恢复或修理更换。因此，桥隧养护必须讲求科学合理、安全可靠，并遵循以下主要原则，力求在设备结构、作业手段、管理水平等方面有所成效。

(1)全面贯彻铁道部提出的《铁路主要技术政策》和《铁路工务主要技术装备政策》的方针，结合实际需要和具体条件，制订桥隧养护维修工作计划和规划目标。

(2)严格执行《铁路桥隧建筑物大修维修规则》(以下简称《桥隧维规》)规定的技术条件、技术标准、设备检查和管理制度等要求，同时还应遵照铁道部颁布的《铁路技术管理规程》《铁路工务安全规则》等其他有关规章、规范、标准的规定，并将它们作为桥隧养护维修的基本法则。

(3)桥隧养护工作应根据铁路运输需要和设备技术状态，按照"预防为主，预防与整治相结合"的原则，有计划地整治重大病害，加固改造设备，防止病害发生和发展，及时消除危及行车安全的处所，保持桥隧设备经常处于均衡完好状态，提高整体结构强度。

(4)桥隧养护工作作业，应特别注意行车和人身安全，正确处理施工与运输的关系，在保证安全和质量的前提下，尽量减少中断行车和限制行车速度的时间。

(5)积极依靠科技进步，全面实行现代化管理，大力发展养桥机械化，不断提高工作效率和经济效益，逐步实现结构现代化、管理科学化。

四、桥隧养护工作的管理

桥隧养护工作管理主要包括两个方面，即对管辖桥隧设备的管理和养护工作生产全过程的管理。若按照业务分工，还有技术、计划、劳力、料具、成本、质量、安全、教育等管理。各项管理工作是由特定的管理体制的运作来实施的，并通过相应的工作制度加以保证。为使桥隧养护工作管理逐步走上标准化、规范化的轨道，为实现管理科学化创造条件，还应建立起行之有效的管理工作体系。

目前，我国桥隧养护工作管理的技术业务领导是铁道部，而在铁路局，实行路局—工务段和工务段—领工区—工区的管理模式。有关桥隧养护工作总的方针、原则和标准，由铁道部制订发布，铁路局按照"路局决策、工务段执行"二级管理的职能，有机结合加以实施。

具体的维修工作由工务段下设的桥隧领工区、工区和专职巡守工担任。领工区、工区和巡守工的设立标准是根据管内桥隧建筑物的类型和数量多少来确定的。由于钢桥、圬工桥、涵渠等每年需要花费的维修工作量不一样，而且相差很大，为了便于统计计算和合理配备维修人员，须把各类建筑物按其维修长度换算成统一的桥隧换算米。桥隧换算米是以跨度 40 m 以下的钢板梁桥的维修长度为标准，把其他桥涵都换算成钢板梁桥的维修长度，然后根据桥隧建筑物的总换算米的多少来设置领工区、工区和配备生产工人。《桥隧维规》规定了各类桥隧建筑物的换算系数，见表 7－1。

表 7－1　桥隧建筑物换算长度计算系数

<table>
<tr><th colspan="2">建筑物名称</th><th>系　数</th><th>说　明</th></tr>
<tr><td rowspan="2">钢板梁
结合梁
箱形梁</td><td>跨度 <40 m</td><td>1.0</td><td rowspan="13">(1)混合桥按类分别计算;公路、铁路两用桥的公路部分及站内灰坑、渡槽比照圬工桥;天桥比照桥梁,地道比照隧道;倒虹吸管比照涵渠。
(2)维修长度指需要维修的桥隧建筑物长度。单线桥梁等于全长,双线或多线桥梁等于各线相加;单孔涵渠等于轴长,双孔及以上涵渠等于各孔轴长相加;单线隧道等于全长,双线及以上等于单线乘以 1.2 系数。</td></tr>
<tr><td>跨度≥40 m</td><td>1.5</td></tr>
<tr><td rowspan="3">钢桁梁</td><td>跨度 <64 m</td><td>1.5</td></tr>
<tr><td>跨度 64～80 m</td><td>2.0</td></tr>
<tr><td>跨度 >80 m</td><td>3.0</td></tr>
<tr><td>圬工桥</td><td></td><td rowspan="2">0.3</td></tr>
<tr><td>框架桥</td><td></td></tr>
<tr><td>涵　渠</td><td></td><td>0.2</td></tr>
<tr><td colspan="2">调节河流建筑物及桥涵上下游防护设备每 1 m³ 体积折合</td><td>0.025</td></tr>
<tr><td rowspan="2">隧　道</td><td>全长 <1 500 m</td><td>0.4</td></tr>
<tr><td>全长≥1 500 m</td><td>0.5</td></tr>
<tr><td colspan="2">设有整体道床的隧道每米增加</td><td>0.1</td></tr>
<tr><td colspan="2">明洞和棚洞</td><td>0.4</td></tr>
</table>

工务段根据管辖桥隧设备数量的多少,下设若干个桥隧领工区、工区。每个领工区管理 1 500 ~ 3 000桥隧换算米,里程以 1 00 km 左右为宜。每个工区管辖 800 ~ 1 200 桥隧换算米,里程以不超过 50 km 为宜。为了加强对重要及长大桥隧设备的管理和维修,可视具体情况设立桥(隧)工段(处)专业机构。根据桥隧设备情况,工务段或领工区设立一个或几个桥隧机械化工队,在段或领工区的统一安排下,与工区密切配合,负责设备的综合维修、单项病害整治和段办桥隧大修工程。有大隧道和隧道较多的工务段,还应设置隧道通风和照明工区。

桥梁的大修改造,另由专业大修部门承担,桥梁动态特性和病害诊断由路局组织桥梁检定队通过试验进行评估,从而实行对桥梁养护工作的全面管理。

随着铁路运输载重增加,列车密度加大,行车速度提高,势必造成设备状态损耗加剧。养修作业时间减少。由于运输组织的调整,小站慢车的关停,给桥隧养护工作带来了更大的难度。因此,桥隧施工养护的管理,在组织体制、修程修制、养修方式、作业手段等方面进行相应的改革,也是势在必行的。根据国外对桥隧养护工作的管理经验,结合我国的具体实际,将管理基层的工务段作为设备管理部门,注重对桥隧设备的检查、管理和日常养护,实行养修成本控制。桥隧的大修和维修由专业维修部门负责进行,从而将粗放性的管理机制转变为经营性的管理机制,以保证桥隧养护工作管理水平的提高。

第二节　桥隧养护的基本内容

从桥隧养护的基本任务出发,为确保铁路运输安全畅通,适应列车提速、重载运输需要,桥隧养护工作应重点做好设备检查、状态分析评估和预防整治病害等工作。

一、桥隧设备检查

桥隧设备检查是做好桥隧大修、维修工作的重要依据。对桥隧建筑物进行周密检查的目的是详细了解桥隧建筑物在运营中所发生的变化,及时发现病害和分析病害原因,并据以采取有效防治措施,合理安排大维修工作;积累技术资料,系统地掌握桥隧设备状态,准确规定建筑物的使用条件,使设备经常保持完好状态,保证列车安全和不间断地运行。对桥隧建筑物的检查是桥隧维修工作中极其重要的组成部分。

检查制度包括:水文观测、经常检查、定期检查、临时检查、专项检查、检定试验等。

1. 水文观测

凡跨越江河水库的特大桥、大桥及其他需要了解墩台基础冲刷、河床变化、河道变化、水流量、冰凌等情况的桥梁,均应进行河床断面、水位、洪水通过时的流速、流向、结冰及流冰情况的观测。其他有洪水通过的桥梁和涵洞,只需观测最高洪水位。

2. 经常检查

对桥隧设备状态变化较快和直接影响行车安全的部位应经常检查。

经常检查由工长、领工员、工务段负责人分别进行。主要目的是系统了解建筑物的一般技术状态,发现病害应及时消灭,并调查需要修理的工作量,同时检查和指导维修和大修工作的进行情况。每次检查结果应填入《桥隧检查记录簿》(工桥 -1)。发现重要病害或病害发展较快时,应及时逐级上报,必要时绘制病害示意图,并记入桥隧登记簿或桥隧专卷内。

工长每月应对钢梁桥、混合桥(钢梁部分)和其他重要桥隧设备(由工务段规定)检查一遍,每季至少对工区管内设备检查一遍,在每座桥隧维修时,应组织工人进行一次全面检查。

领工员每季应有计划地对管内桥隧设备进行检查，做到每半年全面检查一遍。

工务段长应有计划地检查长大、技术复杂及严重病害的桥隧设备。

3. 定期检查

春融及汛前对桥隧涵排水、泄洪及度汛防护的设施进行一次检查。秋季（三季度）应对桥隧涵设备进行全面检查。据以拟定病害整治措施，安排设备维修计划，确保行车安全。

检查工作由工务段根据铁路局的布置组织进行。长大桥隧及重要设备，工务段长必须亲自检查，铁路局（集团公司）派员重点参加。检查后工务段应将主要的病害资料加以整理并存入桥隧设备档案，写出分析说明或总结，填好有关报表按规定日期上报。对每座设备填写《铁路桥隧建筑物秋检评定记录表》，并汇总填写《桥隧建筑物状态报告表》，提出病害发生原因、增减情况等状态分析报告，铁路局审查汇总后，于 10 月底报铁道部。

4. 临时检查

指当设备遭受地震、洪水、台风、火灾及车船撞击等紧急情况时，为及时得到结构物状态的信息而进行的检查。

5. 专项检查、检定试验

对于特别长大的、构造复杂、高墩、有严重病害或新型结构的桥梁应进行专项检查或检定试验。通常的检查内容包括：河床断面、限界、挠度、墩台变形和基础病害检查等。

二、状态分析评估

桥隧设备通过各项检查，掌握其实际工作状态后，还需进一步进行科学的分析判断，以能采取有针对性的整修加固。目前，对运营桥隧状态的评估方法，主要有以下几种。

1. 状态劣化评定

桥隧在运营过程中，承受荷载的作用和环境的侵害，必然会引起结构功能的变化，构成对行车安全的影响，也即桥隧状态的劣化。由于荷载作用和环境侵害的程度不同，影响结构功能和行车安全的程度也不相同，因此，桥隧的劣化程度也是不同的。为了便于对桥隧劣化状态进行评定，铁道部制定了明桥面、钢梁、混凝土梁、支座、墩台基础、桥渡和涵渠、隧道等《铁路桥隧建筑物劣化评定标准》，将劣化程度进行分级，即 AA（极严重）、A1（严重）、B（较重）、C（中等）、D（轻微）等级，如表 7－2 所列。

表 7－2　状态劣化等级

劣化等级		对结构功能和行车安全的影响	措　施
A	AA（极严重）	结构功能严重劣化，危及行车安全	立即采取措施，如停运、限速或限制荷载
	A1（严重）	结构功能严重劣化，进一步发展会危及行车安全	尽快采取措施
B（较重）		如劣化继续发展，将升至 A 级	加强监视，必要时采取措施
C（中等）		影响较少	加强检查，正常维修
D（轻微）		无影响	正常保养、巡检

评定时以每座设备为单位，按表 7－3 所列的部位项目，对照《铁路桥隧建筑物劣化评定标准》的规定，分别评定其等级，以其劣化程度最严重的一项等级，判定为该座设备的劣化等级，并采取相应措施，合理安排整修计划。

2. 病害诊断及剩余寿命评估

桥隧在运营检修的寿命周期内，根据状态变化和健全衰退的程度，进行适时的修理，使其最大限度地恢复原有的功能。但随着时间的推移,其健全度(注:指结构物完成其特定功能的健康安全度或损伤度)必将逐步丧失,以至失去应有功能而报废。因此,对桥隧在运用过程中,科学地诊断病害,有效地整治病害,在确保行车安全和适应运输发展前提下,充分发挥桥隧功能的潜力,最大限度地延长使用寿命,取得最佳的技术经济效益,具有十分重要的意义。

表 7－3　铁路桥隧建筑物劣化评定项目

设备名称		部位项目
钢桥	明桥面	桥枕、伸缩调节器
	钢　梁	裂纹、变位、铆钉或高强度螺栓、腐蚀、检定承载系数
	圬工梁	裂纹、变形、防水层及排水系统、保护层中性化
	支　座	铸钢、橡胶
	墩台基础	裂损、倾斜、腐蚀、冻融、下沉
	桥　渡	冲刷、淤积、孔径及净空、河调建筑物
隧　道		衬砌、防排水设施、洞门及防护设施、冻害、腐蚀
涵　渠		涵身、防护设施、孔径

3. 状态评估专家系统

随着计算机技术的普及应用,人们运用专家知识和模拟专家行为进行计算机编程,解决了较为复杂的疑难问题,这就是所谓的专家系统。如桥梁损伤评估专家系统、隧道病害(变异)诊断专家系统(简称 TTD 专家系统)和隧道整治专家系统等。这项技术已在部分路局使用,效果良好。若进一步完善后推广应用,将使桥隧状态评估更为简捷、准确。

三、预防与整治病害

目前,我国铁路运输桥梁中的病害桥梁将近占桥梁总数的 1/5,虽不断进行整治,但新生病害的增长趋势仍未得到很好地抑制。因此,桥隧的养护工作,是在做好设备检查和状态评估的基础上,根据不同的劣化程度,有针对性地进行经常保养、综合维修和大修整治,做好各项作业验收评定工作,有效地预防或控制病害的发生或发展。

1. 经常保养

这是桥隧养护维修的主要环节。通过对桥隧建筑物的经常检查保养,及时发现和消灭超限处所和临近超限处所,保持桥隧设备状态经常均衡完好,确保行车安全平稳。

保养工作一般以整座设备进行,也可分区段进行。保养周期应按不同设备类型的状态变化加以控制,原则上钢梁桥(含混合桥钢梁)3 个月,其他设备 6 个月。在做好适时保养的同时,还应加强预防性的周期保养,使设备质量经常控制在保养合格状态。其重点内容是:明桥面桥枕、护轨、联结零件的整修,钢梁清洗和涂装修补,支座清扫加油,圬工体勾缝修补,排水盲沟疏通等。桥隧建筑物保养质量评定工作通过工区自评,领工区定期评定和工务段抽查评定的方式进行。每座设备的保养质量评定是根据该设备各部分存在的问题,按照《桥隧建筑物保养质量评定标准》的规定,根据扣分的情况来评定保养质量的优劣。每座设备扣分的总和,除以该设备的维修长度(取整数)即为该设备的保养质量平均分(取小数点后一位)。保养质量每米平均分在 5 分及以下且无单项质量扣 10 分者为合格,否则为失格。每次评定的情况,均应填写《桥隧建筑物保养质量评定记录表》(工桥－12),以备抽查。

2. 综合维修

这是桥隧养护的重要修程。桥隧建筑物的综合维修应以整座设备进行(混合桥可分类、特大桥可分孔或分段进行),按照"预防为主,防治结合,有病治病,治病除根"的原则,做到全面整修,项目齐全。通过对桥隧设备适时预防性的修理和病害整治,恢复各部件的功能,保持整座设备质量均衡完好。

综合维修周期,宏观上应按照不同设备类型进行控制,即钢梁桥(含混合桥钢梁)2~3年,圬工桥(含混合桥圬工梁)4~5年,隧道、涵渠、框构桥等设备的维修周期视技术状态而定。其重点内容是:全面整平桥面,更换失效桥枕,联结零件整修或更换,钢梁维护性涂装,伤损构件整修或更换,圬工裂损修补,支座整平加油,检查设备整修等。综合维修作业应严格按照作业标准进行,实行质量控制,保证达到规定的质量要求。桥隧综合维修作业质量的验收,要严格执行工务段、领工区、工区三级验收制分级把关,控制质量。综合维修作业质量评定分为优良、合格、不合格三个等级。全部项目一次验收达到合格及以上,主要项目均达优良即评为"优良";全部项目达到合格及以上,可评为"合格",否则为"不合格"。若出现不合格处所,经返修复验合格,只能评为"合格"。

3. 大修整治

这是桥隧养护工作全盘的重点。桥隧大修按照设备状态劣化程度、工程性质、工程量大小和复杂情况,可分为周期大修、重点大修和一般大修等。其作用是:根据桥隧技术状态和运输发展的需要,有计划地进行周期大修,重点病害整治和加固改造,恢复或改善设备功能,延长使用寿命。桥隧大修工程的质量,以每项工程综合评定,分为"优良"、"合格"、"不合格"三个等级。

优良——全部工作项目的质量,一次验收达到合格及以上,其中主要工作项目的质量全部达到优良。

合格——全部工作项目的质量达到合格及以上。

不合格——任何一项工作项目的质量未达到合格。

若不合格项目返工整修,经复验达到合格及以上,只能评为"合格"。

复习思考题

7-1 简述桥隧养护的基本要求和任务。

7-2 桥隧设备检查的目的是什么?

7-3 桥隧检查制度分为哪几种?

7-4 如何评定桥隧建筑的状态劣化等级?

第八章

基本技术要求

各类桥隧建筑物必须符合基本技术要求。其基本技术要求有:荷载、限界、孔径和净空、墩台基础埋置深度、刚度、抗震等。

本章只介绍限界、孔径和净空、基础埋置深度、刚度。

第一节　限　界

限界是铁路建筑物及设备不得超过或侵入的国家规定的轮廓尺寸线。其概念和图示讲解见隧道一章。本节只侧重于维修大修的有关要求。

一、对运营中桥梁限界的要求

运营中桥梁各部分及其附属设备,均不得侵入基本建筑限界(曲线上按规定加宽)。限界不足时,应有计划地进行扩大。如旧梁实际建筑限界尚能满足下列要求之一时,可暂缓扩大:

(1)实际建筑限界超过最大级超限货物的装载限界,并有 70 mm 以上的净距时;

(2)复线区段,有一线桥梁限界能满足上述要求时。

二、桥梁大维修施工脚手架侵入限界注意事项

(1)桥梁养护施工时应提供尽量大的行车净空,一般要求不得侵入基本建筑限界(曲线上按规定加宽)。

(2)达不到上述要求时,施工临时行车净空既不得小于机车车辆限界每边各加 150 mm(曲线上按规定加宽),也不得小于该区间实际最小限界。当施工临时行车净空小于该区间实际最小限界时,应事先按有关规定办理审批手续。

三、限界的检查和管理

各有关部门应切实掌握管内桥梁、立体交叉、天桥、渡槽及其他建筑物的精确实测断面和各部分距离线路中心线的尺寸。

《铁路桥隧建筑物大修维修规则》规定:重要线路的桥隧限界每 5 年、其他线路的桥隧限界每 10 年检查一遍。应根据检查结果绘出每座桥隧综合最小限界图,报铁道部。挂检查架检查时,检查架应垂直装在车辆的前部转向架中心线上,装有检查架的车辆挂在机车的次位,对限界不足处量出其部位及具体尺寸(绘图前对限界不足处应再测量线路中心线至两侧建筑物间的距离,对于复线还应测量相邻线路的中心线距离,以判别限界不足是否是由于线路中心线偏移所造成),根据各测点最小距离绘制该桥综合限界图。

第二节　桥涵的孔径与净空

运营中的桥涵孔径应能正常通过规定频率（Ⅰ、Ⅱ级线路桥梁、涵洞为 1/100）的洪水及历史上的最大洪水。对技术复杂、修复困难或重要的特大桥、大桥还应能安全通过校核频率（Ⅰ、Ⅱ级铁路为 1/300，Ⅲ级铁路为 1/100）的洪水。

桥涵净空高度应符合设计标准规定，在运营中的桥涵净空如不能满足规定时，应按《铁路桥梁检定规范》进行检算，不通航亦无流筏的桥孔其桥下净空高度应符合相关规定。

涵洞孔径一般按无压状态检定，即按涵洞构造高度的 1.2 倍临界状态的水位进行检定。无压涵洞洞内顶点高出洞内检定水位的净空，仍应满足一定的要求。

桥涵孔径净空不足时，应有计划地进行扩大或改建。

通过大型机动车辆的立交桥，桥下净空不足 5 m 时，应设限界防护架。

第三节　基础埋置深度

由地面到墩台基础底面的距离叫做墩台基础的埋置深度，它主要决定于河流类型和河床的承载能力、抗冲刷能力、冻结深度、冲刷深度等。一般来说，基础埋置愈深，就愈能保证墩台基础的稳定性，墩台基础不易被冲毁并避免受地基土冻胀的影响。但是，随着基础埋置深度增加，也增加了基础工程的数量和施工的难度，造价也随之增加。所以，决定桥梁墩台基础埋置深度时既要考虑安全，又要考虑经济。

一、明挖基础和沉井基础

明挖基础和沉井基础的基底埋置深度应符合下列规定：

（1）对于冻胀、强冻胀土，在冻结线（即当地最大冻结深度）以下不少于 0.25 m；对于弱冻胀土，不小于冻结深度的 80%。

（2）在无冲刷处或设有铺砌防护时，基底埋深一般在地面下不小于 2.0 m。

（3）有冲刷处，基底埋深在墩台附近最大冲刷线下不少于表 8－1 所列安全值。

（4）对于不易冲刷磨损的岩层，应嵌入基本岩层不小于 0.2～0.5 m（视岩层抗冲刷性能而定）。如嵌入风化、破碎、易冲刷磨损岩层时，按未嵌入岩层计。

对于有冲刷现象的浅基桥（如泥质胶的砂岩和页岩等），应根据冲刷的发展情况，采取防护加固措施。

表 8－1　最大冲刷安全值

<table>
<tr><td colspan="3">冲刷总深度（m）</td><td>0</td><td>5</td><td>10</td><td>15</td><td>20</td></tr>
<tr><td rowspan="3">安全值（m）</td><td colspan="2">一般桥梁</td><td>2.0</td><td>2.5</td><td>3.0</td><td>3.5</td><td>4.0</td></tr>
<tr><td rowspan="2">特大桥（或大桥），属于技术复杂、修复困难、重要者</td><td>设计流量</td><td>3.0</td><td>3.5</td><td>4.0</td><td>4.5</td><td>5.0</td></tr>
<tr><td>检算流量</td><td>1.5</td><td>1.8</td><td>2.0</td><td>2.3</td><td>2.5</td></tr>
</table>

注：冲刷总深度为自河床面算起的一般冲刷深度与局部冲刷度之和。

二、桩 基 础

桩基承台座板底面标高应符合下列规定：

(1)承台座板底面在土中时,应在冻结线以下不小于0.25 m,或在最大冲刷线下不小于2 m(桩入土中深度不明时)。桩在最大冲刷线下的入土深度必须保证墩台稳定。

(2)高桩承台座板底面在水中时,应位于最低冰层底面以下不小于0.25 m,或桩在最大冲刷线下的埋置深度必须保证墩台稳定。

(3)木桩顶面位于最低地下水位或最低水位以下不小于0.5 m。

(4)钻(挖)孔浇筑桩为柱桩时,嵌入基本岩层以下不小于0.5 m。

不符合上述一、二项规定中任一单项的墩台,列为浅基基础。

对于运营中的桥梁,如河道稳定,并在长期运用中已安全经过检定洪水(或设计洪水),或大于检定洪水(或设计洪水)的一般大中桥的基础埋置深度,虽不符合表8－1的规定,仍可不列为浅基。

浅基墩台已作永久性的防护后,可不列为浅基。

浅基桥梁对于铁路运输安全是一个很大的威胁。如墩台基础深度不明,应认真进行挖验或钻探,摸清情况,对于浅基墩台进行永久性的防护、加固,从根本上予以改善安全情况。

第四节　刚　　度

刚度系指桥跨结构承受荷载后抵抗弯曲变形的能力。它是标志桥跨结构的整体性能和综合技术状态的一个重要指标。为了保证桥跨结构在荷载作用下不致发生巨大变形和剧烈的震动,使列车安全平稳运行,桥跨结构必须具有足够的刚度。

桥跨结构是一个空间结构,它在荷载作用下的工作状态和形变是复杂的。如何准确地测定出它的刚度也是一件很复杂的事情,这需要从理论上和实践上作深入的研究。我国目前是将桥跨结构的刚度分为竖向刚度和横向刚度来进行检验的。衡量竖向刚度的指标是挠度,衡量横向刚度的指标是水平自由振动周期和宽跨比。

一、竖向刚度(挠度)

挠度就是桥跨结构在竖向荷载作用下产生弯曲后的下垂度。一般所说的挠度系指梁跨的弹性挠度,即当活载离去后可以自动恢复的竖向变形,故不包括梁跨由于自身重量而产生的恒挠度。

挠度是检验桥跨结构综合技术状态的一个重要指标,工务部门应切实掌握和了解管内桥梁梁跨挠度的现状及变形。

设计规范规定梁跨在承受竖向静活载(即不包括冲击力)作用下所产生的弹性挠度,应满足相关规定。

由于目前的设计计算常建立在某些简化的假定上,故实测挠度较理论计算为低。《铁路桥梁检定规范》综合了新中国成立以来的实测资料,经分析推理和验证,又制定了常用梁跨跨中挠跨比的参考限值,在实践中对工务养护工作具有现实意义。梁跨的挠度超过了此限值时,应及时进行分析研究,必要时采取加固或限速措施。《铁路桥梁检定规范》中的梁跨最大竖向挠度参考限值见表8－2。

表8－2　梁跨最大竖向挠度

<table>
<tr><th colspan="4">梁　式</th><th>最大容许挠度值</th></tr>
<tr><td rowspan="4">钢梁</td><td rowspan="3">桁　梁</td><td colspan="2">简　支</td><td>跨度的1/900</td></tr>
<tr><td rowspan="2">连续</td><td>边孔</td><td>跨度的1/900</td></tr>
<tr><td>中孔</td><td>跨度的1/750</td></tr>
<tr><td>板　梁</td><td colspan="2">简　支</td><td>跨度的1/800</td></tr>
<tr><td rowspan="3">混凝土梁</td><td rowspan="3">普通钢筋混凝土梁及预应力混凝土梁</td><td colspan="2">简　支</td><td>跨度的1/800</td></tr>
<tr><td rowspan="2">连续</td><td>边孔</td><td>跨度的1/800</td></tr>
<tr><td>中孔</td><td>跨度的1/700</td></tr>
</table>

二、横向刚度

桥跨结构应有足够的横向刚度。如果横向刚度不足,则可能引起:

(1)横向剧烈振动。可能导致列车脱轨或严重影响旅客舒适。

(2)在列车活载作用下,桥梁整体丧失稳定。

《桥隧维规》规定:跨度大于 30 m 的简支钢梁,在动活载作用下,其横向自由振动周期应不大于 0.01L(s)(L 为跨度,以 m 计),并不大于 1.5 s。超过时应加强观察或采取改善措施。

我国运营实践和实测资料表明:中小跨度的钢梁水平自振周期小于 0.01L(s),但有很多却超过了 1.5 s 的规定。所以《桥隧维规》规定主桁(主梁)的中心距不宜小于跨度的 1/15,即用宽跨比来保证钢梁的横向刚度。

虽然在运营线上梁有足够的宽跨比,但由于纵平联和横联较薄弱,摇晃较严重,整体性不好,难以保证行车安全。为了保证钢梁具有足够的横向刚度,目前采用(宽跨比不超过 1/15)横向自由振动周期不大于 0.01L(s),并不大于 1.5 s 两个指标来衡量钢梁的横向刚度。

除了桥跨结构应具有足够的刚度之外,墩台也必须具有足够的刚度,这样才能保证梁整体结构具有足够的刚度。所以《桥隧维规》规定:运营桥梁的混凝土、钢筋混凝土和石砌实体墩台,在动活载作用下应具有足够的刚度,实测墩顶横向最大振幅和最低频率应满足相关的规定。如超过参考限值规定,应查明桥墩的技术状态,必要时进行加固或采取保护措施。

三、上 拱 度

为了使列车过桥时桥上轨道转折角尽可能小,列车能比较平顺地通过,《桥隧维规》规定:跨度在 30 m 及以上的钢梁,桥上线路应设置上拱度。设置时,应特别注意使钢梁两端线路衔接平顺。

上拱度值一般按以下规定设置:

(1)现行最大活载(包括冲击)作用下实测弹性挠度的一半;

(2)中活载作用下计算静挠度的一半;

(3)悬臂梁端部的上拱度值,可采用按 2 倍悬臂梁长度的简支梁计算挠度的一半,自由梁的上拱度值按简支梁设置;

(4)连续梁的端孔按简支梁设置。

实测或计算挠度小于梁跨的 l/1 600 或 15 mm 时或为连续梁的中孔时,可不设上拱度。

复习思考题

8－1　桥隧建筑物的基本技术要求有哪些?

8－2　什么叫基础埋置深度?基础埋置深度应符合什么规定?

8－3　什么叫刚度?刚度分为哪几种?

8－4　设置上拱度的目的、条件是什么?其设置值有何规定?

第九章 桥 面

桥面是桥梁直接承受列车载重的部分,它把列车活载比较均衡地传递给桥跨结构。桥面状态是否完好,直接关系到列车在桥上运行的平稳和安全,关系到桥梁各部分的受力状况及其使用寿命。所以,桥面在构造上必须坚固性好、整体性强、各部尺寸准确、经久耐用并经常保持良好状态。

第一节 桥面的种类

桥面有道砟桥面、明桥面和无砟桥面三种。

一、道砟桥面

道砟桥面是把钢轨铺设在与轨道一样的石砟道床和枕木上,在圬工桥上一般采用这种桥面。

二、明 桥 面

明桥面由基本轨(又称正轨)、护轮轨、护木、桥枕、步行板、人行道及各种联结零件组成。桥梁枕木直接铺设在钢梁(或木梁)上,钢轨钉在桥枕上,其构造如图 9-1 所示。一般钢桥(或木桥),特别是大跨度钢桥都采用这种桥面。

(一)明桥面的主要优点

(1)重量轻。一般为道砟桥面重量的 1/3 左右,可以减轻桥跨结构的载重。

(2)弹性好。由于桥梁枕木具有很好的弹性,因而可以减缓列车活载对钢梁的冲击。

(3)能与各种不同构造类型的钢梁联结紧密。

(二)明桥面的主要缺点

(1)木质容易腐朽。按照现行防腐养护方法,一般的使用期限为 20 年左右。

(2)不能防火。在蒸汽机车行驶的桥上需有专门的防火设施。

(3)养护工作量大。

三、无砟桥面

无砟桥面分为无砟无枕桥面和有枕桥面两种,多用在预应力钢筋混凝土梁桥上。

(一)无砟无枕桥面的主要特点

无砟无枕桥面有以下主要优点:

(1)减轻梁的重量。与有砟桥面比较,无砟无枕桥面少了梁上道砟、枕木的自重,使梁身截面的高度和厚度可以相应的减少,从而可以使梁身自重减轻很多,例如:跨度 31.7 m 无砟无枕梁的重量比等跨的有砟梁减轻约 43% 。

(2)节约原材料。

(3)轨道稳定,养护工作量减少。由于钢轨借助于扣件固定在梁体桥面混凝土内,所以轨道稳定,大大减少了养护维修工作量,同时还有利于铺设无缝线路。

无砟无枕桥面还存在以下问题:

(1)钢轨直接固定在梁上,轨距、轨顶标高不能作较大的调整,拨道和起道工作受到一定限制。

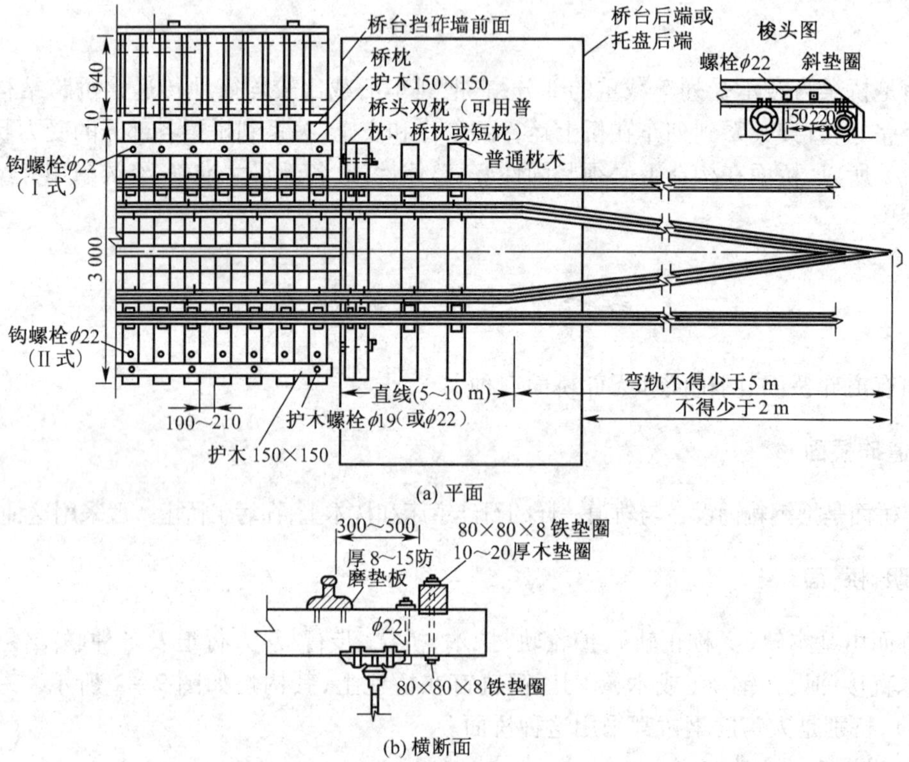

图 9-1　明桥面(单位:mm)

(2) 扣件定位及承轨台平整较难,加上技术要求较高,维修很困难。

(3) 目前扣件还不够完善。如解决曲线上梁的平面矢距及近、远期超高度的设置问题较为复杂,所以在曲线桥上使用无砟无枕桥面还受到一定限制。

(二)无砟有枕桥面

无砟有枕桥面与无砟无枕桥面所不同的是:钢轨铺设在嵌入钢筋混凝土上的楔形短枕上。楔形短枕可用钢筋混凝土或木材做成。对于这种桥面,应特别注意使楔形短枕牢固地固定在桥枕槽内,基本轨与短枕的扣件应联牢。

第二节　桥 上 线 路

一、线路纵断面、平面

线路纵断面要符合线路坡度以及根据钢梁跨度和刚度所确定的钢轨上拱度,要经常保持平顺,没有坑洼,特别要注意钢梁两端与衔接处,防止这些部位发生突变。线路平面应符合原设计状态，为一直线或为一定半径的曲线。

桥上线路的中心线应和梁的中心线相吻合。如因修建墩台、架设钢梁、铺轨钉道或维修工作的差错产生偏差时，其偏差值，对于钢梁不应超过 50 mm，对于圬工梁不应超过 70 mm，超过上述限度时就应检算梁的受力状态，如影响规定载重等级、使下承梁侵入限界或发现线路平面上有甩弯，应及时进行调整。因为钢梁若有 50 mm 偏差，计算应力就较设计高约 5%，圬工梁若有 70 mm 偏差，计算应力就较设计高约 8%。在有断面联结系及上下平纵联的作用下，虽然实测数值比上述为小，但作为养护工作者来说，亦应尽可能地减小这些偏差，以防止梁身超应力。

(一)钢轨接头位置

钢轨接头是线路上的弱点，列车通过时车轮在接头部位产生的冲击对梁、拱、支座、墩台及涵管都不利。为了减轻对桥梁结构的影响，桥梁在下列位置应避免有钢轨接头：

(1)钢梁、木梁端，拱桥温度伸缩缝及拱顶前后各 2 m 范围内；

(2)横梁顶上；

(3)桥梁长度在 20 m 以内的明桥面上（可使用 25 m 长的钢轨）；

(4)设有温度调节器的钢梁，在其温度跨度范围内(该温度跨度伸缩应全部集中到调节器上)。

为避免上述范围内有钢轨接头，可采取在接近桥梁的路基上使用长度在 6 m 以上的短轨进行调整。如果仍不能避免时，应将钢轨接头焊接(气压焊或铝热焊)。一时无法焊接时，可采用以下临时性措施：

(1)用月牙垫片把轨缝挤严。即根据钢轨圆形螺栓孔或椭圆形螺栓孔与螺栓直径的差，轧制月牙形垫片，顶严轨缝。垫片的厚、高、长、内径、外径须根据实际情况设计，尺寸要正确，制造要精细，最好用车床加工，其次为锻模和手工加工。安装垫片时要先调节轨缝，在轨温适中或春秋雨季内进行为宜，可利用气温调节或列车摩擦调节，也可用轨缝调整器逐步进行至全部挤严。轨缝顶紧后即可塞进月牙形垫片。安装螺栓应用与螺栓直径相同的冲子过冲试验，必要时更换不同厚度的垫片，直至不紧不松刚刚适中。垫片要在钢轨接缝两端成对地安装。如工作不细致，厚度不适宜，则填塞就不严密，当列车行驶作用在钢轨的水平力超过鱼尾螺栓与鱼尾板和钢轨间的摩阻力及道钉扣压力时，每个接头可能被拉开有 1 ~ 2 mm 缝隙，那么效果就不理想。

(2)直接用高强度螺栓联结，顶严轨缝，能取得较好效果。

(3)将鱼尾板加工锻压，缩短鱼尾板中间两个孔间的距离，使其恰好等于在钢轨接缝为 0 时，钢轨两个端孔近侧边距加 1 个鱼尾螺栓直径的距离。这种挤严方法效果好，但锻压时尺寸要正确，否则达不到预期效果。

除设有温度调节器或使用特种钢轨扣件(如 K 型分开式扣件)外，桥上焊接或挤严的轨缝一般不能连续超过 2 个接头，其余桥上钢轨接头的缝隙都应和当时温度相适应，且无论如何不能超过构造极限(表 9 - 1)。

桥上钢轨接头应采用相对式，不用错接式，因为错接增多了一倍的冲击次数，对桥梁不利。桥上不准使用短于区间线路上所铺设的钢轨。

(二)无缝线路

在桥上铺设无缝线路能减少列车对桥梁的冲击，改善桥梁的运营条件，特别在行车速度较高的情况下，优点尤为明显。我国从 1963 年以来已在一些跨度为 16 ~ 32 m 的无砟桥、有砟桥及无砟无枕桥上铺设了温度应力式无缝线路,并先后在武汉、南京长江大桥上铺设无缝线路,目前正不断在扩大铺设范围。

表 9-1　几种常用钢轨构造容许最大轨缝表

钢轨类型	钢轨螺栓孔径 d_1(mm)	鱼尾板螺栓孔直径 d_2(mm)	鱼尾螺栓直径 d_0(mm)	钢轨第一螺栓孔径距轨端的距离 L_1(mm)	鱼尾板两中央螺栓孔中心间距离 L_2(mm)	构造允许最大轨缝 δ_{max}
P-50	31(35)	26	24	66	140	17(21)
P-44.6	31	24	56	120	19	
P-43	31	24	22	56	120	19
P-38	31	24	22	56	120	19
中-38	28	26	22	67	140	16

桥上无缝线路按桥跨结构类型可分为三类:大跨度钢桥上无缝线路;中跨度无砟桥上无缝线路;有砟桥上无缝线路。

大跨度桥上铺设无缝线路,按其处理问题不同,又有三种类型:

(1)南京长江大桥每联桁梁的两端设置伸缩调节器,跨中有伸缩纵梁,无缝线路按联分段。

(2)武汉长江大桥每联桁梁的两端设伸缩调节器,跨中纵梁不断开,无缝线路按联分段。

(3)连续梁与桥台相邻的一端不设伸缩调节器,另一端设置调节器,跨中纵梁不断开。这种无缝线路铺设前,必须计算沿梁跨的温度力、伸缩附加力、挠曲附加力的分布,并检算固定支座所在桥墩的墩台偏心及墩身混凝土的应力,在保证冬季钢轨折断时轨缝不超过规定的允许条件下尽可能减小轨道阻力。

对于中跨度(主要指跨度为 32 m)无砟桥上无缝线路,因为长钢轨通过扣件固定在桥枕上,桥枕又通过钩螺栓、防爬角钢、护木固定在钢梁上,所以钢梁的伸缩和挠曲必然引起钢轨产生附加纵向力即伸缩附加力和挠曲附加力。与此相应,钢轨对钢梁也施加大小相等方向相反的反作用力,并通过支座传递到墩台上。所以设计时又要防止冬季钢轨折断时不产生过大的轨缝以免影响行车安全;同时要尽可能减小轨道阻力以减少传到支座、墩台上的附加纵向力。

对于中跨度有砟桥上无缝线路,过去人们认为有砟桥上铺设无缝线路应不受限制,与路基上一样,但最近从有关单位的试验结果中发现,这些看法存在着片面性。从测定资料看,有砟桥上的无缝线路同样承受挠曲附加力和伸缩附加力,其规律与无砟桥相同,但数值均较小。因为有砟桥通过松散道砟层传递纵向水平力在结构上与无砟桥有本质的区别,而且无论温度变化或荷载作用、梁端位移量均较小。混凝土的热传导系数比钢材要小得多。根据实测,混凝土梁的梁体温度变化,往往滞后于外界温度变化约 4 h 左右。通常钢板梁在夏季下午 2~3 点钟的位移最大,但混凝土梁到下午 6~7 点钟左右梁的位移才达到最大,而此时气温已经降低。所以一天之内,混凝土的梁端位移就小,相应伸缩附加力就小。根据设计和实测,预应力混凝土梁在荷载作用下的挠度也较小,相应的挠曲附加力也就较小。尽管有砟桥的伸缩附加力、挠曲附加力均较小,但是在墩身高度较高的情况下,墩台检算可能控制桥上铺设无缝线路的设计,因此必须加以检算。

因为铺设无缝线路,桥上钢轨将额外承受因梁身伸缩及挠曲所引起的纵向附加力,并使支座及墩台承受大小与之相等,方向与之相反的额外水平力,所以对铺设无缝线路的桥梁,要求:①没有浅基,没有孔径不足,无偏心,无等级不足,支座、墩台等无病害。②有砟桥上铺设无缝线路时，对高墩应检算墩台偏心容许应力，钢轨接头要离桥头 10 m 以外。③无砟桥应处于无缝线路固定区内，桥头两端各 100 m 范围内按伸缩区标准锁定。桥长大于 200 m 或跨度大于 24 m 以及墩台高度大于 10 m 时，应针对桥梁结构的特点做个别设计。钢梁任何一孔跨度超过 60 m 时，需用温度调节器。桥上宜采用 K 型分开式扣件。为防止钢轨折断后拉斜桥枕发生意外，桥上不宜安装防爬器。④铝热焊接头强度低，最好设在桥外。如桥长无法避开时，应布置在钢轨受拉应力较小的地方。

（三）桥上无缝线路的养护维修

除应按一般无缝线路的有关规定办理外，为保证行车安全和线桥设备状态的良好还应做好以下工作。

1. 对无砟桥

(1) 应按设计规定拧紧扣件。

(2) 桥头附近线路因承受附加力，因此要保持道床肩宽足够，轨枕盒内石砟充足并彻底锁定线路。维修作业应在锁定温度加减 10°范围内进行。

(3) 对铝热焊及气压焊接头应定期进行探伤并作方向、高低检查。

(4) 严格控制桥上作业轨温，防止涨轨跑道或钢轨折断事故的发生。单根抽换桥枕、支座垫砂浆、垫防磨木垫板、上盖板油漆、改正轨距等移动钢轨作业时，要在锁定轨温 -15 ~ +5 ℃范围内进行，并应尽量缩短作业时间，迅速恢复线路完好状态。上盖板油漆、垫防磨木垫板等作业抬起钢轨高度不应超过 50 mm，同时松开扣件不得超过规定的桥枕根数。必要时，应制订安全措施再施工。

(5) 铺有温度调节器的钢梁由于钢轨和钢梁可以共同伸缩，除有伸缩纵梁时无缝线路应按设计拧紧扣件外，一般情况钢轨仅有轨温与钢梁温度差所发生的温度应力，所以作业轨温可不受限制。

(6) 建立经常的观测制度，进行两端桥面钢轨爬行的观测，定期检查墩台有无裂纹及变化，支座锚固螺栓有无弯折剪断等情况，并积累梁温及轨温的观测资料。

2. 对有砟桥

由于目前有砟桥面的道床厚度和宽度不完全符合铺设无缝线路的要求（轨枕头外侧应有 30 mm 以上的道砟宽度），是无缝线路的薄弱环节，所以：

(1) 要控制作业轨温。如扒道床、起道、拨道、抽换枕木等要在锁定轨温 -15 ~ +10 ℃内进行。必要时可用石砟压住枕木头以增加道床阻力。

(2) 加强钢筋混凝土梁的技术改造，加宽加高道砟槽边墙，使石砟达到宽度和厚度标准要求。

(3) 桥头两端各 50 m 以内加强防爬锁定。

二、曲线超高

曲线上明桥面线路外轨超高的设置可采用以下方法：

(1) 在桥枕刻槽容许范围内设置超高（超高较小时）。

(2) 在墩台顶面做成超高，使钢梁带有横向坡度，采用此法时需检算钢梁斜放后的应力和稳定，并注意排除钢梁积水。

(3) 楔形桥枕 。小端高 h_1 最少为 200 mm，h_2 根据曲线半径大小而定。在缺乏大木料时，也可用两根枕木组合，下面一根采用标准桥枕，上面一根在轨底处的最小厚度为 140 mm。

曲线上道砟桥面外轨超高用道砟厚度调整。

三、桥面上的钢轨防爬措施

明桥面上线路一般不安装防爬器，仅在桥两端锁定线路（桥梁前后各 75 m 的线路要增加防爬设备），桥上使用道钉扣件。如桥上钢轨仍有爬行，或温度跨度较大的钢桥其挤严的轨缝被拉开，且影响调节器的正常使用时，才容许安装防爬器。

明桥面采用或部分采用 K 型分开式扣件（每根桥枕扣压力可达 15 kN，而普通道钉仅 40 N），能有效地防止钢轨爬行，如图 9－2、图 9－3 所示。

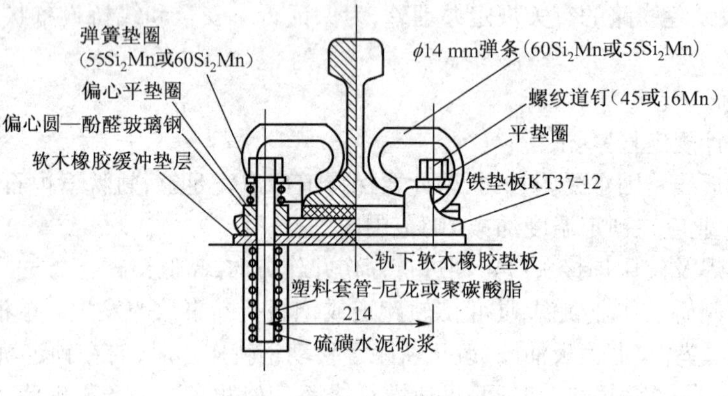

图 9－2　弹条式扣件（单位：mm）

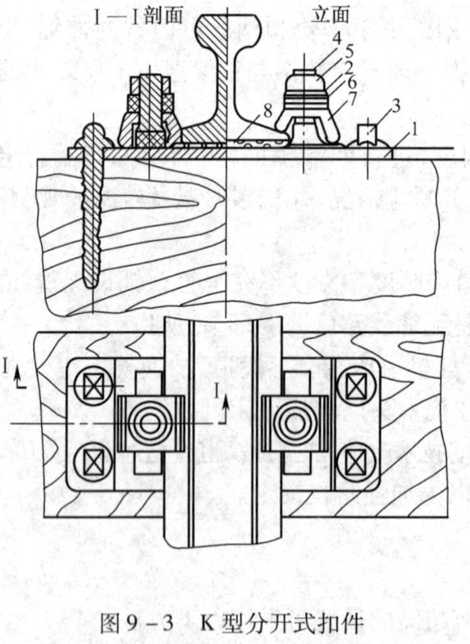

图 9－3　K 型分开式扣件

1—垫板；2—平垫圈；3—螺纹道钉；4—轨卡螺栓

5—螺母；6—弹簧垫圈；7—轨卡；8—轨下垫板

（一）多跨 40 m 简支钢梁桥一般轨道钢轨的防爬措施

（1）防爬设施设置标准按表 9－2 办理。

（2）对防爬设施铺设、养护的要求：

① 根据轨温变化计算的要求,将桥上的钢轨轨缝拉匀(有伸缩调节器时则应挤严),钢轨接头夹板螺栓扭矩按现行《铁路轨道施工规范》的规定办理。例如 50 kg/m 钢轨为 500 ~ 600 N·m。

② 按照表 9 – 2 的标准,配置应扣紧轨底的 K 型扣件数量(其余则采用不扣轨底的 K 型扣件或普通道钉相配合)或配置防爬器。

表 9 – 2 防爬设施设置标准

线路特征		通过总重 < 1500 Mt·km/km 或最高行车速度 < 50 km/h		通过总重 ≥ 1500 Mt·km/km 或最高行车速度 ≥ 50 km/h	
		每片梁 K 型扣件扣紧数量	每片梁防爬器数量(对)	每片梁 K 型扣件扣紧数量	每片梁防爬器数量(对)
双线区间单方向运行的线路	重车方向	1/4	6	1/3	10
	轻车方向		2		8
单线线路两方向运量大致相等地段		1/4	两方向均为 4	1/3	两方向均为 8
单线线路两方向运量显著不同地段	重车方向	1/4	6	1/3	10
	轻车方向		2		8
桥上护轨应在每 25 m 范围钢轨上至少设置 1 正 1 反防爬器					

③ K 型扣件或防爬器应安装在桥梁跨中的 25 m 或 12.5 m 钢轨上。当一根钢轨跨相邻两孔梁时,K 型扣件或防爬器应配置在较长的一端,同时不宜设置在距梁端 2 m 的范围内。

④ K 型扣件轨卡螺栓扣紧轨底的螺母扭矩应为 80 ~ 120 N·m。安装防爬器时,为了避免拉坏桥枕,应安装在钢板梁的防爬角钢处。

⑤ 要经常检查,使 K 型扣件轨卡螺栓扣紧轨底,螺母扭矩保持正常,防爬器应经常打紧,并随时打紧浮起道钉。

⑥ 铁垫板下垫层不宜过厚,采用胶垫层以 4 ~ 12 mm 为好。如采用木、竹、塑料垫板时可增加厚度,但一般不宜超过 20 mm。

⑦ 要认真执行支座养护标准,并检查支座锚栓状态。

(二)明桥面钢轨防爬设施布置安装的基本原则

在任何多跨简支钢梁桥上,一般轨道钢轨防爬的关键技术问题在于合理确定桥上轨道扣压力的大小及分布;合理调节钢轨接头阻力的大小,以保证桥上线路在具有足够防止钢轨爬行的纵向阻力的前提下,最大限度地减少梁轨之间的相互作用力,即减小作用在梁支座、墩台上的作用力。

其他不同跨度、不同形式的明桥面轨道防爬设施标准可依照上述原则进行试验后确定。

第三节 伸缩调节器

一、桥上线路铺设伸缩调节器的条件

(1)温度跨度超过 100 m 的桥梁。

(2)跨度超过 60 m 或 100 m 的连续钢桁梁桥或简支梁无砟桥上铺设无缝线路。

以上 1、2 两项均应铺设调节器,调节器应安设在活动支座附近。对于连续梁应安设在钢梁与桥台及两联钢梁接头处。

(3)在跨度为 30 ~ 40 m 的无砟桥上铺设无缝线路,如附加纵向力很大,为防止其超过容

许值,常采取措施减小扣件纵向阻力使钢轨在一定范围内伸缩。在扣件阻力较小的情况下,为防止冬季钢轨折断时断缝过大,可在桥上设伸缩调节器。

(4)在钢筋混凝土桥上(有砟桥或无砟无枕桥)铺设无缝线路,如遇以下三种情况之一时,需铺设伸缩调节器。

① 桥上设有闭塞信号机;

② 与大跨度钢梁桥连接;

③ 桥头有小半径曲线或道岔等结构物。

长轨节在桥上断开时,为减小列车通过接头的振动冲击,长轨节之间应尽可能采用伸缩调节器连接,长轨端与伸缩调节器应直接焊接,这样列车通过时垂直方向簧下加速度可比普通接头小 80%。

(5)伸缩调节器应避开半径小的曲线地段。

二、伸缩调节器的结构及类型

伸缩(温度)调节器如图 9－4 所示。

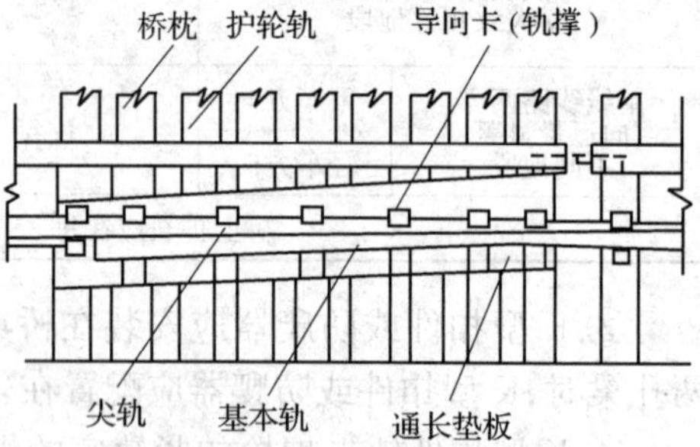

图 9－4　伸缩(温度)调节器

(1)调节器按平面形式区分,有曲线型、斜线型和折线型三种。

(2)调节器按断面构造形式分,有下列三种:

① 尖轨与基本轨均采用普通钢轨,尖轨与基本轨的结合采用“切底式”(图 9－5)。

② 尖轨采用高型特种断面钢轨,基本轨采用普通钢轨,尖轨与基本轨的结合采用“爬底式”(图 9－6)。

③ 尖轨采用矮型特种断面钢轨,在尖轨底加一块滑床板(图 9－7)。

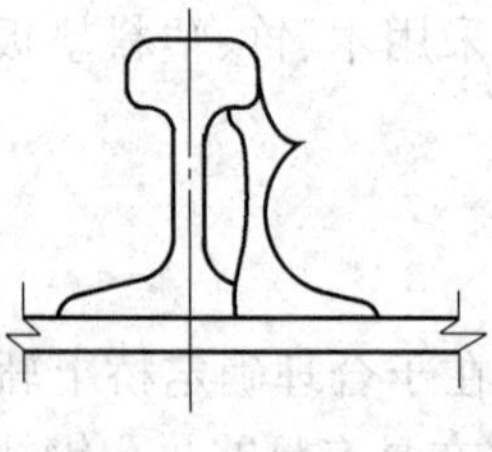

图 9－5　切底式

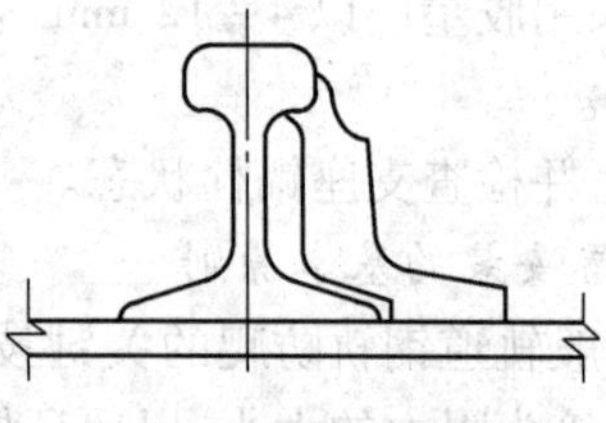

图 9－6　爬底式

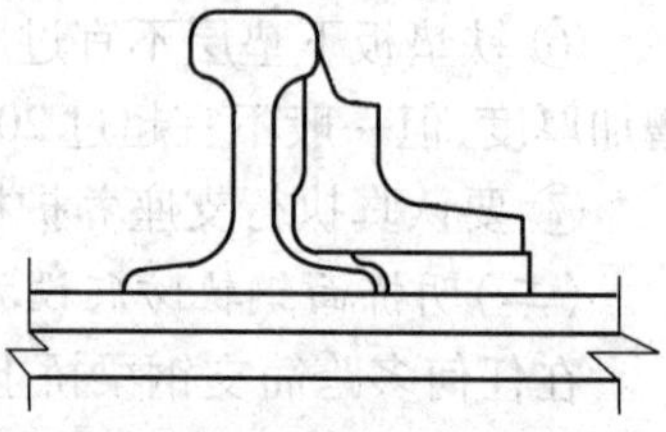

图 9－7　矮型特种断面

(3)调节器的垫板。在无砟桥上铺设伸缩调节器多采用通长大垫板,也可采用分开式小垫板。在钢筋混凝土桥上或桥头线路上铺设时,为养护维修方便,采用分开式小垫板。垫板轨底坡为 1/20 或 1/40。

三、伸缩(温度)调节器的使用

(1)在温度跨度超过 100 m(位于无缝线路上的桥梁跨度超过 60 m)的钢桥上,每一温度跨度安装一组伸缩调节器。安装时应使调节器尖轨尖端与重车方向相一致,但曲线型伸缩调节器不受此限。

(2)最大伸缩量在大跨度钢桥上应满足当地最高最低温度时钢梁长度的变化另加活载通过时的影响。各种跨度用的斜线型和折线型调节器当设计采用最高最低温度为 ±40 ℃时,其在某一温度时尖轨尖端至基本轨弯折点的距离应不小于活载伸长量 f 加相应 a 值之和,f 值随梁跨结构、跨度及活载等级而异。

在多跨简支梁桥或桥头路基上采用有伸缩调节器的无缝线路时，由于长轨节的位移量大小与当地温度幅度、伸缩调节器的阻力、扣件阻力和行车条件有关，所以在复线铁路单向行车的情况下，长轨节的始端与它的终端伸缩量经常是不相等的。夏季终端伸缩量大，冬季始端伸缩量大。在年通过总重 50～60 Mt·km/km，使用50 kg/m钢轨，混凝土宽轨枕，伸缩阻力约为100 kN，扣件纵向单位阻力约为 2 940～5 880 N/m的线路上，测得长轨节顺行车端的位移量是逆行车端位移量的 2～3 倍，所以伸缩调节器应有充分伸缩预留量。

(3)斜线型及折线型调节器的尖轨尖端处轨距 S 须与当时温度和钢梁的温度跨度相适应，按公式(9－1)计算，且最大不能超过 1 451 mm。

$$S = 1\,435 + 2\frac{f + a}{n} \quad (\text{mm}) \tag{9-1}$$

式中　$1/n$——基本轨弯折的斜度，现有调节器的斜度为 70/5 990、70/10 936、1/100、1/40 等。

(4)禁止使用有下列缺点之一的伸缩调节器：

① 基本轨垂直磨耗量超过 6 mm；

② 在尖轨轨头顶面宽度为 50 mm 以上的断面处，尖轨发生垂直磨耗，其轨顶面低于基本轨顶面 2 mm；

③ 基本轨或尖轨轨头剥落掉块长度超过 30 mm，深度超过 8 mm；

④ 轨头侧面磨耗，影响伸缩调节器范围内轨距调整，轨距偏差经常超过容许限度时。

四、伸缩调节器的养护维修工作

(1)定期擦拭、涂油，保持清洁和伸缩灵活。

(2)检查尖轨尖端与基本轨密贴情况，如出现 1 mm 间隙，必须及时调整处理，如调整轨撑和铁座间的调整片厚度，在导向卡与尖轨间加铁线卡使其密贴等。如导向卡磨耗或螺栓损坏，应进行更换。

(3)拧紧松动螺栓。

(4)及时消除尖轨或基本轨因车轮碾压而产生的肥边(用砂轮打磨或风铲铲除)。

(5)经常检查“切底式”基本轨开始切割部位有无裂纹；检查并及时消除大垫板端部附近枕木的吊板。

(6)防止调节器异常伸缩；斜线型和折线型调节器要防止基本轨纵向位移，曲线型调节器要防止尖轨纵向位移，避免调节器的轨距变化。

(7)在大垫板上刻标记或安装标尺，每日定时(接近日最高、最低温度时)测量尖轨尖端至基本轨弯折点的距离(曲线型调节器为大垫板端部至基本轨端部的距离)，及当时钢梁温度和钢轨温度，做好记录，并与理论尺寸对照，如超过容许范围时应查明原因进行整正。

五、伸缩调节器的更换

调节器主要部件损坏时，可进行个别更换，但为使调节器两侧基本轨尖轨高度一致，不因新旧不一发生高差，常常整组更换。整组更换需要较长封锁时间。施工程序如下：

(一)准备工作

(1)搬运新调节器至铺设地点附近，使尖轨顺重车或行车方向安放；

(2)测量新旧调节器轨温，计算 $f+a$ 值，核对调节器全长，普通钢轨制尖轨应根据确定的尖轨长度进行锯轨钻孔；

(3)分股组装并稍缩小 a 值，使新调节器全长略短于旧调节器的全长以利换入；

(4)松紧旧调节器各种螺栓一次，如有轨距杆先拆除；

(5)更换引桥上的调节器如需结合全部更换调节器下枕木时，应去除枕木底以上道砟，经清筛后连同需补充的道砟用土箕装好放在附近地点。

(二)封锁后更换工作

(1)按规定设置防护；

(2)在正桥上更换时，一组工人拆除旧调节器，另一组利用桁梁断面联结系挂倒链滑车将新调节器分股吊到小车上，小车支承在护轨上，推小车至铺设地点，用同样方法起吊落位；

(3)在引桥上连同枕木更换时，一组工人拆除旧调节器及枕木，另一组在邻近正轨上拼装好成组(包括枕木)调节器，在线路钢轨上涂油将新调节器拖拉就位(铺设地点处临时放置两根钢轨支承)，用起道机顶起调节器，抽出钢轨然后落位，回填石砟；

(4)用轨缝调整器拉动调节器尖轨(或基本轨)，消灭轨缝后安装夹板及螺栓，检查轨距水平并钉道；

(5)撤除防护。

采用上述方法施工时，根据某桥实际情况，正桥上更换一组调节器，封锁时间约需 1 h，引桥上更换一组调节器(连枕木)约 1.5 h，施工人员 12～16 人。

(三)清理场地

施工完毕后，清理场地，运出旧调节器。

第四节　护　　轨

一、护轨的作用

当机车车辆在桥头或桥上脱轨时，护轨可将脱轨车轮引导并限制于护轨与基本轨之间的轮缘槽内继续顺桥滚出，以免机车车辆向旁偏离撞击桥梁或自桥上坠下，造成严重事故。此外，也有可能帮助已脱轨的机车车辆的车轮重新爬上基础轨，所以它是重要的安全设施。

二、铺设条件

下列情况下桥上应铺设护轨：

(1)特大桥及大中桥；

(2)桥长等于或大于 10 m 的小桥，当曲线半径小于或等于 600 m，或桥高大于 6 m 时；

(3)跨越铁路、重要公路、城市交通要道的立交桥；

(4)多线桥上的各线均按上述 1、2、3 条铺设护轨，多线连续框架桥可只在两外侧线路铺设。

三、铺设要求

(1)护轨铺设于基本轨内侧，护轨与基本轨头部间净距：对于明桥面为(200±10)mm，铺设 60 kg/m 以上基本轨时，其净距为(220±10)mm。

(2)护轨顶面不应高出基本轨顶面，也不应低于基本轨顶面 25 mm，护轨一般应采用与基本轨同类型的钢轨，但目前多使用旧轨，比基本轨矮，当护轨高度过低时，应更换适当类型的钢轨或在护轨下加垫垫板。当垫板厚度小于 20 mm 时可用纵向长木垫板(道砟桥面也可用横向木垫板)，每股护轨应在每隔一根桥枕上和每根线路枕木上钉两个道钉(在一根枕木上钉成“八”字形)；垫板厚度超过 20 mm 时，每股护轨应在每根桥枕上钉两个道钉；当垫板厚度为 30 mm(最大不得超过 35 mm)时，必须采用铁垫板(可以切边)和加长道钉。

(3)每个护轨接头安装 4 个螺栓，螺栓帽应全部安装在线路中心一侧。

(4)在调节器部位的护轨接头应有伸缩装置(用一端带长孔的夹板)，其伸缩量与基本轨同。

(5)护轨伸出桥台挡砟墙以外的直轨部分应不少于 5 m(直线上桥长超过 50 m，曲线上桥长超过 30 m 的桥梁为 10 m)，然后弯曲交会于铁路中心，轨端切成不陡于 1∶1的斜面，用螺栓穿联牢固做成梭头。弯轨部分的长度不少于 5 m，任何情况下护轨应满铺全部桥台长度，轨端超出台尾的长度不少于 2 m。

(6)自动闭塞区间，在护轨交会处或最外钢轨接头处安装绝缘衬垫，防止养护作业时护轨与基本轨间因偶然有导电物体搁置造成短路，使自动闭塞信号显示错误。

(7)护轨有爬行时，允许安装防爬器。

四、养护工作

(1)经常保持护轨夹板螺栓、道钉及垫板的安装符合规定，完整无缺，不失效。

(2)经常保持护轨与基本轨间的距离和轨顶高差符合规定，护轨平行于基本轨。明桥面护轨高度不足，使用木垫板时，其长度不短于 2 个桥枕间距，接头应在桥枕上，木板应作防腐处理，轨底悬空大于 5 mm 的处所不超过 5%。

(3)在自动闭塞区间，护轨铁垫板(或道钉)与基本轨铁垫板间应有不少于 15 mm 的净距。

(4)维修时应进行护轨夹板涂油。靠基本轨一侧接头错牙不大于 5 mm。

(5)大跨度钢桥安装伸缩调节器部位，护轨伸缩应正常，护轨如发生爬行，要进行拉轨并适当地安装防爬器。

(6)保持梭头联结牢固，原为木梭头者均应逐步更换。梭头应置于枕木上，尖端悬空不大于 5 mm。

第五节　桥　　枕

一、桥枕的作用及规格

桥枕是明桥面上最重要的设备，它的作用是：

(1)直接承受由钢轨传来的竖向力和水平力，并把这些力均衡地分布到钢梁上。

(2)固定钢轨位置，防止钢轨倾覆或纵向及横向位移，保持轨距。

桥枕的标准断面和长度，应根据主梁或纵梁中心距的不同，按表 9－3 的规定选用。

表 9－3　桥 枕 规 格

主梁或纵梁中心距(m)	桥枕标准断面		长度(mm)	附　　注
	宽度(mm)	高度(mm)		
1.5 以上～2.0	200	240	3 000	1. 双腹板或多腹板的主梁以内侧腹板间距为准； 2. 现设计纵梁间距一般为 2 m
2.0 以上～2.2	220	260	3 000	
2.2 以上～2.3	220	280	3 200	
2.3 以上～2.5	240	300	3 200 或 3 400	

二、桥枕铺设的技术标准

(1)为使桥枕受力均衡,桥枕应与线路中线垂直。在斜桥及曲线桥上,可在桥头或钢梁端部采取措施,如加厚挡砟墙、接长纵梁或采取扇形布置等使桥枕逐渐转成与钢梁中线垂直。

(2)两桥枕间净距为100~180 mm(横梁处除外),专用线上可放宽到210 mm,并尽可能使桥枕净距保持均匀。

桥枕净距不能大于规定的尺寸,因为桥枕过稀,不但会增加桥枕负担,而且当列车脱轨时,轮缘会卡在枕木间,不易拉出桥外,甚至会把桥枕切断,造成严重后果。但是,桥枕净距也不能小于规定尺寸,因为桥枕过密,既浪费木材,又给抽移桥枕及清扫钢梁等作业造成困难。

(3)桥枕不能铺在横梁上,因为桥枕铺在横梁上,会使横梁直接承受车轮压力和冲击,不利清扫和排水,会加重横梁上盖板的锈蚀,对横梁的结构不利。同时,由于横梁上的桥枕弹性比支承在两根纵梁上的桥枕弹性小,会造成轨道软硬不均,对行车也不利。

靠近横梁的桥枕,枕与横梁翼缘边缘之间应留出15 mm及以上缝隙,以利于横梁的排水和清扫。

如横梁两侧桥枕间净距在300 mm及以上,且桥枕顶面距横梁顶面在50 mm以上时,应在横梁上垫短枕承托,短枕与护轨联牢,短枕与正轨之间应留出空隙(一般为5~10 mm)。这样,既能防止脱轨车轮陷入桥枕间隔内或切断桥枕而造成严重后果,又能使横梁不致直接承受车轮压力和冲击。

(4)桥枕与钢梁联结系之间应留有一定空隙(至少3 mm以上),保证在列车通过时,桥枕底部不接触钢梁联结系的任何部分(包括联结铆钉)。如有接触,可以在桥枕下挖槽。如果钢梁上平联结系位置较高,应将其改造降低,因为联结系杆件比较薄弱,如直接承压,将产生弯曲、裂纹和铆钉松动等病害。

(5)有桥面系的上承钢梁,桥枕只能铺设在纵梁上,但是,设计允许铺设在主梁翼缘上者除外。

(6)桥台挡砟墙上应铺设双枕,以改善和加强明桥面与桥台连接段的轨道受力状况。双枕可用短枕、普枕或桥枕,并用螺栓联结固定在挡砟墙上,但不能用钢筋混凝土轨枕。

三、桥枕失效标准及更换要求

桥枕状态达到下列条件之一时,即为失效桥枕:

(1)标准断面桥枕因腐朽、挖补、削平和挖槽累计深度超过80 mm(按全宽计)。

(2)道钉孔周围腐朽严重,无处改孔,不能持钉及保持轨距。

(3)桥枕内部严重腐朽。

(4)通裂严重,影响共同受力。

有连续两根及以上的失效桥枕时应予立即抽换。钢轨接头处的4根桥枕不容许失效。

一孔梁上的桥枕失效达25%及以上时应进行整孔更换。单根抽换时,可使用整修后的桥枕。

四、更换作业

(一)全面更换桥枕

全面更换桥枕首先要进行桥面抄平,抄平应用水准仪进行。通过抄平,测出钢梁上各放置桥枕位置的标高，然后根据上拱度设置要求，以及考虑线路坡度、曲线超高的影响，确定每根桥枕高度，即可依此加工刻槽制作新桥枕。一般均需封锁线路，其方法可分为下列两种：

(1)“大揭盖”。将桥上线路拆开，移出钢轨，然后将旧枕逐根更换为新桥枕，最后铺好桥上钢轨。这个方法需要的时间较长。为了缩短封锁时间，一般按一节钢轨的长度逐一进行更换，即取下一节钢轨，撤走铁垫板及旧桥枕，随即铺好新桥枕，立即安装基本轨恢复线路，然后再度封锁，撤换下一节钢轨下的桥枕。

(2)逐段抽换。在一定长度内松开桥上钢轨与桥枕的连接，用千斤顶顶起钢轨及护轨并用垫木楔住。旧桥枕和新桥枕都由两侧横向移出或穿入，最后落下钢轨恢复线路，这种方法可视封锁时间的长短，掌握每次抽换数量，条件是两侧应有人行道。

(二)单根抽换桥枕

单根抽换桥枕可以在不拆卸钢轨的条件下进行，因目前多数桥梁都有三角侧向支架的人行道，站在上面即可顺利地抽出旧枕换入新枕。

对于下承式板梁，因两边有腹板挡住，桥枕从两侧抽不出来，所以一般要拆去一股钢轨才能进行。但当纵梁间距及主梁中心距都足够大时，也可以不拆除钢轨，从纵梁与钢轨间抽穿桥枕，见图9－8所示。

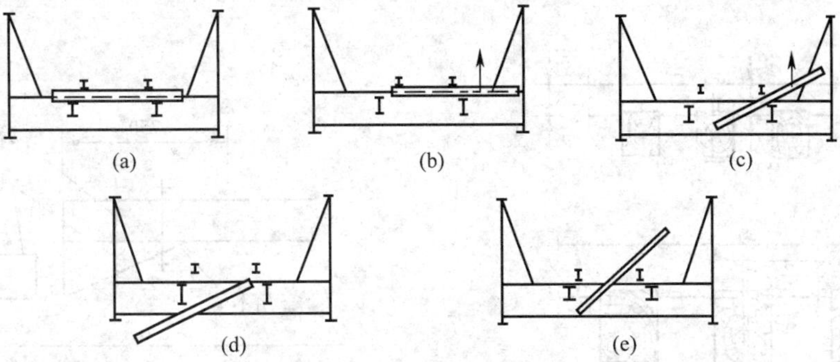

图9－8　下承式板梁抽换桥枕

(三)更换桥枕作业

1. 准备工作

先按钢梁长度计算确定桥枕根数与间距，然后把新桥枕运到工地，并按顺序编号。对抽换桥枕的工具要进行检查，并预先安放好，拆除桥上步行板、护木，隔一根桥枕拆下一个钩螺栓，同时起冒道钉。

2. 基本作业

拆除一次所需更换桥枕上的钩螺栓，用千斤顶抬起钢轨及护轨(或将其拆去)，用抽换桥枕工具依次抽出旧枕，清扫钢梁上盖板，以同样方法及相反的步骤换入新桥枕，落道，拆除千斤顶(或抬回基本轨与护轨)，恢复线路，检查轨距、水平，新桥枕每股轨打入两只道钉，安装一半或1/3钩螺栓，让列车通过。

3. 整理工作

补齐并拧紧螺栓，钉齐道钉，装上护木、步行板等，使桥面与线路恢复完好状态。清理工具，运走旧枕等材料，更换桥枕的质量要求应符合验收标准。

第六节　防 爬 设 备

明桥面防爬设备包括护木及防爬角钢。护木固定桥枕相互位置，不使爬行和偏斜，同时起第二护轨作用。防爬角钢起防止桥枕连同护木顺桥方向移动的作用。

一、护　　木

护木标准断面为 150 mm × 150 mm，在与桥枕联结处刻 20 ~ 30 mm 深的槽口与枕木卡紧。当桥面上护木螺栓与钩螺栓不共用时，护木在每隔一根桥枕上以及纵梁两端安装防爬角钢和护木搭接的桥枕上均应用直径为 20 ~ 22 mm 的螺栓联结牢固，上下均配以 80 mm × 80 mm × 8 mm铁垫圈及 80 mm × 80 mm × 10 ~ 20 mm 木(或 6 ~ 10 mm 厚橡胶)垫圈。螺栓顶超过基本轨顶不得大于 20 mm。护木采用半木搭接设于桥枕上(图 9 – 9)。

护木内侧与基本轨头部外侧距离：Ⅰ式布置时最小为 200 mm，最大距离 500 mm；Ⅱ式布置时最小 300 mm，最大 500 mm。

护木应为一直线，如因钢梁类型不一必须错开时，在接头处靠外面一根护木的内侧加三角形木块并用螺栓联牢(图 9 – 10)，使脱轨车轮能贴护木内侧通过，防止撞击或越出护木。护木在钢梁活动端应断开并留一定空隙，使能与钢梁共同移动。

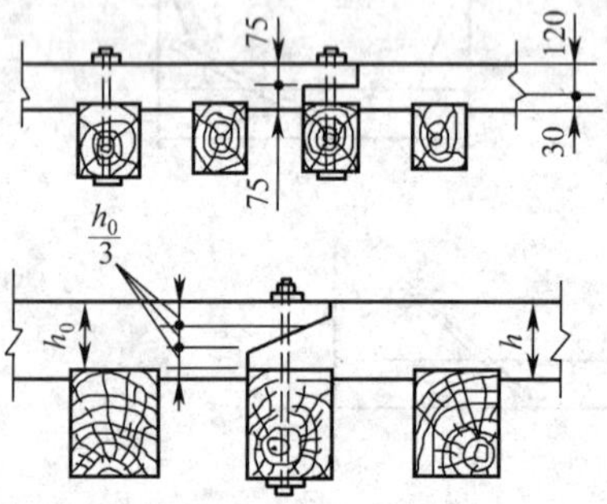

图 9 – 9　护木搭接图(单位：mm)

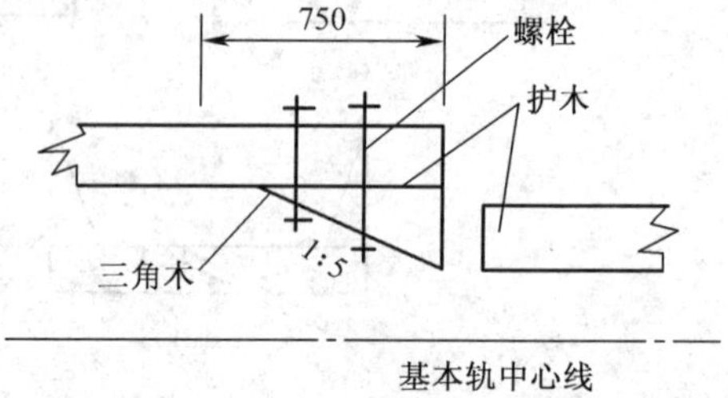

图 9 – 10　护木端错开处(单位：mm)

护木的防腐及养护同桥枕，制作时应涂防腐浆膏或热防腐油两度。

二、防爬角钢

跨度在 5 m 及以上的钢梁，每孔梁两端各安装一对防爬角钢，如跨度较长，仅在端部安装尚不能阻止桥面爬行或两端防爬角钢有切入桥枕的现象时，可在中部每隔 5 ~ 10 m 再安装一对。

有桥面系的钢梁，每个节间纵梁两端各安装一对，如节间长度在 4m 以下时，可在每两个节间纵梁的两端各安装一对。

防爬角钢最小尺寸为 120 mm × 80 mm × 12 mm，钢梁两端防爬角钢的水平肢应装成相反方向，桥枕与防爬角钢垂直肢间应垫以 15 ~ 30 mm 厚的木板，并用直径为 20 ~ 22 mm 螺栓与桥枕联牢。

复习思考题

9－1　铁路桥面有哪几种？各有什么优缺点？

9－2　明桥面线路外轨超高如何设置？

9－3　桥梁哪些位置不能有钢轨接头？如果难于避开，应采取何种措施？

9－4　单根更换桥枕的作业方法和质量要求有哪些？

9－5　伸缩调节器的作用和设置条件是什么？分为哪几种？

9－6　护轨的铺设条件是什么？

9－7　桥枕的失效标准及更换要求是什么？

9－8　护轮轨的作用及其铺设养护的技术标准有哪些？

9－9　桥上钢轨的防爬措施有哪些？

9－10　桥上无缝线路养护维修的内容有哪些？

9－11　桥枕铺设的技术标准有哪些？

第十章

桥隧养护作业

第一节　钢桥养护

一、钢桥基本知识

凡桥的上部结构是由钢制做的统称为钢桥,对长大跨度的桥梁采用钢桥比较经济合理。

(一)钢桥的特点

1. 钢桥主要优点

(1)强度大而且重量轻,钢材的密度与容许应力的比值是各种材料中最小的,也就是说在抵抗同样外力的情况下,钢结构需要的断面积和体积最小,重量也最轻。

(2)运送、拼接和架设都比较简便,可以全部在工厂中制造后直接运送到工地拼装架设。

(3)在活载增加或桥梁部分损伤时,修理加固比较方便,一般都可以在维持通车的条件下进行。在受到严重损坏或遭受破坏时,能够在较短时间内修复。

2. 钢桥主要缺点

(1)容易生锈,需要涂刷油漆保护。

(2)需要采用明桥面,桥枕直接搁置在钢梁上,钢梁要比圬工梁拱受到的活载冲击影响大,养护费用较高。

因此,目前中、小跨度的钢梁已基本上被钢筋混凝土梁所取代。

(二)钢桥材料

以往广泛用于桥梁的结构钢主要是甲 3 桥(A3q)碳素结构钢或 16 桥(16q)碳钢,它们都适合于焊接。为了减轻钢桥自重,目前已大量采用高强度的 16 锰桥(16Mnq)普通低合金钢及 15MnVNq。这种钢的含碳量与甲 3 桥钢比较并未增多,但含锰量高,所以它的强度比甲 3 桥钢增加 50%。

钢桥中其他各部分所用的钢料规格有:

铆钉——铆螺 2(ML2)号钢;

精制、普通螺栓——甲 3(A3)、铆螺 3(ML3);

高强度螺栓——螺栓用 40 硼(40B)、20 锰钛硼(20MnTiB),螺母及垫圈用 45 号优质碳素钢、15 锰钒硼(15MnVB);

支座上下摆、摇轴和座板等——铸钢 25 Ⅱ(ZG25 Ⅱ);

铰、辊轴——35 号锻钢。

(三)钢桥的连接

钢梁是通过一定的连接方式将各个杆件连成整体。钢结构的连接方式有铆接、焊接、普通螺栓连接和高强度螺栓连接。一般在工厂制造的时候,先将各部件组成构件,到了工地后再将各构件拼装成整孔的钢梁。根据连接方式的不同，钢梁可分为铆接梁、焊接梁、铆焊梁及工地采用高强度连接的栓焊梁。目前跨度在 100 m 以下的新建钢桥已逐渐采用栓焊梁。

1. 铆接

铆接自 19 世纪中期即开始用于钢桥，在各种连接中使用历史最久，积累的经验最多。20 世纪 50 年代以前建造的钢桥，大多数是铆接的。铆接一般分为强固铆接、紧密铆接和密固铆接三种。在铆接钢梁中，杆件内力是靠铆钉的剪切或承压来传递的。铆接的缺点是制造和安装工艺复杂，拧铆时噪声大，劳动强度高，工效低。由于有钉孔削弱及需用拼接材料，故结构的耗钢量多。目前铆接除用于少数大跨度钢桥外，已逐步被焊接及高强螺栓连接所取代。

2. 焊接

焊接连接是现代结构最主要的连接方法，它的优点是：不削弱构件截面，节省钢材；焊件间可直接焊接，构造简单，加工方便；连接的密封性好，刚度大；易于采用自动化生产。但是焊接连接也有如下缺点：在焊缝的热影响区内钢材的机械性能发生变化，材质变脆：焊接结构中不可避免地产生残余应力和残余变形，它们对结构的工作往往有不利的影响；焊接结构对裂纹敏感，一旦局部产生裂纹，便有可能迅速扩展到整个截面，尤其在低温下更易发生脆断。

3. 螺栓连接

(1)普通螺栓连接

它是指用低碳钢制成的粗制螺栓及精制螺栓的连接。一般用来连接两个板层不太厚的构件。普通螺栓连接是钢结构中最古老的一种连接方法。它的优点是装拆方便，螺栓长度不受限制，缺点是栓杆与栓孔不密贴，结构会产生比较大的非弹性变形，承载力也不及铆钉。

(2)高强度螺栓连接

顾名思义，高强度螺栓是指螺栓用特种高强度钢制成。高强度螺栓形状与普通螺栓相似，但作用是不同的。普通螺栓虽也拧紧，但栓杆的预拉力很小，受力后板束容易滑动。因此，它全靠螺栓杆与孔壁间的挤压和螺栓杆的受剪来传递杆件内力，而高强度螺栓则是通过拧紧螺帽使栓杆产生很大的预拉力(即夹紧力)，从而使板束间产生很大的摩擦力，杆件内力是靠钢板表面的摩擦力来传递的。由于高强度螺栓比同直径的铆钉承载力为大，且内力传递靠摩擦力，故在受力相同时，需要的高强度螺栓数目比铆钉为少。高强度螺栓的连接靠钢板表面间的摩擦力，由于传递面积大，它既没有焊接梁存在的焊接应力及变形问题，也没有铆接梁存在的钉孔处的应力集中现象，可以提高构件的疲劳强度，这就是高强度螺栓连接的特点。图 10－1 为铆接、高强度螺栓连接与焊接示意图。值得注意的是：高强度螺栓的承载能力是以抗滑强度来表示的，所以被连接的钢板面应符合设计要求，扭矩值必须达到一定的预应力值。

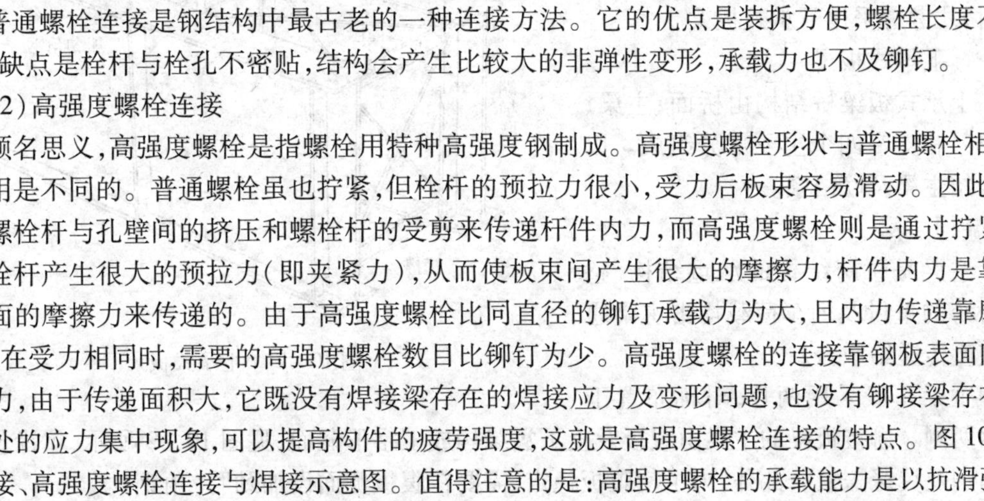

图 10－1　铆接、高强度螺栓连接与焊接

1—高强度螺栓；2—高强度螺母；3—垫圈；4—拼接板；5—杆件

铆钉连接的最大优点是具有极良好的弹塑柔韧性，而采用焊接则可避免因钉孔而削弱杆件截面。焊接钢梁与铆接钢梁比较，可以节约钢材 15% ~20%；在养护方面，不需要抽换松动铆钉；且因焊接梁构件简单平整，不再有窄小缝隙和铆钉头，减少了除锈油漆工作及劳动强度。焊接是刚性连接，存在焊接力与焊接变形问题，应特别强调焊缝质量的检查。工厂采用焊接能保证焊接质量，工地采用高强度螺栓连接，施工简便，既能节约钢材（比铆接节省 15% 左右），又可免除工地复杂的焊接操作和焊缝质量检查，也不必像铆接那样需要熟练的铆工，而且所需工具简单，可提高工效 40%。所以从架设施工到养护都较方便。

二、钢桥构造

（一）钢板梁构造

在钢桥中，板梁桥的构造比桁梁简单。当跨度在 40 m 以内时，从制造、安装、养护等方面全面衡量，板梁都较桁梁有优越性。

板梁桥的结构形式可分为上承式和下承式两种。上承式是常用的形式，因为它的主梁间距小，桥面直接放在主梁上，不需要桥面系，用钢量少，重量轻，故桥墩台圬工数量比用下承式板梁为少，因此比较简单经济，只有当建筑高度受到限制时，才考虑采用下承式板梁。

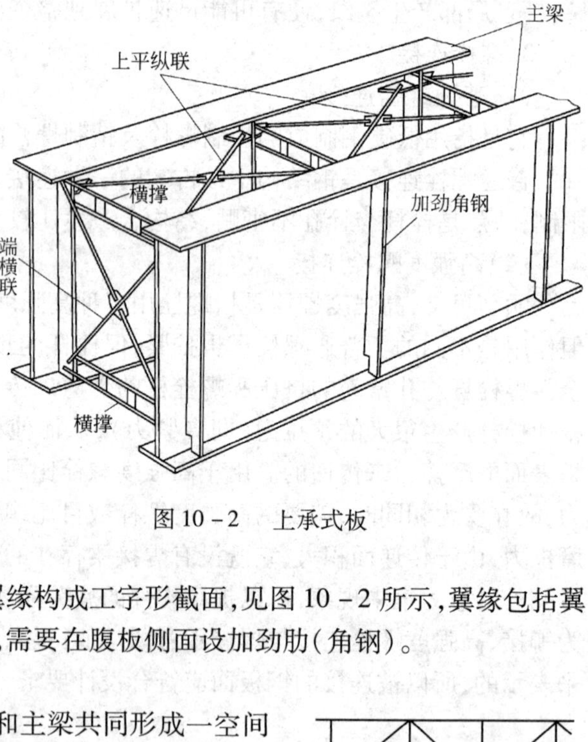

图 10－2　上承式板

1. 上承式板梁

上承式板梁桥结构由桥面、主梁、联结系和支座四个主要部分组成。以下介绍主梁及联结系。

（1）主梁

主梁是桥跨结构的承重结构，整个桥跨的重量及列车荷载均由主梁通过支座传递给墩台。

主梁一般采用两片，对称布置于线路两侧。铆接板梁的主梁由腹板及上下翼缘构成工字形截面，见图 10－2 所示，翼缘包括翼缘角钢及翼缘盖板。此外，为了使腹板稳定，需要在腹板侧面设加劲肋（角钢）。

（2）联结系

联结系由上下平纵联及横联所组成，它和主梁共同形成一空间结构。其作用为：保持各构件处于正确的位置；承受横向水平力（风力、列车横向摇摆力、离心力）并传递到支座；减少受压翼缘的自由长度；中间横向联结系可以增加桥跨的横向刚度，使两片主梁受力均匀。

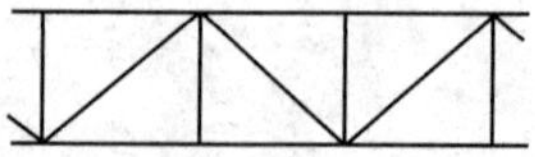

(a) 三角式

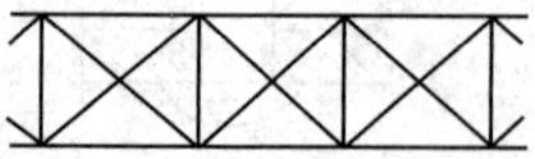

(b) 交叉式

图 10－3　上承式板梁纵向联结系形式

上承板梁的纵向联结系分为上平纵联及下平纵联两种，分别设置在主梁的上、下翼缘平面内，连同翼缘形成水平的桁架。它的两弦即主梁的翼缘，腹杆则由斜杆与横撑杆组成。它的形式有三角式及交叉式两种，见图 10－3 所示。

横向联结系分为中间横向联结系及端部横向联结系，两者均为叉架式的撑架，见图 10－4

所示，它的上下水平杆件即为纵向联结系中的横撑杆，竖直杆件即为板梁内侧的加劲角钢。

2. 下承式板梁

下承式板梁与上承式板梁的主要不同点为：

(1)桥面通过桥面系放在主梁的下部，桥面系由纵梁和横梁组成。桥面铺在纵梁上，纵梁支承于横梁上，横梁支承于主梁上，纵横梁一般均用板梁制成，见图 10－5 所示。

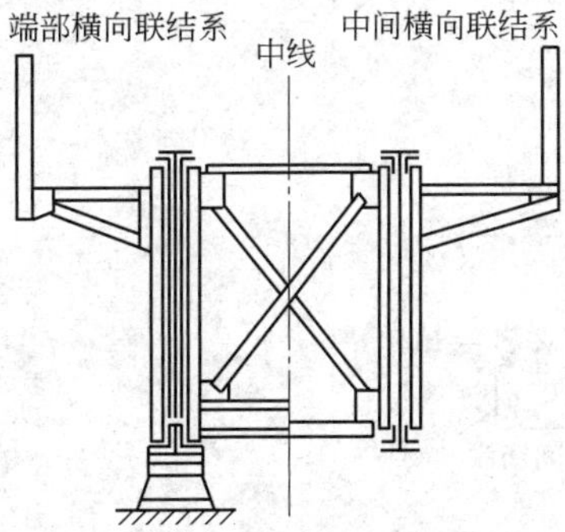

图 10－4　上承板梁横向联结系

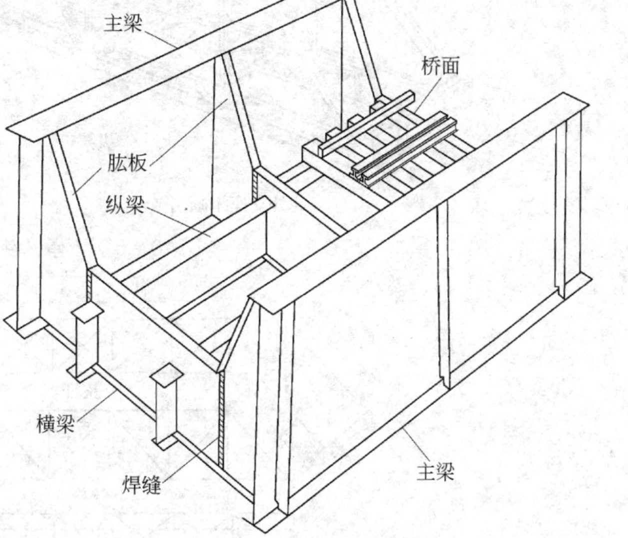

图 10－5　下承式板梁

(2)主梁间距根据限界要求确定。

(3)无上平纵联、横联，只有下平纵联。

由于下平纵联承受全部横向力，杆件受力较大，故腹杆采用交叉式，其横撑杆即为横梁。横梁与主梁联结处设有三角形的肱板，横梁肱板与主梁构成一个开口刚架。

(二)钢桁梁构造

当跨度增大时，梁的高度也要增大，如仍用板梁，则腹板、盖板、加劲角钢及接头等就显得尺寸巨大而笨重。若采用腹杆代替腹板组成桁梁，则重量大为减轻。由于桁梁构造比较复杂，所以一般适用于 48 m 以上的跨度。钢桁梁也分上承式与下承式。一般在河川的大跨度主梁上均采用下承式，见图 10－6 所示。

钢桁梁主要由桥面、主桁架、桥面系、联结系及支座等组成。

1. 主桁架

主桁架是桥跨结构中的主要承重结构。竖向荷载全部通过主桁架传到支座上，相当于板梁桥中的两片主梁。

桁架一般由上下弦杆、斜杆及竖杆等组成。斜杆和竖杆统称为腹杆，见图 10－7 所示。

由于桁梁外形及腹杆系统形式的不同，桁梁有多种多样的形式。一般来说，跨度较小的桁架以采用三角形桁架为宜，大跨度的桁架则采用菱形，见图 10－8 所示。

主桁架杆件多为角钢或钢板。图 10－9 所示 H 形截面的优点是构造简单，制造方便；缺点是易于积留雨水污物。虽在其腹板上钻有 50 mm 直径的泄水孔，也难于彻底将水排尽。主桁各杆件在节点交汇处，用节点板通过铆钉或高强度螺栓连接起来，联结系杆件和横梁也均在

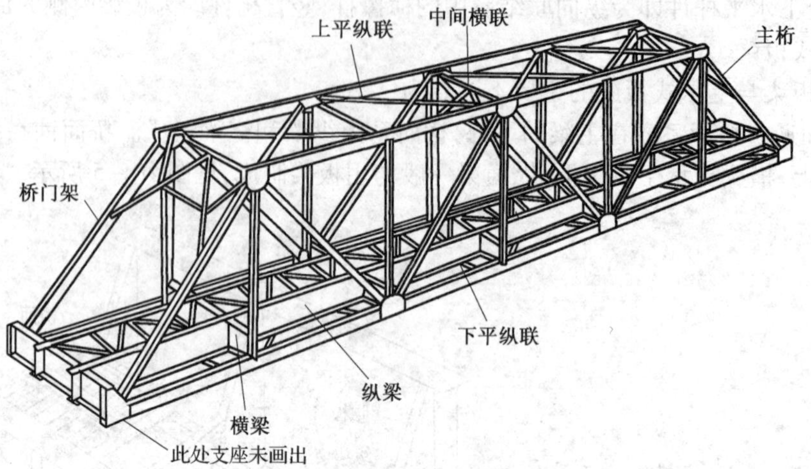

图 10－6　下承式钢桁梁

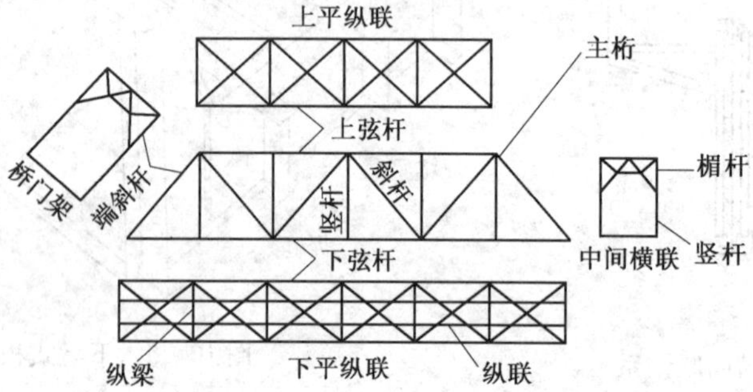

图 10－7　下承桁梁轮廓

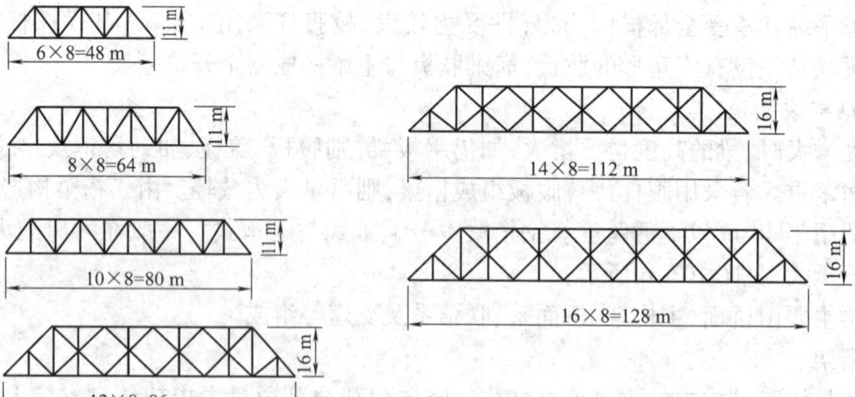

图 10－8　单线铁路下承钢桁梁图式

节点板处与主桁架连接。

2. 桥面系

桥面系包括纵梁、横梁及纵梁之间的联结系。纵梁和横梁一般都是板梁，纵梁之间的联结系和上承式板梁相同。纵梁长度等于主桁架节间长，它的两端用连接角钢和横梁相连。横梁两端通过连接角钢与肱板连接到主桁节点和竖杆上。

3. 联结系

为了能形成空间稳定结构以承受横向力，减少受压弦杆的自由长度，必须设置各种形式的联结系。

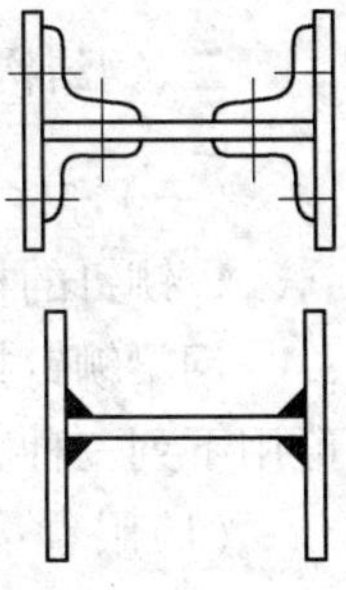

图 10－9　H 形截面杆件

在主桁架的上下平面内，需设置平面纵向联结系以承受横向风力、离心力（在曲线上的桥梁）和由于弦杆变形而引起的力。其构造形式多采用交叉式，杆件截面多为成对角钢。

下承桁梁的端横联除保证桥跨的横向稳定外，还需要将上平纵联所受的风力传给支座。端横联又称为桥门架，它可设置在端斜杆平面内或第一根吊杆平面内，见图 10－10 所示。

中间横向联结系的设置是为了避免桁架的歪扭和保证两主桁架间竖向荷载的均匀分配以及桁架在装配时有局部的刚性。横向联结系设置在主桁竖杆横向平面内，其间距不得超过两个节间，见图 10－11 所示。

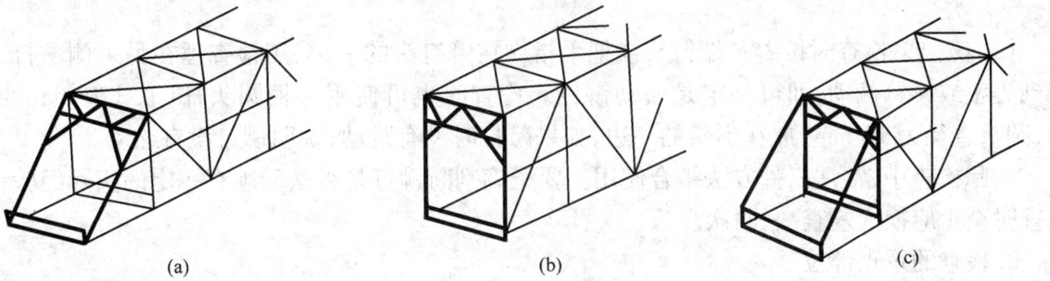

图 10－10　桥门架图式

列车的制动力和牵引力经由钢轨和桥枕作用于纵梁，再由纵梁传给横梁，横梁产生挠曲，为使横梁避免产生过大的挠曲，当跨度大于 48 m 时，应设置制动撑架。制动撑架常设于跨度中心。沿纵梁传递的制动力或牵引力将通过制动撑架而传到相应的主桁节点，再沿主桁弦杆传到固定支座上。

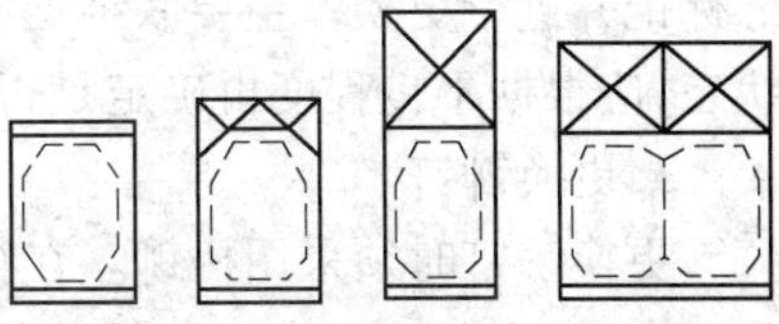

图 10－11　下承桁架横向联结系

图 10－12 表示制动撑架的两种设置方式：Ⅰ式为加强下平纵联的斜杆，并将其与纵梁下翼缘紧密联结，同时，在联结处设制动横杆；Ⅱ式为在下平纵联斜杆交会处到纵横梁联结处增设制动杆，并加强纵联斜杆。

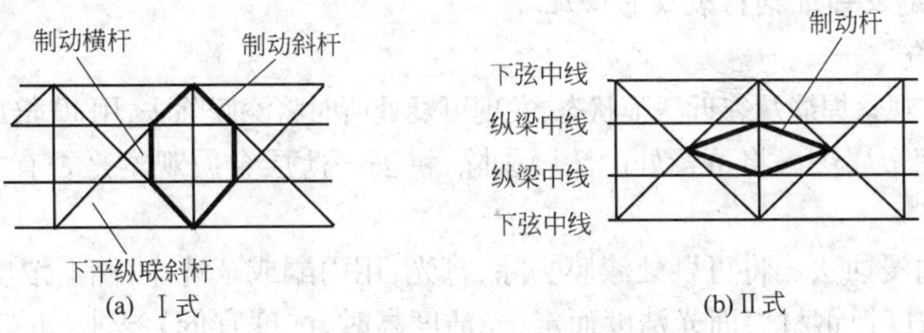

图 10－12　制动撑架设置方式

三、钢结构的修理

（一）铆钉的检查及更换

1. 铆钉的检查方法

钢梁铆钉松动是最常见的病害，也是铆接钢梁的主要病害之一。判断铆钉是否松动一般可用下列三种方法。

（1）眼看：铆钉头处有流锈或周围油漆有裂纹时，铆钉可能松动。

铆钉头与钢料不密贴、钉头飞边、缺边、裂纹、锈蚀烂头及歪斜等可用肉眼观查或用塞尺、拉弦线检查。

（2）听声。用 0.2 ~ 0.4 kg 的检查小锤敲打两侧的钉头，若发出哑声或震动的响声时，即可判别是松动的铆动。但这个方法不易掌握，要多敲多听，重敲细辨，屏气静听，认真进行分辨。

（3）敲摸。检查时按着一端钉头或把手指靠在铆钉头的一边，用检查锤在另一侧敲打，如感到震手或铆钉颤动，即可判定是松动铆钉。检查时也可使用一根圆头杆（长 120 mm 的铁棒，圆头直径为 12 mm）放在不敲的一边，如果敲打时没有跳动，说明铆钉没有松动。

实际检查中，常常三种方法结合使用。要正确判断铆钉是否松动须有一定的实际经验，故检查时至少应换人复查一、两次。

2. 检查的重点部位

铆合过厚的地方；因节点下垂或铆钉松动修理过的地方；纵梁与横梁及横梁与主梁联结处；承受反复应力杆件（如桁梁斜杆）的节点；长杆件的交叉点；纵梁或上承板梁上翼缘角钢的垂直肢等。

在桥梁养护中，钢梁杆件联结处如发现铆钉有松动、钉头裂纹、钉头浮离等不良状态应做好标记并进行更换。主要联结处的铆钉松动，必须立即更换。铆钉头偏心、烂头、过小等不良状态，应根据不良程度再确定是否更换。

3. 更换铆钉

更换铆钉时须采用机铆。在行车线上拆除铆钉时，联结处少于 10 个铆钉时，每次只准拆除一个；多于 10 个时，每次只容许拆除 1/10；主梁或纵梁上翼缘角钢垂直肢的组合铆钉，每次只准拆除一个。若经计算许可，方可一次拆除比上述所述个数为多的铆钉。在行车线上不可能长时间封锁线路，铲除旧铆钉后应立即以精制螺栓上紧。必要时，可使用不多于 30% 的冲钉。铆合应在列车运行的间隔内进行，冲钉、螺栓应拆一个铆一个。更换铆钉的工作可分为拆除旧钉、烧钉和铆合新钉三个步骤。

（二）钢梁焊缝及邻近钢材裂纹的修理

1. 焊缝的检查

（1）目视法。观察焊缝及邻近漆膜状态，发现可疑处所时将漆膜除去，用 10 倍放大镜检查。

（2）铲去表面金属法。将可疑处的漆膜去除，铲去一薄层金属观察是否有裂纹，如未发现有裂纹，不得重铲。

（3）硝酸酒精浸蚀法。将可疑处漆膜去除，打光，用丙酮或苯洗净，滴上浓度为 5% ~10% 的硝酸酒精（该浓度视钢材表面光洁度而定，光洁度高时，浓度宜低）浸蚀，如有裂纹即有褐色显示。

（4）着色探伤法。将可疑处漆膜去除，打光，洗净（用丙酮或苯），吹干后喷涂渗透液，隔 5

~10 min，最长 30 min（时间根据光洁度与气温而定）后，用洗净液除去多余的渗透液，擦干，再喷涂白色显示液，干燥后在缺陷处即可显示红色痕迹。这个方法也可用于杆件裂纹的检查。

红色渗透液配方：硝基苯 100 mL，煤油 700 mL，苯 200 mL，红色染料（苏丹红）Ⅲ号 9 g。

显示液配方：珂珞酊（火棉胶）700 mL，苯 200 mL，丙酮 100 mL，氧化锌白（或油质氧化锌白）50 g。

（注：700 mL 的珂珞酊配制方法是将 21.2 g 硝棉溶于 567 mL 乙醚和 133 mL 的蒸馏酒精混合液中。）

2. 检查的重点部位

(1) 主、横梁联结处及纵、横梁联结处的焊缝及母材；

(2) 对接焊缝；

(3) 受拉或受反复应力作用的杆件焊缝及邻近焊缝热影响区的钢材；

(4) 杆件断面变化处焊缝；

(5) 联结系节点焊缝；

(6) 加劲肋、横隔板及盖板处焊缝。

其中应特别注意受反复应力的杆件及其接头处焊缝的检查。

3. 焊缝裂纹的处理

经检查发现在焊缝及附近的钢材上有裂纹时，应作以下工作：

(1) 立即向负责人汇报并根据裂纹的严重程度，采取保证列车安全运行的措施，如限速、限制过桥机型等。

(2) 加强观察，必要时派专人监视。检查人员应在裂纹的尖端与裂纹垂直方向用红漆作出箭头标记，箭头指向裂纹的位置并与之相距 3~4 mm，在箭杆端部标明日期，并将裂纹的位置、长度、发展情况及检查日期记入"桥梁检查记录簿"（工桥-1）。

(3) 防止裂纹发展的临时措施是在裂纹的尖端钻一个与钢板厚度大致相等的圆孔（一般为 10~12 mm），但最大不超过 32 mm。裂纹的尖端必须落入孔中。

(4) 永久性的加固措施是采用高强度螺栓加固，加固前裂纹尖端处凡能钻孔者均应钻孔，必要时更换杆件或换梁。在不能保证焊缝质量的情况下，桥上焊缝不得补焊。

（三）高强度螺栓的更换

1. 质量标准

栓焊梁的高强度螺栓连接部分不得有淌锈现象。高强度螺栓不得超拧（实际预拉力大于设计预拉力 10% 及以内）、欠拧（实际预拉力小于设计预拉力 10% 及以内）、漏拧、松动、断裂或短缺。杆件不得有滑移。

2. 检查工作

养护时，应经常对高强度螺栓进行细致的观测，切实掌握其技术状态。如发现异状，应及时分析原因，进行妥善处理，并记入"桥梁检查记录簿"（工桥-1）内。

检查可用目视法和敲击法、应变仪测定法或扭矩测定法，在秋检时还应选择具有代表性的节点，拆卸其螺栓总数的 2%（至少 1 个）细致检查螺栓及栓孔内壁锈蚀的情况，做好记录。同时进行挠度和拱度测量。

检查重点部位为：主、横梁连接处及纵、横梁连接处的高强度螺栓；受拉、受反复应力作用的杆件节点及联结系节点的高强度螺栓。

3. 病害处理

对经检查判明有严重锈蚀、裂纹或折断的高强度螺栓应立即更换。

对延迟断裂的高强度螺栓还应详细记录断裂的时间、温度、所在部位、螺栓断口锈蚀情况，同时将实物送交有关单位分析原因。

对经检查判明有严重欠拧、漏拧或超拧的高强度螺栓应予拆下。如卸下的螺栓无严重锈蚀、严重变形（指不能自由插入栓孔）和裂纹的，或施拧未超过设计预拉力10%以上的，可除锈涂油后再用，否则应予更换。

安装高强度螺栓时，应将栓孔内壁清除干净。

高强度螺栓更换时，对于大型节点，同时更换的数量不得超过该节点螺栓总数的10%。

对于螺栓数量较少的节点，则要逐个更换，并在桥上无车通过时进行。

四、钢结构保护涂装

（一）钢表面洁净度等级标准

1. 喷射或抛射除锈

（1）Sa1——轻度的喷射或抛射除锈：钢材表面应无可见的油脂和污垢，并且没有附着不牢的氧化皮、铁锈和油漆层等附着物。

（2）Sa2——彻底的喷射或抛射除锈：钢材表面应无可见的油脂和污垢，并且氧化皮、铁锈和油漆涂层等附着物已基本清除，其残留物应是牢固附着的。

（3）Sa2.5——非常彻底的喷射或抛射除锈：钢材表面应无可见的油脂、污垢、氧化皮、铁锈和油漆涂层等附着物，任何残留的痕迹应仅是点状或条纹状的轻微色斑。

（4）Sa3——使钢材表面洁净的喷射或抛射除锈：钢材表面应无可见的油脂、污垢、氧化皮、铁锈和油漆涂层等附着物，钢材表面应显示均匀的金属色泽。

2. 手工或动力除锈

（1）St2——钢材表面应无可见的油脂和污垢，并且没有附着不牢的氧化皮、铁锈和油漆涂层等附着物。

（2）St3——钢材表面应无可见的油脂和污垢，并且没有附着不牢的氧化皮、铁锈和油漆涂层等附着物。除锈应比St2更为彻底，钢材显露部分的表面应具有金属光泽。

（二）钢结构表面清理等级及粗糙度规定

1. 清理等级要求

（1）热喷锌、铝或涂装环氧富锌底漆时，钢表面清理应达到Sa3级。

（2）涂装酚醛红丹、醇酸红丹、聚氨酯底漆或维护涂装环氧富锌及热喷锌时，钢表面清理应达到Sa2.5级。

（3）箱形梁内表面涂装环氧沥青底漆时，钢表面清理应达到Sa2级。

（4）人行道栏杆、扶手、托架、墩台吊篮、围栏等附属结构及铆钉头、螺栓头或局部维护涂装使用红丹底漆时，钢表面清理应达到St3级。

2. 清理粗糙度要求

（1）涂装涂料涂层时，钢表面粗糙度 $Rz = 25 \sim 60\ \mu m$；选用最大粗糙度不得超过涂装体系干膜厚度的1/3。表面粗糙度超过要求时，需加涂一道底漆。

（2）热喷锌或铝金属时，钢表面粗糙度 $Rz = 25 \sim 100\ \mu m$；当表面粗糙度超过 $Rz100\ \mu m$ 时，涂层应至少超过轮廓峰 $125 \sim 150\ \mu m$。

（三）钢梁涂装标准

1. 维护涂装

（1）钢梁涂膜粉化劣化达3级时，应清除涂层表面污渍，用细砂纸除去粉化物，然后覆盖相应的面漆二道。当涂膜粉化达4级、底漆完好时，也应按上述要求处理。

（2）钢梁涂膜起泡或裂纹或脱落的面积 $5\% \leqslant F < 33\%$ 时，清理钢表面损坏及周围疏松的涂层后，涂相应的底漆和面漆。

（3）钢梁涂膜生锈的面积 $0.5\% \leqslant F < 5\%$ 时，清除松散涂层，直到良好结合的涂层后，涂相应的底漆和面漆。

（4）钢梁热喷锌涂层生锈的面积 $0.5\% \leqslant F < 5\%$ 时，清除松动的锌涂层和涂料涂层，直到良好结合的锌涂层为止。在钢表面热喷锌涂层，或改涂环氧富锌底漆二道，然后涂相应的中间漆和面漆。

（5）涂膜局部严重损坏应及时清理和涂装。

2. 重新涂装

运营中的钢梁保护涂装起泡或裂纹、脱落的面积达33%，点锈面积达5%，粉化劣化达4级时，应进行整孔重新涂装。

（四）钢梁涂装技术和施工条件

1. 涂装技术

（1）涂装用漆应符合《铁路钢桥用面漆、中间漆和钢桥用防锈底漆供货技术条件的要求》，并有复查合格证。施工前应对油漆的颜色及外观、弯曲性能、附着力、细度、干燥时间、流出时间等主要技术指标进行复验和试涂，符合要求后方可正式涂装。

（2）钢梁初始涂装和整孔重新涂装时，钢表面清理等级及粗糙度应达到规定的标准，涂装体系应根据杆件的部位和环境地区确定。

（3）涂膜维护涂装时，应对局部劣化部位按要求进行清理，按原涂装体系逐层进行涂装，新旧涂层间应有50～80 mm的过渡带，局部修理处干膜总厚度不应小于原涂装干膜的厚度。

（4）用涂料涂装时，应注意不同溶剂涂层的搭配。在节点和上盖板交界处，封孔层、中间层及聚氨酯盖板漆等强溶剂不允许涂在其他漆上。进行维护涂装时，如不可避免涂在其上时，应妥善处理。

（5）涂料涂层施工时，应严格按要求的道数及涂层厚度进行涂装，每道干膜厚度达不到要求时，应增加涂装道数，杆件边棱和难以涂装的部位应加厚或加涂一道。

（6）桥梁人行道栏杆、托架、墩台吊篮及围栏等附属结构，可按《桥隧建筑物大修维修规则》中表3.2.6中的Ⅰ、Ⅱ涂装体系涂装，其厚度可酌情低于表中所列数值。

（7）涂料中可加稀释剂调整施工黏度，稀释剂的品种应与所用涂料相适应，涂装时可根据涂料说明书实施。

2. 涂装施工条件

（1）严禁在雨、雪、凝露和相对湿度大于80%及风沙天气进行钢表面清理。

（2）环氧富锌、无机富锌、环氧沥青、聚氨酯等漆不允许在10 ℃以下施工。

（3）钢表面清理后4 h内涂第一道底漆或热喷涂锌、铝层，热喷涂锌、铝层后须及时涂封孔剂。

（4）涂装涂层最小间隔时间为24 h，最大间隔时间为7 d。如果超过7 d，须用细砂纸打磨涂层表面后方能涂下一道漆。

（五）涂装质量标准

1. 油漆涂层不允许有脱落、咬底、漏涂、起泡等缺陷。涂层应达到均匀、平整、丰满、有光泽，厚度符合标准。

2. 热喷涂锌、铝金属涂层，不允许有碎裂、脱落、漏涂、分层、气泡等缺点，涂层应致密、均匀，厚度符合标准。

五、钢结构涂装的修理

（一）钢结构锈蚀的危害性

（1）造成钢梁杆件断面削弱；

（2）造成钢结构联结松弛；

（3）降低钢结构的承载能力；

（4）缩短钢结构的使用年限；

（5）钢结构锈蚀严重者，将危及行车安全。

（二）钢结构锈蚀的原因

钢结构锈蚀主要是指钢结构与大气中所含的氧气、水分、盐类、二氧化碳、二氧化硫、氮的氧化物等酸性物质及具有化学活泼性的物质发生化学或电化学作用的结果。这种现象我们称为钢铁的腐蚀。这些变化通常会在钢铁表面产生松散堆积物——铁锈。

钢铁腐蚀分为化学性腐蚀与电化学腐蚀两种。

（三）漆膜失效的检查鉴定方法

漆膜粉化、露底、裂纹、剥落、起泡、吐锈等都是失效的现象。

漆膜失效的检查鉴定方法如下。

1. 肉眼观察

明显的面漆粉化、露底或龟裂、起泡、剥落、锈蚀等是容易发现的，但细小的裂纹及针尖状的吐锈等不容易被发现，可借助放大镜检查。另外，如发现漆膜表面有不正常的鼓起时（角落部位用光照射有凹凸不平时），下面可能有锈蚀。

2. 用手触摸

用手指揩擦漆膜表面，如有粉末沾手，表示漆膜粉化。对角落隐蔽部位如手摸感到粗糙、凹凸不平，则可能有锈蚀存在。

3. 刮膜检验

对有怀疑的部位，铲除表面漆膜检查钢料是否锈蚀，对有脱皮处所，可用刮刀检查其失效范围。如用刮刀铲起漆膜，漆膜成刨花状卷起，底漆色泽鲜艳，则漆膜良好，如漆膜用刮刀一触即碎或呈粉末状，底漆色泽暗淡，或一并带起，说明漆膜已经失效或接近失效。

4. 滴水检验

在漆膜表面喷水，如水珠很快流淌，无渗透现象，则漆膜完好，如水很快往里渗透或扩散，则表示漆膜粉化，渗水的深度即为漆膜失效的厚度。

（四）除锈方法

钢梁除锈及表面处理的目的在于去除尘埃、油垢、水、氧化皮、铁锈或旧的不坚固的漆膜，以增强新涂漆膜与钢梁表面或旧漆膜间的附着力，提高油漆质量。任何氧化皮或铁锈的余痕均会促使钢梁继续生锈，影响漆膜和钢梁的使用寿命。

除锈常采用的方法如下。

1. 手工除锈

一般用各种钢丝刷、平铲、凿子或钢刮刀进行除锈，这个方法劳动强度大，效率低，一般在工作量不大时采用。

2. 小型机械工具除锈

可使用风钻（或电钻）装上钢丝刷除锈，如图 10－13 所示，或用小风铲进行除锈，效率比全用手工除锈高。

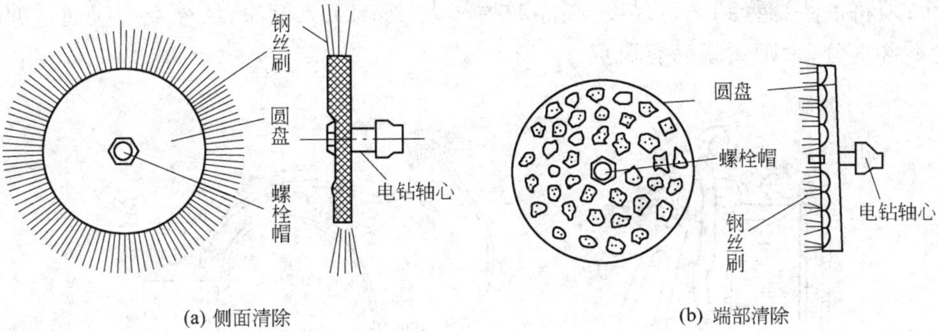

图 10－13　钢丝刷

3. 喷砂除锈

利用压缩空气使洁净干燥的石英砂粒通过专用喷嘴以高速度喷射于钢板表面，由于砂粒的冲击和摩擦，将旧漆膜、污垢、铁锈、氧化皮等全部除去。喷砂器的构造如图 10－14 所示。采用此法除锈效率高，质量好；缺点是施工时粉尘危害人体健康。也有采用湿喷砂的，即水喷砂，它减少了粉尘，但要在水中加少量防锈剂，以保持钢件在短期内不生锈，其效果不如干喷砂。

（五）防锈措施

1. 磷化及喷锌

喷砂后，如不及时涂漆，为防止重新生锈，需在钢料表面上加涂一道磷化底漆，形成一层不溶性的磷酸盐保护膜，即所谓磷化处理。它能增强漆膜和钢铁表面的附着力，防止锈蚀，延长油漆的使用寿命。但在磷化底漆上仍需涂底漆和面漆。

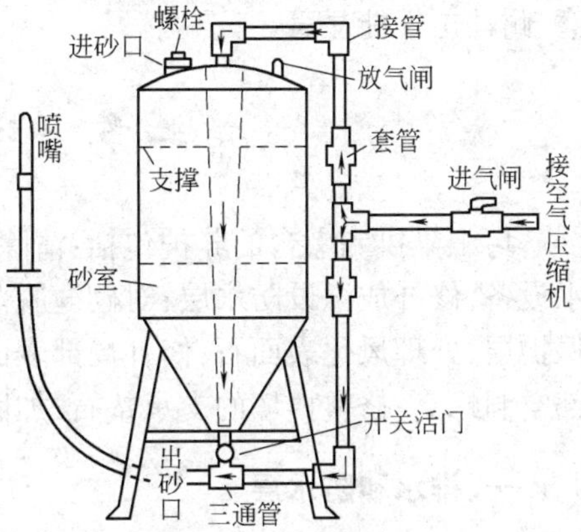

图 10－14　喷砂器

经过除锈处理后的钢梁表面，特别是上盖板，现多采用喷锌或喷铝后再涂底面漆来增强钢梁的防锈能力，效果比较显著。喷锌或喷铝是将不锈的金属丝（如锌丝、铝丝等）送入金属喷涂枪内燃烧的高温火焰中，使其熔化，然后借压缩空气的气流，以相当高的速度将熔化的金属丝吹成极微细的雾点，喷射在已处理过的钢梁表面上，使钢梁表面喷上一层固结的金属层，在面上再涂聚氨基甲酸酯底漆二度，面漆四度，以达到防锈的目的。一般在空气中可以保持 50 年不锈。

2. 喷漆

除锈完毕在油漆以前应用松节油或松香水洗擦，使钢料表面洁净，钢梁杆件间若有缝隙存在，则先将缝隙清除干净，用亚麻仁油和红丹粉等配成的泥子（也可采用过氯乙烯、环氧树脂等其他泥子）紧密填塞，钢梁油漆的层数，一般为底漆两层，面漆两层，对某些易受浸蚀处宜多涂一层面漆。钢梁用漆要按地区特点和部位的不同配套选用。油漆的种类很多,性能各有不同。底漆可选用红丹防锈漆或近年新研制的过氯乙烯聚氨酯底漆。面漆多用灰铝锌醇酸磁漆(又名66户外面漆),也可用过氯乙烯聚氨酯面漆。

过去涂漆多用手工,近年来广泛采用喷涂方法。喷漆是利用压缩空气在喷枪嘴处产生的负压,将漆流带出,分散为雾状,喷涂在钢梁表面上,喷漆设备如图10-15所示。这种方法工效高,速度快,漆膜光滑平整,可适应不同形状的钢梁表面。其缺点是油漆的利用率低。为了适于喷涂,须将油漆稀释到一定黏度,喷漆时喷雾大,影响工人健康,压缩空气应通过油水分离器,使之不含水分,否则漆膜易有斑点。

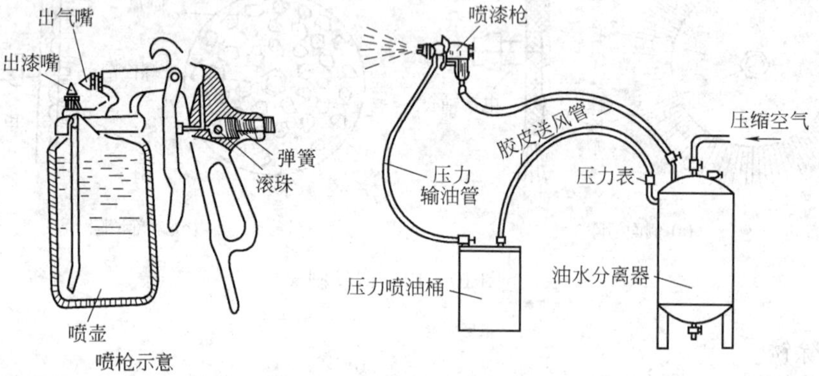

图10-15　喷漆设备

3. 上盖板的防锈措施

喷砂除锈后也可不喷锌,在上盖板上涂以环氧树脂,在其表面上形成一层胶膜,防锈、耐磨、耐冲击性能显著。

第二节　圬工梁拱和墩台的养护

圬工梁拱和墩台的养护包括:清除桥上及墩台顶面的污秽,防止顶面积水;疏通和改善排水设备,修补或添设防水层;对砌缝脱落砂浆进行勾缝,修整镶面;修整有蜂窝或剥落的混凝土保护层,处理风化表面石;修补局部表面破损;处理裂纹及因砂浆流失或施工不良而造成的内部空洞蜂窝;修整损坏的支承垫石;加固梁拱、墩台及基础;翻砌或更换圬工墩台或梁拱等。

一、排水和防水层

在养护工作中,必须经常保护墩台顶面的清洁。经常注意和保持圬工梁拱及墩台的排水畅通,以免水渗入圬工内造成病害。圬工梁拱及墩台的顶面上要有足够的纵向和横向流水坡,使雨水能随时流出墩台以外或流至较低地点经由泄水管(或槽)排出。原有流水坡面上的破裂处所或表面脱落、凹凸不平等,须整修并将不平及凹坑处用砂浆抹平。如流水坡坡度过小,可用增加流水坡表层厚度的方法来改正,必要时另行加铺一层一定厚度的混凝土并进行表面抹光,做成3%的坡度。

圬工梁拱道砟槽内的排水方式有两种:一种是利用两片梁的中间空隙排水;一种是在两侧安设排水管。排水管直径不小于10 cm,在严寒地区不小于15 cm。1 m^2 汇水面积应有4 cm^2 以上的管孔面积。上面盖铁丝网或铁罩,并用较大的石块覆盖。排水管可用铸铁管或混凝土管。汇水口至出水口必须顺直,防止管内堵塞。根据养护上的方便和实践经验证明以采用两侧排水的方式为好。拱桥上道砟槽内的排水可在拱圈中埋设排水管或将水流引到两相邻拱圈中间由排水管排出;单孔拱桥上的水可引至桥头路基盲沟内排出;对于高边墙的实体拱桥,为便于检查和清理,必要时可在拱圈排水管上设置检查孔。

所有排水管道出水口必须伸出建筑物外,不够长的要接长或进行更换,以免排出的水弄脏梁拱及墩台表面。要及时清除桥上及墩台上的污秽,疏通排水管,堵塞严重的要更换,冬季要除冰。桥上道砟不洁或拱桥中填筑材料风化不良要及时清筛或更换,以经常保持排水畅通。

桥台后路堤或道砟槽内积水常使桥台潮湿或有水从镶面石砌缝内流出,可将台后填土换为砂夹卵石或碎石等透水性土壤,或把翼墙内的路堤面盖一层黏土夯实,并做成顺路堤方向的下坡,在桥台翼墙内再做一道或二道盲沟使路堤内的水由盲沟排出路堤以外。开挖盲沟时,应先吊开钢轨,然后挖除石砟开挖土方,边挖边支撑。盲沟可用片石、碎石、河砂或炉渣等做成。如台后原有盲沟但已堵塞者应予疏通或重做。

圬工梁拱及墩台凡是可能被积水渗入的隐藏面(如道砟槽等)均应按铁道部桥涵圬工防水处理办法铺设防水层,防止水渗入建筑物内。旧有梁拱如外露面发现有潮湿斑点、流白浆或其他潮湿的痕迹时,要立即查明防水层的情况进行处理,必要时进行更换或增设防水层。修补或更换防水层是一项比较复杂的工作,需要较长的作业时间,通常先设置轨束梁,将线路上部建筑暂时移到轨束梁上,然后分段挖除道砟,拆除破损的防水层,换以新的防水层。

铺设麻布沥青防水层的气温最好在 15 ~ 25 ℃,并在干燥而晴朗的天气进行。温度在 +5 ℃以下时不宜施工。沥青加热的温度不低于 150 ℃(到刚发黄烟为止)。铺设各种防水层时应注意:

(1)防水层接头处必须重叠,使上层的下端压过下层至少 10 cm;

(2)在温度伸缩缝上铺设防水层必须用适当的结构承托,避免因梁的伸缩而使防水层断裂;

(3)拱圈上的防水层应铺在拱圈顶面和边墙内面(如拱顶两边墙间用贫混凝土填满时,防水层应铺在贫混凝土的表面和边墙内面),并伸入边墙与帽石的砌缝内,如不能伸进时,可铺在帽石下,接触地点用沥青严密涂抹;

(4)钢筋混凝土梁的防水层应铺设在道砟槽的底面和内侧面并伸至悬臂人行道或边墙。

二、圬工局部破损的整治

(一)勾　　缝

砌体圬工由于气候的影响,雨水的侵蚀,砌缝材料质量欠佳或施工不良,最易造成砌缝砂浆的松散脱落,此时就需要重新勾缝。勾缝时,可用手凿或风动凿子凿去已破损的灰缝,用压力水彻底冲洗干净,然后用 M10 的水泥砂浆重新勾缝,新灰缝要求深 3 ~ 5 cm。勾缝前先刷一层纯水泥浆使砂浆与砌石能很好地结合。勾缝时用抹子把砂浆填入缝内后再用勾缝器压紧切去飞边使其密实。这种凹形缝抵抗风化能力强,片石砌筑物则可用平缝。

桥台和护锥接触处一般常有离缝,如用砂浆勾缝不久之后又会裂开,此时也可用浸过沥青的麻筋填紧,以防止雨水浸入。

(二)表面风化的整治

圬工表面风化、剥落、蜂窝麻面时可加一层 M10 的水泥砂浆防护。抹面方法可采用手工抹砂浆和压力喷浆。

（三）表面局部修补

当圬工表面局部损伤、脱落不太严重时，可以将破损部分清除，凿毛洗净，然后用 M10 的水泥砂浆分层填补至需要厚度，并将表面抹平。当损坏深度和范围较大时可在新旧混凝土结合处设置牵钉，必要时挂钢筋网，立好模板浇灌混凝土，其做法如下（图 10－16）：

（1）清除破损部分，边缘应修凿整齐，凿深不浅于 3～5 cm。

（2）埋设牵钉，其直径为 16～25 mm，随破损深度而定。牵钉间距在纵横方向均不得大于 50 cm。埋设办法为打眼、冲洗孔眼、孔内注满水泥砂浆、插入牵钉。

（3）在固定牵钉的砂浆凝固后设置钢筋网，钢筋网由牵钉锚定，钢筋网一般用直径12 mm 钢筋制成，网孔为 20 cm×20 cm。

（4）按墩台轮廓线立模，并进行支撑。

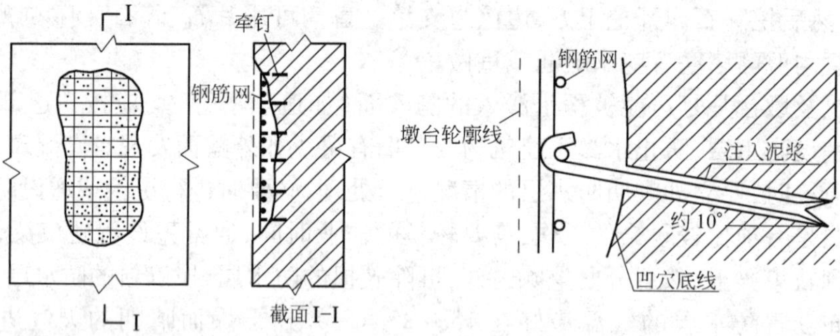

(a) 修补方法　　(b) 牵钉

图 10－16　圬工表面局部修补

（5）浇灌混凝土。如有喷射混凝土设备时也可采用喷射混凝土的方法进行。

（四）镶面石修理

镶面石破损时，可以个别更换或换以预制混凝土块。如镶面石松动而没有破碎，可先将其周围的灰缝凿去，然后取下镶面石，将内部失效灰浆全部铲除并用水冲洗干净，再用 M10 级砂浆填实，安上镶面石，并在其周围捣垫半干硬性砂浆。如镶面石更换的面积很大，为了使它能很好地和原有圬工结合牢固，可在原圬工上安装带倒刺的套扣，用锚钉或爪钉与套扣相连来承托新的镶面石。

镶面石虽已被损但不缺少时，可用环氧树脂胶粘补。

三、圬工裂纹的整治

圬工梁拱及墩台裂纹是一种常见的病害。对桥梁养护工作者来说必须掌握各种裂纹的发生和发展，积累资料以分析判断产生裂纹的原因，研究是否需要加固处理，如有碍行车安全时，就必须采取措施进行加固、更换或重建。

（一）裂纹的观测与监视

为了掌握裂纹发生发展的完整资料，就必须对圬工梁拱及墩台进行定期的检查。在发现裂纹后，应在裂纹的起点和终点画上与裂纹走向相垂直的红油漆记号，并进行裂纹编号，如图 10－17 所示。仔细观测裂纹的部位、走向、宽度、分布状况、大小和长度等。根据每条裂纹的部位、裂纹的宽度和长度绘出混凝土梁拱的裂纹展示图。依照编号顺序对每一孔梁和每个墩台的第一条裂纹的长度、宽度、特征等进行详细列表。裂纹宽度应用放大镜测量，精确度应达到0.1 mm。测量地点应用油漆做好标志以便今后测量时能在同一地点进行对比，观测其宽度有无变化。有必要检查裂纹深度时，可用注射器在裂纹中注入0.1%的酚酞溶液，然后开凿至不显红色为止，其开凿深度即为裂纹的深度。

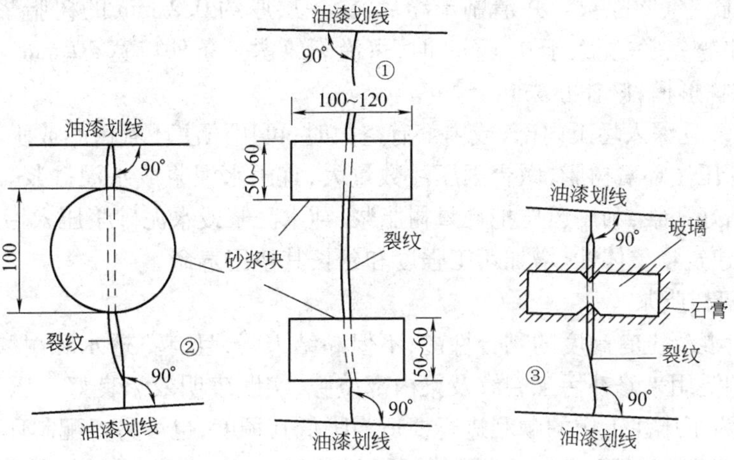

图10－17　裂纹测标（单位：mm）

观测裂纹的变化情况，除长度可观测裂纹两端是否超出前一次油漆画线外，对裂纹是否沿宽度方向继续扩展，可做灰块或玻璃测标进行宽度观测，如图10－17所示。即先将安设测标部位的圬工表面凿毛，然后用1∶2水泥砂浆或石膏在裂纹上抹成厚100～150 mm的方形或圆形灰块，也可用石膏将细条状玻璃固定在裂纹两侧圬工表面上，对测标编号并注明安设日期，当裂纹继续扩展时，测标就断裂，一般裂纹宽度都较小，应尽可能采用带刻度的放大镜测量。

圬工墩台内部如有空洞或空隙时，可用非金属超声波探测仪进行检查，或用小锤轻敲圬工表面听声。

在观测裂纹时，要记录气温的情况，因为气温降低时，圬工的外层比内层冷却的要快一些，因而外表收缩较快，这时裂纹宽度较大，当气温增高时，则情况相反。

裂纹一经出现，就有扩展的趋势。因为水渗进裂缝中，在冬季冻冰，可将其胀裂得更长更宽。另外，由于活载的作用，引起裂纹一开一合，同样会促使裂纹扩展。

裂纹一经查明并确知其不再扩展时，即应进行处理。

（二）裂纹的整治

（1）对于微细而数量较多的裂纹，可用喷浆或抹浆的方法来处理，也可涂一层环氧树脂浆封闭，其配方为：6101（或634）环氧树脂（胶凝剂）100 g，邻苯二甲酸二丁酯（增塑剂）20 g，乙二胺（硬化剂）8 g。配制方法：将定量的环氧树脂用水浴法（将物品装入器皿置于水中加温）加温至40 ℃，加入二丁酯搅拌均匀，然后将硬化剂加入，迅速搅匀即成环氧树脂浆。如果要求其颜色与普通混凝土相似，可另加细填充料：32.5级普通水泥30 g，立德粉（锌钡白）10 g，拌和均匀后将树脂浆倒入，拌均匀即可使用。涂刷前应用钢丝刷去除裂纹附近圬工表面上的污秽、油漆和灰尘，并用丙酮擦洗（如用水冲洗，则须待干燥后才能涂环氧树脂浆）。

（2）对于一般的表面裂纹，可采用环氧树脂砂浆或环氧泥子腻补。环氧树脂砂浆配方：照前述配成的环氧树脂浆再加细砂（粗填充料）450 g，如要求与普通混凝土颜色近似，则需另加细填充料（普通水泥100 g，立德粉50 g）。配制方法：粗细填充料拌和均匀后将配制好的树脂浆倒入，拌均匀即成。

环氧泥子配方:6101(或634)环氧树脂100 g,二丁酯25 g,乙二胺8 g,石膏粉150~250 g。配制方法:配制成树脂浆后,根据当时气温,适当加入石膏粉拌匀成膏状物。

腻补裂纹做法:对宽0.15~0.3 mm的裂纹,沿裂纹凿一条外宽20 mm、深约3~7 mm的"V"形槽,用压缩空气吹除灰尘并清刷干净后,涂一层厚约0.2 mm的树脂浆,再用树脂砂浆(或泥子)腻补平整,裂纹宽大于0.3 mm时,可沿裂纹凿一条外口宽20 mm、内口宽6 mm、深约7~15 mm的梯形槽,修补办法同上。

(3)对裂纹多且深入圬工内部,或内部有空隙时,可用压注环氧树脂或水泥浆的方法进行处理。一般梁部压注环氧树脂,墩台因压注数量大,宜用水泥浆或水泥砂浆。压注前,先在圬工建筑物表面钻好孔眼,利用风压把环氧树脂浆、纯水泥浆或水泥砂浆压入圬工内部填满裂纹及空隙,以增强建筑物整体性,增加圬工强度和延长其使用寿命。

① 压注环氧树脂浆

环氧树脂对混凝土有高度的黏合性能,不但黏结力强,且有不透水和耐酸、碱、盐等特性,故多年来已被广泛用来修补圬工裂纹及梁内部空隙,实践表明效果良好。压注时可采用前述环氧树脂浆,但为了压注工作的顺利进行要适当降低其稠度,也可另行配制环氧浆液。其配方为:6 101(或634)环氧树脂100 g,二甲苯(稀释剂)20~40 g,630号活性稀释剂(多缩水甘油醚的代号)20 g,乙二胺10 g。裂纹宽时可适当减少稀释剂用量。配制方法:将定量的环氧树脂用水浴法加温到40 ℃溶开,加入二甲苯和630活性稀释剂搅拌均匀,冷却至25 ℃后再加入乙二胺拌匀即可使用。要求在2 h内用完,使用时的适宜温度为15~25 ℃,避免在低于+5 ℃的温度施工。

② 压注水泥浆或水泥砂浆

压注灰浆时根据所采用动力的不同有风压灌浆和电动压浆两种。

风压灌浆原理与压注环氧树脂浆相同,即以压缩空气将水泥浆或水泥砂浆从预埋灌注孔内注入。电动压浆为泵式压浆机压浆,即用电动机带动活塞往复运动,将拌和好的灰浆不断压入结构物内。

(4)墩台有贯通的裂纹时,仅用压浆方法不易达到理想的效果,可设钢筋混凝土套箍来加固。每隔一定距离设置一个套箍,每个箍一般做成高1.0~1.5 m,厚25~40 cm,所用混凝土强度等级不低于C15,配筋率应不小于0.2%,并宜采用较小直径的钢筋(如主筋直径为12~19 mm,箍筋直径为8~10 mm),以防止混凝土收缩时发生龟裂。在设置之前应将接触部位的旧墩台凿毛,用钢丝刷除去松散颗粒,按梅花形打眼插入直径为19~32 mm的倒刺牵钉,孔眼直径应比牵钉大8~10 mm,埋入深度为其长度的1/2~2/3,用砂浆锚固。灌注混凝土前应用水冲洗混凝土面并充分湿润。有条件时,锚固可用锚固包。锚固包系临时将特种水泥混合料装入特制筒形纸袋内,放入水中至不再发生气泡时,即可将其从纸袋中取出,塞进孔内捣实,可牢固地将牵钉锚固,效果较好。

如墩台破裂比较严重,单排钢筋不能满足要求时,可采用双排钢筋,将钢筋绑扎成钢筋骨架再包混凝土。必要时,可设置围绕整个墩台的钢筋混凝土套箍。套箍下端支承在基础顶面,上面一直伸到顶帽下或连顶帽都包上。

在包箍开始灌注混凝土至达到一定强度前,最好不使被加固墩台受力,如采取临时墩架空措施等,或列车至少也应慢行,以保证新灌注混凝土的质量。

桥梁墩台加箍加固时,也可采用喷射钢纤维混凝土,其总厚度约300 mm。在经凿毛(或喷砂)后的旧墩台混凝土表面,先喷上约30 mm厚的水泥砂浆,待其凝固后,喷约100 mm厚的早强混凝土，再喷约 140 mm 厚的钢纤维混凝土，然后喷厚约 30 mm 的水泥砂浆保护层，对防止新加混凝土箍裂纹有良好效果。喷射所用水泥可采用 42.5 级水泥，粗骨料粒径 5 ~ 15 mm，钢纤维规格 0.5 mm × 0.5 mm × 18 mm，略呈弯形。砂子为普通中粗砂。钢纤维用量约为水泥质量的 3.5%，混凝土配合比由试验决定。

(5)墩台支承垫石在压力分布范围内发生裂纹或损坏时，必须予以更换。

四、梁拱的加固和改造

(1)圬工拱桥损坏严重或不能承担现行增大的荷载时，应进行加固。小跨度拱桥可以铺设钢筋混凝土板以减少原有拱圈的活载负担。

一般圬工拱桥加固，可增建新的拱圈(石砌或钢筋混凝土的)加固旧桥。新拱圈可设在原有拱圈的上面、下面，有时也可设在原拱圈的两侧，一边各建一个拱肋加固。

图 10 - 18 (a)所示是在旧拱圈之上建造新拱圈的例子。这种加固方法能使新拱圈在荷载下直接受力，但施工比较困难，需设置卸载的梁束，要扒开拱上结构，防水层的设置也得重新考虑。另外也可能使拱上部分填充体的厚度不够。

图 10 - 18 (b)所示是在旧拱圈下建造新拱圈的例子，这种方法的优点是拱圈施工相对来说比较方便，但须立模板及拱架。为了使新拱圈在荷载下发生作用要采取措施使新旧拱圈联结紧密。同时在大多数情况下，必须同时加宽桥墩以支承新拱圈。有条件时，可采用喷射混凝土，即可使新旧混凝土结合紧密，还可节省模板和拱架。

在原有拱肋两侧加建拱肋的办法适用于桥下净空和建筑高度受限制的情况或需同时加宽旧拱圈时[图 10 - 18 (c)]。这种加固方法并不增加拱圈的厚度，这对考虑由温度变化所引起的附加力时较为有利。

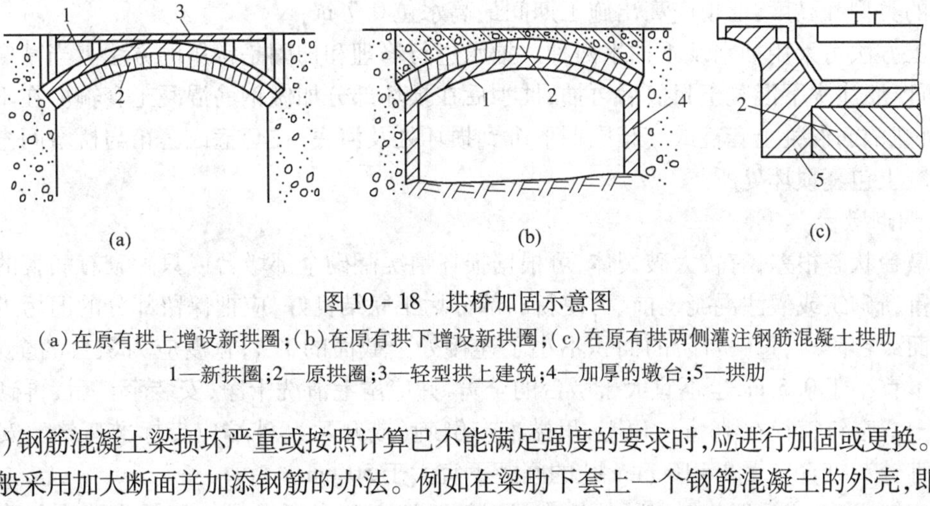

图 10 - 18　拱桥加固示意图

(a)在原有拱上增设新拱圈；(b)在原有拱下增设新拱圈；(c)在原有拱两侧灌注钢筋混凝土拱肋

1—新拱圈；2—原拱圈；3—轻型拱上建筑；4—加厚的墩台；5—拱肋

(2)钢筋混凝土梁损坏严重或按照计算已不能满足强度的要求时，应进行加固或更换。圬工梁加固一般采用加大断面并加添钢筋的办法。例如在梁肋下套上一个钢筋混凝土的外壳，即先把要加固的梁肋混凝土面凿毛，在下部绑扎新添的水平受力钢筋，在侧面放置有向上弯起的斜筋，此外，沿梁的侧面高度加设纵向水平辅助钢筋和箍筋。所有这些钢筋都应尽量与旧梁的钢筋紧紧焊牢。然后立模板灌混凝土，新混凝土的全部表面最后宜用喷射的水泥砂浆包住。

另一种方法是在梁梗下部两侧加预应力钢筋。钢筋采用低合金钢，以通电加温使其伸长，当到达设计要求后在梁肋两端锚定，钢筋温度降低回缩即产生预应力使混凝土梁身受压，这就是预应力电张法。

(3)在线路大中修时，如线路抬高较多，在钢筋混凝土桥上往往需相应的增加道砟槽边墙的高度。为使挡砟槽边墙新旧部分结合成一个整体,增设边墙的钢筋应与原边墙的钢筋连牢,所以须将原边墙顶墙凿成凹口使之露出原有钢筋。如抬高边墙尚不能满足线路抬高的要求或影响桥梁承载能力时,可把整个桥跨结构抬高。

五、墩台加固

1. 临时加固

墩台局部损坏影响行车安全,在未进行彻底整治前,可设置拉杆、钢箍或排架作临时加固。拉杆横穿翼墙和桥台填土部分,拉杆主要是用来加固桥台冀墙的,所以需用钢钎或凿岩机把翼墙钻透,孔眼直径 30 ~35 mm;在台后填土处挖好能放入拉杆的横沟。拉杆一般用直径 25 ~30 mm 的圆钢制成,两端均带螺帽以便拧紧。为防止翼墙局部被压坏,在螺帽下应安设槽板或钢筋混凝土垫块。

圬工桥台前墙损坏时可用钢轨组成的骨架来临时加固。安设骨架时,首先沿前墙装上一些用锚栓锚固在圬工桥台的竖钢轨,然后挖开护锥,在桥台后挖一条横沟,把拉杆装上,再用调整螺栓拉紧拉杆,回填台后横沟,恢复护锥。如前墙损坏并不深长时,也可仅把钢轨箍紧贴圬工表面,用锚栓固定起来,以避免挖开护锥和台后横沟。

圬工桥墩可以用安设数圈钢轨箍的办法临时加固,钢轨箍间距 0.4 ~0.7 m。

另外,也可用增设辅助排架,设置纵横向扣轨来减轻原有墩台载重等办法作临时处理。

2. 水下部分的修理和加固

墩台水上部分已如前述可用钢筋混凝土箍或套箍来进行加固。在寒冷地区,如在接近地面最低水位附近包箍时,应将箍的下端尽可能伸到基础顶面或冻结线以下,其上端应伸至地面。

墩台水下部分的修理和加固,首先要修围堰。根据水深、河床地质及施工材料等条件来选用围堰的类型和高度,堰顶应高出施工期间最高水位 0.7 m。

施工方法可采用抽水及不抽水两种。抽水进行修理和加固是常用的方法。当基底水抽不干时,可以灌注水下混凝土封底后再抽,抽水后在损坏部分加做钢筋混凝土套箍。在不抽水施工时,可把钢筋混凝土套箍或套箱围堰下沉到损坏处及河底,在套箍或套箱与桥墩间全部灌筑水下混凝土包裹损坏处所。

3. 翻砌墩台

如墩台状态很差,有较大破裂体,可根据损坏情况翻砌全部墩台或只翻砌有病害的上部墩台。在重新砌筑或灌注混凝土前,为使新旧部分圬工联结良好,应把保留部分的旧圬工顶面做成水平面或台阶式,每一台阶的面积不小于连接处全截面的 1/4,宽度应为墩台的全宽,台阶的高度不宜小于 0.5 m,也不宜大于墩台的全宽,并应凿毛清洗干净,安装牵钉后,再砌筑或灌注混凝土。牵钉直径在 16 mm 以上,里端带有倒刺(或开叉),外端应带标准弯钩。安设牵钉的孔径宜较牵钉直径大 8 ~10 mm,孔的间距不宜大于 50 cm。

在施工之前,应设置临时支承或轨束梁以解除原有墩台所承受的从桥跨结构和路堤填土传来的压力,并维持临时通车。然后拆除旧圬工,建筑新圬工,完成后再拆除临时支承等设备。

4. 墩台倾斜的整治

如墩台倾斜程度较小且已稳定,经过计算,墩身、基础仍能承受要求的荷载时,可以仅将墩台顶部包箍加大,墩身、基础不作其他处理。

对于某些状态好但尺寸不足不能承受过多土压力的桥台,也可采用减小土路基一侧土压力的方法,即将台后填土换以分层干砌片石或再增设一个新的桥跨。对向桥孔方向倾斜或移动的埋式桥台，除结合上述处理方法外，也可以设置撑壁进行加固。

对单孔小跨度桥台基础，如果桥台向桥孔方向倾斜，则可在两桥台之间建筑撑梁来顶住两桥台台身，撑梁受纵向挤压力。对小跨度桥梁，经过验算也可将桥跨两端全改为固定，梁身兼作撑梁。

5. 墩台基础加固

当基础承载力不够或为浅基墩台时，一般可采用扩大基础或加深基础的办法进行加强。其中采用较普遍的是先在原基础周围加打基桩或下沉井、灌注钢筋混凝土承台，并与原墩台基础混凝土相联结(凿槽埋入带刺的牵钉或在原墩身下部凿孔，通过这些孔穿过强大的钢筋混凝土梁；梁的末端支承在新桩上)，以扩大基底承载面积或将基础加深到要求的标高。采用这种方法应特别注意要使基础增大部分在荷载的作用下发挥应有的作用。

为增强基底承载力或浅基防护也可采用压注水泥浆或矽化土壤的方法。当需增强基底承载力时，可在墩台基础之下斜向钻孔(均向墩台中心)或打下钻管至需要深度，通过孔眼及管孔在压力下压注水泥砂浆(砾石或粗砂粒土壤)、水泥浆(中砂土壤)或沸腾的沥青浆(地下水流速较大时)。最好先在墩台周围作一圈旋喷桩，然后再在圈内的基底进行静压灌浆。对大孔隙土壤采用矽化土壤(灌水玻璃和氯化钙)效果比较显著。在进行浅基防护时，可在墩周一定范围内，自一般冲刷线至一定深度处的土壤中进行压注水泥浆、水泥砂浆或矽化土壤，也可打一整周旋喷桩。

高承台管桩裂纹损坏时，可以把各管桩用钢筋混凝土包起来成为实体墩台，并采取措施使实体墩台能有效地压到地基上，使管桩不再受力。钢筋混凝土排架桥墩损坏或摇摆太大不稳定时，也可采用这种方法加固。

6. 墩台的加宽及加高

由于桥跨结构的加宽，常常要求加宽墩台顶部。如果墩台的高度较小，且基础是在岩层上的，则可以从基础加宽到顶部。如果墩台高或基础加大有困难时，则可只放宽顶部，挑出部分按悬臂梁考虑，一般采用钢筋混凝土加宽。

由于梁跨结构的抬高，墩台顶部也需要跟着加高。加高的方法很多，现介绍两种简单的方法：

(1)如能把千斤顶安放在墩台顶上顶起梁身，则可用预制的钢筋混凝土垫块垫在支座下面的墩台顶上；事先将原有圬工表面接触部分作一般处理，并用干硬性砂浆砌筑。至于墩台顶部其余部分的加高及流水坡的设置可在通车后再做。

(2)另一种方法是先在墩台顶部上下游各浇筑一个混凝土垛，使顶起后的桥跨结构搁置在放在混凝土垛子上的工字钢束上，这样就可腾出空间灌注混凝土和砌筑墩帽。待混凝土凝固后，再拆除工字钢束并将钢梁用支座搁在新的支承垫石上。

也可把千斤顶安放在临时性墩台上，把桥跨结构抬高放至临时支承上后，再实行墩台的接高，不必再采取其他措施。

第三节　支座保养及修理

一、支座的修整计算

支座病害比较多，而且比较复杂，不仅影响支座本身，而且影响梁和墩台。产生病害的原因很多，例如：钢梁的两片主梁受热不均衡，会产生水平挠曲而造成支座横向位移；由于养护不良，支座滚动面不洁、不平或锈蚀，当主梁端由于温度和受荷重作用而纵向移动时，辊轴因滚动不灵，不能恢复到原来位置；轴承座传来的压力不均，一端受力而另一端围绕着压住的一端滚动，产生辊轴的歪斜；由于桥上线路养护不良，如钢轨爬行，也会造成支座不正。原因是多方面的，单纯用一种方法往往不能解决问题，必须找出原因进行综合整治，才能见效。

1. 活动支座的正常位移

当温度为 t 时，活动支座上座板（或梁端）的正常位移可按下式求得：

$$\delta=(t-t_0)\alpha L \tag{10-1}$$

式中 δ——上座板（或梁端）的正常位移（mm），[＋]号表示伸向跨度以外，[－]表示缩向跨度以内；

α——钢的膨胀系数，取 0.000 011 8/℃，钢筋混凝土和混凝土为 0.000 01/℃；

L——梁跨，由活动支座至固定支座的距离（mm）；

t——测量时钢梁的温度（℃），可用半导体温度计放在下弦杆上测量，或把温度计放在下弦杆上，用砂或锡箔纸盖住然后测定；

t_0——设计安装时的支座温度，即活动支座上摆中心线与底板中心线相重合时的温度，可从下式求得：

$$t_0=\frac{t_{高}+t_{低}}{2}+\frac{\Delta_{伸}-\Delta_{缩}}{2\alpha L}=t_{平均}+\frac{\Delta_{伸}-\Delta_{缩}}{2\alpha L} \tag{10-2}$$

其中 $t_{高}$——当地最高气温（℃），

$t_{低}$——当地最低气温（℃），

$\Delta_{伸}$——活载造成梁在活动支座处的伸长量（mm），

$\Delta_{缩}$——活载造成梁在活动支座处的缩短量（mm）。

各种梁跨的 $\Delta_{伸}$、$\Delta_{缩}$ 值可从设计文件中查得，如简支梁的 $\Delta_{缩}$ 为 0。一般情况下 $\Delta_{伸}/2\alpha L$ 的近似值，对于简支板梁为 20 ℃，对于简支桁梁为 16 ℃，对于混凝土梁为 10 ℃。

当温度为 t 时，支座辊轴的正常位移 δ_0 为

$$\delta_0=\frac{1}{2}(t_0-t)\alpha L \tag{10-3}$$

在辊轴滚动使桁梁产生位移 δ 时，辊轴中心的位移量为 $\delta/2$，如图 10－19 所示，CD 为 AB 的 1/2。

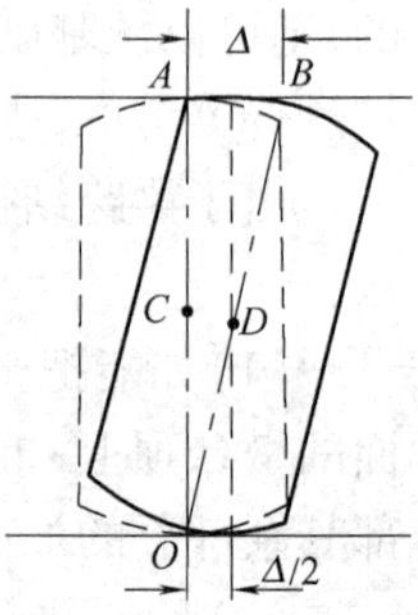

图 10－19 辊轴中心的位移

2. 辊轴实际纵向位移的测量

辊轴的实际纵向位移量，可用钢尺和垂球测量活动支座的底板、轴承座和辊轴（或摇轴）中心线的相互位置，也可以测量支座在支承垫石上的位置或测量同一墩上与相邻固定支座的距离，以求得位移量。测得的结果与该温度时正常计算偏移值相比较，即可判定实际位置是否正常。如果测出的距离和正常偏移值不符时，说明辊轴有爬行，或摇轴有倾斜或安装不正确。若辊轴两端距底板边缘量出的距离不相等时，说明辊轴有歪斜，见图 10－20 所示。

为了观测方便，可在支座上安装各种带有毫米刻度的标尺，直接读出其位移数字。图 10－21 所示为其中的一种，指针与轴相接触点的高度与辊轴顶点为同一水平。当辊轴垂直时（即下摆、底板中心线相吻合时）指针垂直，读数为 0；辊轴偏斜时，指针所指即为下摆位移数，辊轴位移为其读数的一半。

削扁辊轴及摇轴也可以直接用量角器测其倾斜角。

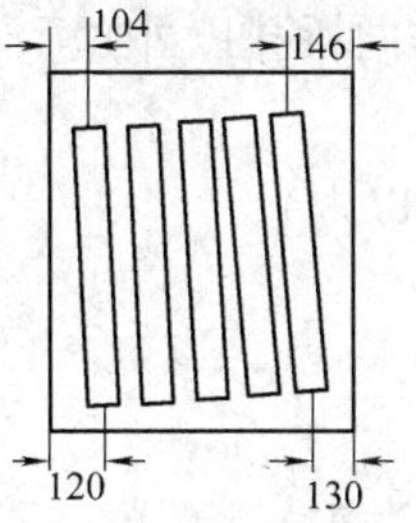

图 10－20　支座两侧丈量距离不同(单位:mm)

辊(摇)轴支座实测纵向位移大于容许值或有横向移动时,应予整正。纵向位移容许值(δ_1)可按下式求得:

$$\delta_1=\delta_2-\delta_3 \tag{10-4}$$

其中 δ_2 为辊(摇)轴支座按构造要求的最大容许纵向位移。对于圆辊轴,其边缘超出底板边缘的距离不得超过其直径的 1/4(特大桥、连续梁等除外),对于削扁辊轴(一般指单线简支梁),其最大倾斜角为 14°(即辊轴与下摆、底板的接触线至辊轴的边缘不得小于 25 mm),如为摇轴支座,其最大倾斜角为70°。δ_3 为由于活载及温度差(即当地最高气温与测量时气温之差或测量气温与最低气温之差)可能产生的最大纵向位移。

【例 10－1】一孔 20 m 简支上承板梁,活动支座采用弧形支座,上座板椭圆孔长 99 mm,支座销钉直径为 55 mm,该地区最高气温 40 ℃,最低气

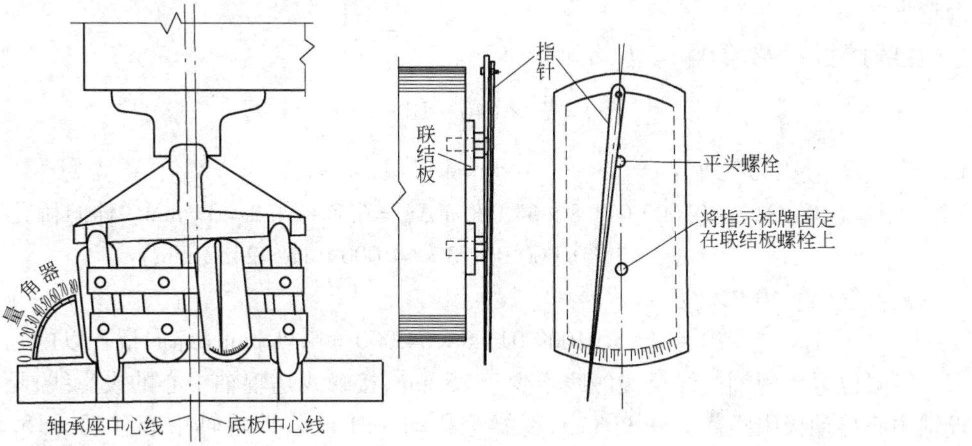

图 10－21　支座位移指示标

温为 －30 ℃。在气温为 10 ℃时,实测上座板中心与下座板中心向桥孔方向偏移 5 mm,试计算:

(1)上下座板中心线重合时的温度 t_0;

(2)10 ℃时上座板的正常位移量,并与实测值相比较;

(3)求偏移容许值,并检验是否超限;

(4)如果实测与计算值完全相符,则在 0 ℃时架梁,支座的上下座板相对位置如何?

【解】(1)对于简支板梁 $\Delta_{伸}/2\alpha L$ 约为 20 ℃。

$$t_0=t_{平均}+\frac{\Delta_{伸}-\Delta_{缩}}{2\alpha L}=\frac{40+(-30)}{2}+20=25\ ℃$$

(2)10 ℃时上座板正常位移量为:

$$\delta=(t-t_0)\alpha L=(10-25)\times 0.000\,011\,8\times 20\,000=-3.45\ \text{mm}(缩向桥孔以内)$$

实测数值为 5 mm,较计算大了 1.46 mm。

(3)支座偏移容许值为

$$\frac{99-55}{2}=22\ \text{mm}$$

尚可能发生的伸缩量为

$$\delta_{伸}=(40-10)\times 0.000\ 011\ 8\times 20\ 000+\Delta_{伸}=7.08+9.44=16.52\ \text{mm}(伸向桥孔以外)$$

$$(\Delta_{伸}/2\alpha L=20,\Delta_{伸}=2\times 0.000\ 011\ 8\times 20\ 000\times 20=9.44\ \text{mm})$$

$$\delta_{缩}=(-30-10)\times 0.000\ 011\ 8\times 20\ 000=-9.44\ \text{mm}(缩向桥孔以内)$$

$$40\ ℃时,16.52-5=11.52\ \text{mm}<22\ \text{mm}(伸向桥孔以外)$$

$$-30\ ℃时,9.44+5=14.44\ \text{mm}<22\ \text{mm}(缩向桥孔以内)$$

不超限,虽然实测与正常偏移量不符,但仍可使用。

(4)0 ℃时,支座上座板位移量

$$\delta_0=(0-25)\times 0.000\ 011\ 8\times 20\ 000=5.9\ \text{mm}(缩向桥孔以内)$$

即上座板需向桥孔方向偏移5.9 mm架梁。

【例10-2】一孔跨度为64 m的简支下承钢桁梁,活动端采用辊轴支座。当地最高气温为40 ℃,最低气温为-10 ℃,削扁辊轴高240 mm,宽120 mm。问在最高及最低气温时,辊轴是否超限?

【解】简支桁梁的$\Delta_{伸}/2\alpha L$约为16 ℃。

$$t_0=\frac{1}{2}\times(40-10)+16=31\ ℃$$

当最高气温40 ℃时:

$$\delta_{伸}=(40-31)\times 0.000\ 011\ 8\times 64\ 000+\Delta_{伸}=6.8+24.2=31\ \text{mm}(伸向桥孔以外)$$

$$(\Delta_{伸}=2\times 0.000\ 011\ 8\times 64\ 000\times 16=24.2\ \text{mm})$$

最低气温-10 ℃时:

$$\delta_{缩}=(-10-31)\times 0.000\ 011\ 8\times 64\ 000=-31\ \text{mm}(缩向桥孔以内)$$

极限位置为辊轴边缘至接触线不少于25 mm,接触线是辊轴中心的投影线,见图10-19。辊轴中心移动极限距离为±35 mm,现梁跨移动±31 mm,即辊轴中心移动±15.5 mm,小于±35 mm,不超限。

二、支座的养护

支座是桥梁的一个重要部位,必须经常保持其良好状态,发挥它的正常作用。

梁跨与上摆、上摆与下摆、下摆与滚轴、滚轴与底板、底板与支承垫石间都应密贴紧靠,不应有缝隙。

支座的滚动面必须经常保持清洁,不积水,不积灰尘,冬季应清除积雪,防止结冰。

支座四周的排水应良好。一般在支座周围做有半圆形排水槽,有内高外低的坡度使水流走,或使支座底板底面略高出墩台面2~3 mm,并凿成流水坡。墩台的支承面与底板接触面也可以略小于底板边缘2~3 mm,以防止雨水进入支座底板内。

为了防止生锈,上下摆应涂油漆;对辊轴和滚动面应定期进行擦拭,或用石墨擦拭,或填以黄油,禁止在辊轴和滚动面上涂油漆,要使活动支座能自由活动,绝不容许其他异物存在。

为了防止煤渣、灰尘、雨雪进入支座滚动面,应有有效的防尘设施,这对大跨度桥梁来说尤为重要。

辊轴滚动时,辊轴的防爬齿应能沿着支座下摆的下部和支座底板上的槽缘自由滚动,如未到最大位移量,防爬齿的端部紧紧卡在槽缘中而阻碍辊轴滚动时,必须加以修理。

若支座的滚动面不平整,底板或轴承座发生裂纹或个别辊轴发生支承不均匀等现象时,应更换有缺陷的部位和直径不合适的辊轴。

若轴承座中心线和正常位置有偏差，除可能由于安装时未按计算设置外，也可能是由于墩台的移动所造成的，发现偏差时，应仔细地测量支座的位置和墩台间的距离，检查墩台状态有无异状，综合进行分析。如发现梁端紧靠桥台挡砟墙或邻孔梁端，或者其空隙过小，以及上下锚栓有剪断等情况时，可将挡砟墙凿去一部分，或把主梁悬臂的端部截短或凿除一些，也可以将梁身顶起进行纵向移动改正，重新锚定支座。如钢梁间空隙过大，则可在梁端增加牛腿予以接长，或在两孔梁间的桥墩上浇筑钢筋混凝土小墩。

当小桥上的线路有爬行或桥头线路爬行力传到桥上时，有时能使全部钢梁和支座沿着支承垫石移动，所以桥头线路必须注意彻底锁定。

较大跨度的板梁，由于日照关系，受太阳直接照射的一侧钢梁温度较高，而另一侧钢梁温度较低，所以一侧主梁会比另一侧伸长得较多，使钢梁在平面上有挠曲，这也有可能使支座发生歪斜及移动。

一孔梁的4个支座须在同一平面上，如有受力不均例如三条腿等现象时应加以整正。支座各部分间不密贴时禁止用木片填塞。锚固螺栓孔灌浆要饱满，孔内不允许有木屑以防进水。要经常保持锚固螺栓不松动、不锈死，涂以机油，最好加盖。支座有翻浆时须进行处理。

三、支座病害的整治

支座病害是养护工作中整治的重点之一。由于原因复杂，一定要认真分析进行针对性的综合整治，才能收到较好的效果。以下所述为几种病害的整治方法。

1. 小跨度钢筋混凝土板梁横向移动的整治

跨度小于6 m的钢筋混凝土板梁，由于梁体重量轻，支座又均系用沥青麻布或石棉垫制成，故受列车冲击和震动时多发生横向移动。对该种梁，除顶起移正梁身外，还应在墩台顶上靠板梁侧埋设角钢或加筑挡墙，如图10－22所示。

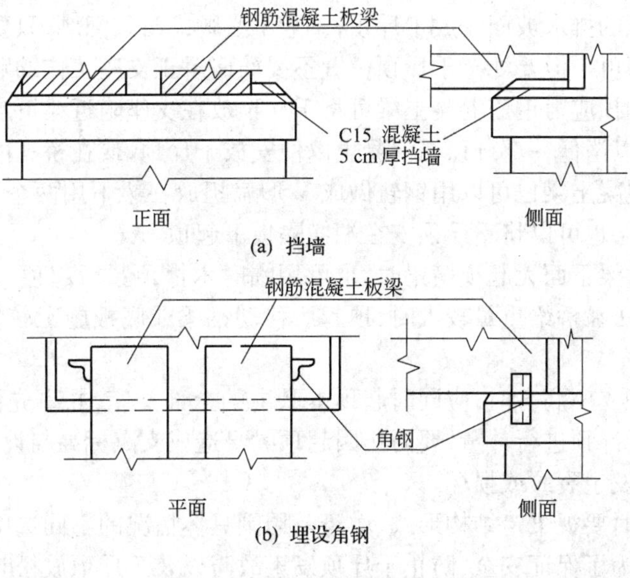

图10－22　防止板梁横移办法

2. 支座上下锚栓剪断或弯曲的整治

墩台上支座锚栓折断或弯折时，较彻底的整治办法是在支座旁斜向凿去一部分混凝土，取出旧锚栓,重新安装新锚栓。如锚栓杆恰好在支承垫石面剪断,而剩余部分仍牢固,而现场又有电焊条件时,也可采用凿除一小部分混凝土,露出被剪断锚栓杆的上部,采用电焊接上一段新锚栓杆的方法进行整治。

圬工梁上锚栓剪断时,可将支座底板与梁底的镶角板焊起来(采用这一办法必须保证镶角板与梁体联成整体,如发现镶角板与梁体里面的支座螺栓外端脱开时,则必须将其焊牢)。具体办法是:采用 60 mm × 40 mm × 8 mm 的不等肢角钢,每个支座用 2 根,沿梁长方向将角钢短肢焊于梁底的镶角板上,长肢焊于支座的座板上(如没有此种角钢也可用 10 mm 厚的钢板弯制),如图 10 - 23 所示。

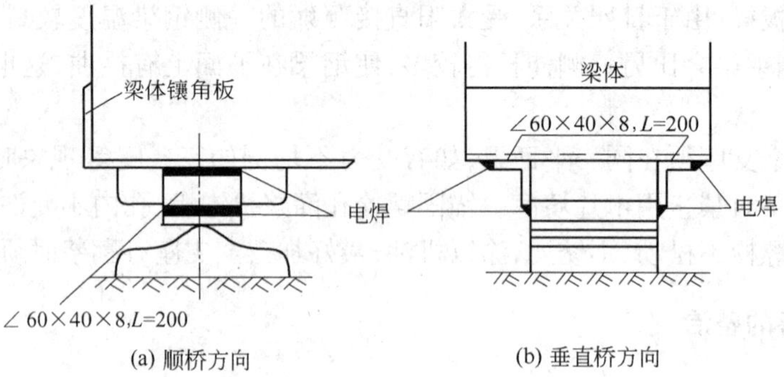

图 10 - 23　上锚栓折断后的加固(上下锚栓未示)(单位:mm)

3. 支座位置不正、滑行或歪斜,超过容许限度的整治

应用千斤顶起顶梁身并进行适当的修理或矫正,或移正梁身后重新安装支座。

起顶梁身所用千斤顶的数量和能力,应根据梁和桥面的重量来选定,为了保证施工安全,其起重能力必须超过荷载的 50% ~100%;钢桁梁和钢板梁一般在起顶横梁均预留有放千斤顶的位置。在墩台顶的排水坡面安放千斤顶,一般不必顾虑滑移问题,只要用硬木垫平并有足够的安全承压面积即可。但要注意千斤顶位置不要妨碍矫正支座工作的顺利进行。

钢筋混凝土梁和预应力钢筋混凝土梁可将千斤顶放在支座附近梁下起顶。如梁下净空不够安放千斤顶时,可以凿低一部分顶帽混凝土以便安放千斤顶,或在桥孔内搭枕木垛支承千斤顶。对于双片钢筋混凝土梁也可以用钢轨做成 V 形扁担放在梁下用两个千斤顶将梁抬起;如经过检算认为可以时,也可以将千斤顶安在端横隔板下起顶。

旧式板梁的端横梁下面无起顶横梁时,也可用临时木撑顶紧后起顶。起顶钢梁也可采用这种方法,但这种方法在桥梁重量较大时,顶起后移动钢梁或底板施工较复杂,仅在不得已时采用。

起顶连续梁处理支座病害时,应同时起顶本联内的全部支座,并事先计算各支点的反力,用带压力表的油压千斤顶进行计量,要防止因起顶梁身造成支点标高与设计计算不符,改变梁跨各杆件受力,从而发生裂纹或损坏。

总之,起顶梁身时要视梁跨结构形式、墩身及周围具体情况的不同选用比较合理的施工方法。在起落过程中,为了保证安全,防止千斤顶发生故障以及千斤顶放松时结构受到突然的冲击,必须有保险木垛,并一路调整木垛上的楔子使其顶面保持与梁底不超过 5 mm 的空隙。

利用拉紧框架或弹簧整正支座辊轴的方法可以免除起顶梁身的麻烦。框架由二个角钢和两端带丝扣及螺帽的拉杆组成(图 10 - 24),整正时,把一个角钢支承在支座底板上,另一角钢紧贴住辊轴的联结角钢上,上紧拉杆螺栓,利用列车通过时辊轴的滚动及时拧紧拉杆,使列车通过后辊轴不能返回原位，这样经数次整正，就能把辊轴调整过来。

弹簧整正支座辊轴是用千斤顶横向顶住辊轴来移正位置，千斤顶一端支承在固定支座或挡砟墙上，在千斤顶和辊轴间垫上弹簧，把弹簧顶紧，利用列车通过时辊轴的滚动，辊轴会被顶动，再适当上紧千斤顶，经过多次整正也可以把辊轴顶回原来位置（图 10 - 25）。

图 10 - 24　框架整正支座

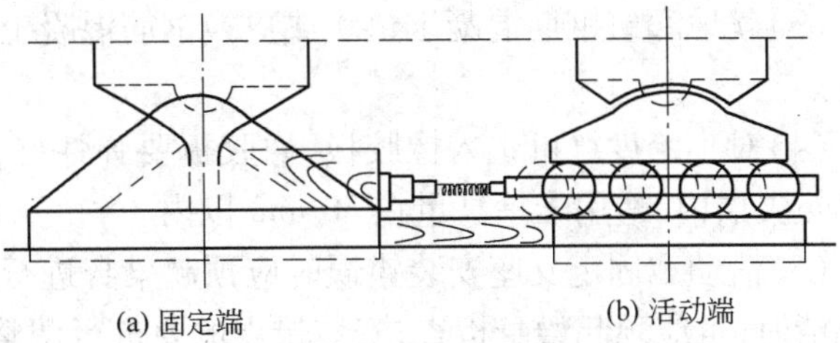

图 10 - 25　弹簧整正支座

4. 摇轴或辊轴活动支座倾斜超限的整治

造成辊轴或摇轴活动支座倾斜超限的原因多为施工安装不正确或墩台有位移等。整治的办法是起顶梁身，按照当时钢梁温度计算的位移量矫正摇轴或辊轴的倾斜度，移动底板，重新锚固锚栓。

大跨度钢梁的辊轴支座，由于笨重，移动底板重新锚栓施工困难，工作量大，故当矫正量不大时，可用带有异形牙板（防爬齿）的辊轴更换原有正常牙板的辊轴，而不再移动底板重新锚固锚栓。异形牙板辊轴可根据矫正支座倾斜超限的具体需要设计。使整正后的辊轴倾斜符合计算要求。这样整正后，下摆中心线虽然不会与底板中心线一致，但能使辊轴倾斜正常，保证安全。

5. 支承垫石不平的整治

对钢梁或圬工梁平板支座，底板下支承垫石有少量麻坑或少量不平时，可用垫沥青麻布的办法进行整治。这个方法的优点是经过行车挤压，能自行弥补填平，效果较好。不宜采用垫铅板、铁板、木板和石棉板等办法，因这几种方法从实践效果来看多数失效。

具体做法是：先将硬沥青（最好用石油沥青）加温到 180 ~ 190 ℃，再加 20% ~ 30% 的滑石粉或石棉粉，边加边搅匀，然后将大小适当的细麻布放入浸制，取出浇水冷却即可使用。最少要垫两层。

6. 支座陷槽、积水、翻浆、流锈病害的整治

一般可采用细凿垫石排水坡的办法，结合支座下垫沥青麻布或胶皮板进行处理，能取得一定效果。流水坡约为 3%，使水能很快排走。

细凿垫石排水坡的方法有两种：一种是先在离垫石外缘约 20 mm 处开始向中心推进（防止损坏边缘），最后将周边的窄条敲下来，稍加修凿即成，细凿完成后用废砂轮打磨光滑。另一种做法是先在垫石四边（桥台为三边）的外侧打上要凿去的线条，用扁凿对准线条朝里敲打，其余同前法。在细凿过程中，如发现有局部麻坑不平或边缘缺损时，可用环氧树脂砂浆腻补，凝固后一并用旧砂轮打磨平整。

要防止挡砟墙上的水流到桥台，必要时挡砟墙与支座垫石间要凿小槽排水，防止支座底板下面进水。

7. 由于支座、支承垫石的原因导致梁体不平的整治

支承垫石裂损，支座不平，四角支点不在同一平面上，或当梁体有"三条腿"，个别支座出现明显的悬空现象，以及因线路大修需整孔抬高梁体时，可选用下述办法整治或处理：

(1)支座下捣填半干硬水泥砂浆(水灰比 0.2 ~ 0.25)，适用于抬高量 30 ~ 100 mm 时的情况。

(2)垫入铸钢板，适用于抬高量在 50 ~ 300 mm 时的情况。

(3)就地灌筑钢筋混凝土垫块或更换钢筋混凝土顶帽，适用于抬高量在 200 mm 以上时的情况。

(4)对小跨度梁可垫入橡胶板，橡胶板要弹性好，垂直挤压变形小，可单独整块放入或放入钢板夹层内，适用于抬高量在 50 mm 以内。

(5)活动和固定支座安装错误时应顶起梁身进行改装。对活动弧形支座和固定弧形支座分不清时，也应顶起梁身检查，安装错误的要进行调整。

(6)活动支座不活动时，对弧形支座应顶起梁身，把上下支座板的穿销除锈涂黄油，并清除椭圆形孔内的污垢杂物，使圬工梁伸缩灵活，对摇轴或辊轴支座则应找出原因，进行修理，必要时予以更换。

第四节　涵洞养护

一、涵洞检查重点

(1)涵身是否变形、裂损、露筋，接头是否错位、漏水、漏土。

(2)涵内是否淤积，造成孔径不足。

(3)涵洞基底是否冒水、潜流造成基底掏空等。

(4)进出口铺砌、河床导流建筑物和路堤边坡防护设施的完好程度。

二、涵洞有关的技术标准

(1)涵洞必须保持状态完好，如发现下列状态之一时，应及时处理：

① 钢筋混凝土结构裂纹宽度大于等于 0.3 mm，砖、石砌体及普通混凝土等圬工拱形结构裂纹宽度大于等于 20 mm。

② 涵身破损、变形、错位、拉开造成漏土。

③ 涵身、翼墙的基底全部或局部冲空。

④ 涵洞大面积腐蚀、风化、剥落，影响使用功能。

⑤ 基底冒水、潜流、洞内渗漏水影响路基稳定。

⑥ 涵洞下沉造成线路轨道变形。

⑦ 涵洞进出口护锥及防护设施冲毁。

(2)排洪涵洞的最小孔径不应小于 1.0 m，且全长不超过 15 m。当全长超过 15 m 时，为便于养护，孔径应相应加大。无淤积的灌溉涵孔径应不小于 0.75 m，全长不超过 10 m。城市或车站范围内涵洞的孔径，需酌情加大。

(3)涵身应铺设防水层，并做好管节接缝、沉降缝、伸缩缝的防水工作，确保不漏水。有压

涵洞、倒虹吸管的管节接缝,应密不透水,无渗透现象,保证路堤及基底的稳定性。

(4)涵洞如有满流情况时,可采用在入口处抬高管节及增砌漏斗形进口的办法处理,必要时应进行改建或扩孔。涵管裂损严重或管节离缝过大,如孔径容许时,可在洞内加筑衬环或套环。拱圈裂损时,可采取在其上部加筑钢筋混凝土板或加筑套拱、喷射混凝土等办法处理或更换。

三、涵洞的养护

涵洞出入口及其与路堤连接处须经常保持完好。当出入口损坏,沟床护底被冲毁或附近路堤塌陷时,应立即进行修理。

应定期清除涵洞内杂物,使排水畅通。为防止涵洞被漂浮物或石块等堵塞,必要时应在涵洞前设置护栅或沉淀池。

在严寒地区,冬季要用树枝或篱笆把涵洞进口挡起来(下面要留出不大的孔径保证流水),以防冰冻和积雪堵塞涵洞。而在春季到来时,要清除洞口积雪。

路堤下沉或填土压力不均匀会引起涵洞管节的沉陷、倾斜以及节段相接处被拉开,防水层损坏,使涵洞产生裂缝。而路基边坡斜向的坍塌会增加洞口的压力,使洞口出现裂缝,有时还会把洞口自涵洞本体上分离开来。

涵洞内的水流,特别在有压力的情况下,水可能透过节段间的缝隙而渗入路基,引起坍塌。所以,对涵洞要经常检查,特别对有病害的涵洞更应加强检查观测,以了解其下沉变化和病害发展,以利分析原因,采取整治措施。

对涵洞勾缝脱落、保护层风化剥落、露筋等应进行修补,用环氧树脂砂浆修补或表面喷射水泥砂浆等办法进行处理。节段沉陷处滞水时,可用水泥砂浆抹平。为消灭管段节缝渗水,对不良接缝应用浸过沥青的麻筋或半干硬水泥砂浆紧密填塞。

当洞口偏斜或脱出而出现裂缝时,须将洞口局部翻修或全部重砌。

如发现水流从基底下流出时,应在上游铺砌,端部修筑垂裙或加深原有垂裙。

四、涵洞常见病害及整治

(一)变形和裂纹的处理

涵洞的裂纹一般是因路堤填土压力和地基不均匀沉落造成的,也有是因填土过薄而受活载冲击造成的。

对于涵洞裂纹的处理,与圬工梁拱一样设置观测标志进行观察,掌握变化情况。对于已经稳定的裂纹,宽度在0.3 mm以下的可采用压浆或表层封闭(混凝土用环氧树脂胶修补,砌石采用勾缝);对于流水侵入的裂纹,发现后应及时修理,以免水渗入圬工内部、基底或路基,引发病害;对于急剧发展而宽度较大的裂纹,应首先进行永久性的加固措施,防止病害继续恶化,保证行车安全,然后再进行永久性的加固或更换;对于因路基病害而造成的裂纹、变形等病害,应与路基病害同时整治。

(二)抬高下沉管节

当涵管下沉量大,或由于河床淤积造成涵身排水不畅时,可用抬高管节的办法进行处理。一种是整座抬高,一种是仅中间部分管节抬高。

1. 整座涵洞抬高

如图10-26(a)所示,首先在线路上扣轨束梁,然后,从一端洞口起逐节掏挖路基土方,可先挖管顶一侧,并随挖随支撑[图 10－26(b)]。挖好一个管节即可进行支顶,支顶方法如图 10－27 所示,以前后两管节作支承,在管壁接触处加垫弓形木,然后扣上短轨或放置方木,安置千斤顶,去除管顶支撑木,即可将中间管节抬高,并在其底下填塞砂或碎石并捣密,如此,依次进行至全部管节抬高后,再重砌拆除的端墙并拆除扣轨。这种方法适用于填土较高的涵洞。

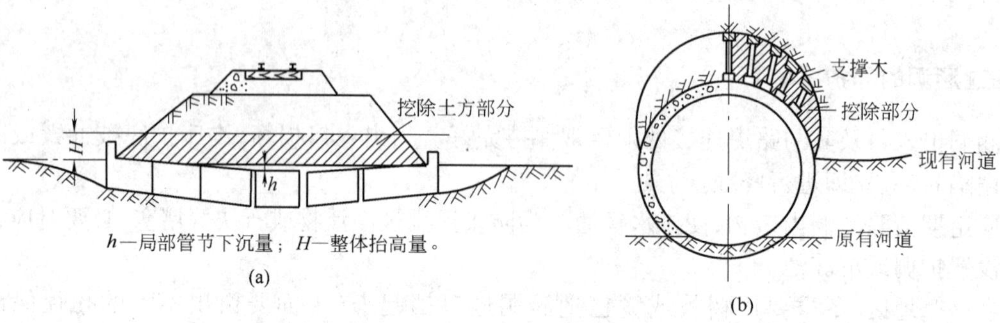

图 10－26　整座涵洞抬高

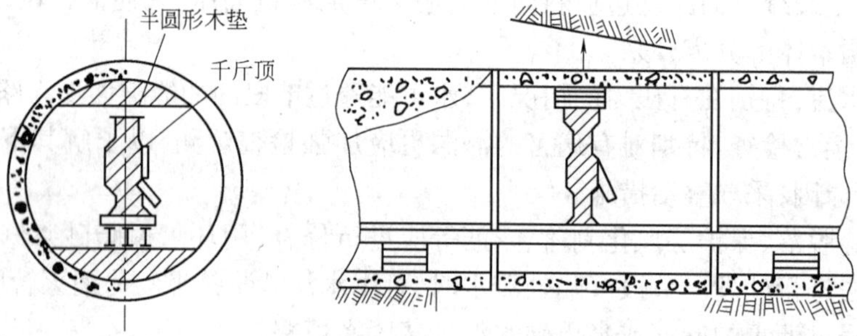

图 10－27　涵管支顶

涵洞填土不高时,可采用立排架扣轨的方法进行明挖抬高。

2. 局部管节抬高

如涵洞仅中间部分管节需抬高时,可采用损毁一节涵管(一般选择破损的管节,否则可将需抬高的第一节或最后一节损毁)的方法。采用该法时应视土质情况进行支撑,土质较差的可分两次进行支撑,即在破损管取出后即进行第一次支撑(利用旧枕木,为了支撑牢固与支拆方便,应在支撑立柱下加上一对楔子),然后开挖支撑间涵顶的土方,待挖到设计标高时,按照上述的方法进行第二次支撑,拆除第一次支撑,挖掉第一次支撑上方的土到设计标高。土质较好的可仅进行一次支撑。全部开挖好后,将基础砌到设计标高,作支顶准备。支顶方法与前述基本相同,唯支承梁的净距为二个管节,并将跑镐安置在需抬高的管节内的支顶梁上,如图 10－28 所示。然后利用列车间隙开挖安有跑镐管节顶上的土方,随挖随支撑,列车通过时还需加临时支撑,挖到设计标高后就将该管节顶起,并向损毁管节的位置移动,直到设计位置为止,该两节涵管的支撑可根据涵管的移动情况进行支拆。在该管段的沉降缝和接头处采用外贴防水层,缝内嵌入沥青麻筋,涵管外壁填以黏土。依此工作顺序直到所有需要抬高的管节都抬高为止,最后缺少一节可进行就地浇筑或用四拼涵管补上,即告完成。

(三)涵洞的局部更换

当个别管节破损严重时,可不开挖填土在洞内进行更换。首先凿除破损管节,如果管节外

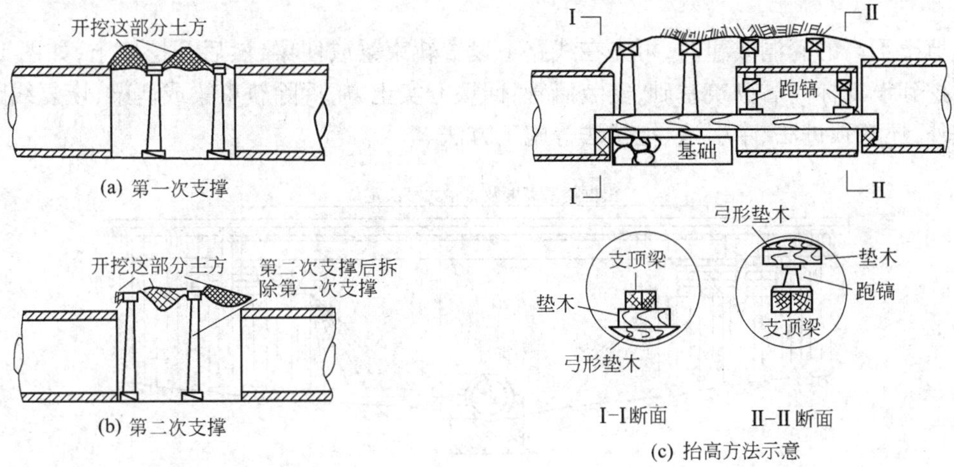

图 10－28　涵洞中间部分抬高

面土质坚实，可分段凿除旧管节，随后即由上而下地支立外侧模板，模板两端各搭在两相邻管节的外方 5 cm。如果管节外面是砂质土壤，则在凿除之前须用千斤顶支顶，凿时沿纵的方向一条条的凿，边凿边立模板，以免漏土。外侧模板立好后，安装钢筋骨架，然后再装底部内侧模板，并安装 3 道扁铁铁箍，以支撑内侧模板。装好后，即可浇筑混凝土，边浇筑边插入上面的内侧模板，最后封口。待混凝土养生 7 d 后，即可拆除内侧模板。外侧模板埋在土内不再拆除。

更换管节还可采用预制半圆涵管。其方法是先在洞内凿除旧管节，为防止路基土壤下沉，可安设临时的钢轨圈作为支撑。然后整理旧管节的基础，将预制的两个半圆形钢筋混凝土管节先后运进洞内，拆掉钢轨圈，把下半圆管节安在基础上，顺平管内坡度，再将上半圆管节用小千斤顶架起，安装成完整的钢筋混凝土管节。在管节接缝处用砂浆砌合并勾缝。这个方法适用于洞顶填土高度大于 1.5 m，且土质是不易坍塌的坚实土壤，最好是黏土。

（四）涵洞的加固

当涵洞管节裂损严重或管节裂缝过大，在孔径许可的情况下，可在洞内增设一层封闭式钢筋混凝土、混凝土或石砌套层或拉入直径较小的涵管，用半干硬砂浆或环氧砂浆填塞间隙，即所谓衬环套管的办法；如为拱涵，可以在内层加筑套拱进行加固。

使用这种办法应特别注意新旧圬工的联结，必要时，可在新旧混凝土间设置牵钉，并在新旧圬工缝隙之间压注灰浆。如拱涵拱圈局部破损严重，无法修理，而增设套拱净空又不够时，也可拆除损坏拱圈予以更换，新拱圈可就地浇筑，也可使用预制钢筋混凝土拱圈。

使用上述方法，洞顶填土应有一定高度，且土质为不易坍塌的坚实土壤，施工中必须注意安全。

（五）涵洞的加长

由于种种原因需加长涵洞时，首先拆除旧端墙，然后增加新管节，另砌新端墙。旧端墙基础尽可能保留作为新管节的基础，为防止新旧基础发生不均匀下沉，两者之间应设置沉降缝。

路堤加宽不大，不需加长涵洞时，可用加高端墙的方法处理，并相应加高翼墙。但端墙加高不宜超过 1.0 m，否则应加长涵洞。

（六）涵洞的改建和增建

涵洞损坏无法修理，或孔径不足，不能满足农田水利灌溉的需要时，可考虑更换或增设涵洞。

当填土不高的涵洞改建时，可先在线路上设置轨束梁或便梁，然后开挖填土，如图 10－29 所示。挖到设计标高后砌筑基础，安装涵管，回填夯实土方，拆除轨束梁或便梁，恢复线路。

此外，还有顶进法、牵引法、拖拉法等施工方法。

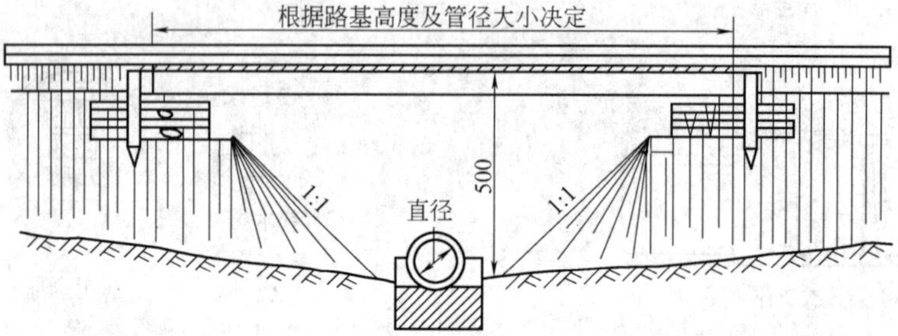

图 10－29　明挖法（单位：cm）

复习思考题

10－1　钢桥有哪几种连接方式？

10－2　钢结构锈蚀的原因是什么？

10－3　油漆失效的检查鉴定方法有哪几种？

10－4　钢结构表面涂装施工条件有哪些规定？

10－5　油漆涂层的涂装质量标准如何？

10－6　钢梁涂装分为哪几种？

10－7　清理钢梁表面有哪些方法？

10－8　钢梁哪些部位容易发生锈蚀？

10－9　高强度螺栓的质量标准是什么？更换高强度螺栓的作业方法和技术要求有哪些？

10－10　简述圬工裂缝的整治方法。

10－11　简述辊轴中心的位移和钢梁纵向位移的关系。

10－12　简述辊轴歪斜或偏移超限的整正方法。

10－13　简述墩台表面与镶面石破损的整修方法。

10－14　简述墩台裂纹与气温和活载的关系。

10－15　简述环氧树脂配方修补墩台的方法。

10－16　简述用加箍和护套加固墩台的方法。

10－17　画出钢轨箍临时加固墩台的示意图。.

10－18　简述墩台倾斜与沉陷的观测与处理方法。

10－19　简述墩台基础加固措施。

10－20　简述墩台加宽及加高的施工方法。

10－21　一孔 48 m 简支下承桁梁的活动支座，采用高 150 mm，宽 80 mm 的削扁辊轴。当地最高气温为 30 ℃,最低气温为 -30 ℃。当气温为 10 ℃时,实测轴承座中心偏离底板中心线 -13 mm(缩向桥孔以内)。试计算:

(1)各中心线重合时的温度;

(2)10 ℃时梁的正常位移量,并与实测比较;

(3)求容许偏差。检验是否超限,是否需要调整。

10-22　涵洞病害检查的重点是什么?

第十一章 隧道病害类型及防治

运营隧道受各种自然条件和人为因素的影响,往往会产生各种各样的病害,有的甚至严重影响行车安全,为此,要采取一些必要的手段进行防治。

隧道病害主要类型有水害、衬砌裂损、冻害、震害、洞门损坏、整体道床损坏及附属建筑物损坏等。本章主要讲述隧道漏水及衬砌裂损的整治。

第一节 隧道水害及防水

隧道水害是指在隧道修建和运营过程中遇到的水的干扰和危害,是最常见的隧道病害。

本章主要讨论隧道水害成因,防水设计,衬砌自防水、附加防水层和注浆等防水技术,隧道排水,盾构、顶管和沉管等特殊隧道施工方法的结构防水,以及隧道渗漏的整治。

一、隧道水害的类型及成因

隧道水害主要指运营隧道水害,即围岩的地下水和地表水直接或间接地以渗漏或涌出的形式进入隧道内造成的危害。

(一)隧道渗漏水和涌水

1. 概念与类型

隧道渗漏,按其发生的部位和流量大小,可分为拱部有渗水、滴水、漏水成线和成股射流四种;边墙有渗水、淌水两种,少数隧道还有隧道涌水病害。它受漏水、涌水规模以及隧道结构、牵引类型、地质条件等因素的影响。

隧道渗漏按水源补给情况,可分为地下水补给和地表水补给两种。地下水补给有稳定的地下水源补给,其流量四季变化不大;地表水补给,其流量随地表水季节性变化而变化。同一渗漏水处所也可能有两种补给水源。

2. 隧道渗漏水的影响与危害

隧道渗漏水对隧道稳定、洞内设施、行车安全、地面建筑和隧道周围水环境产生诸多不良影响甚至威胁。

(1)渗漏水促使混凝土衬砌风化、剥蚀,造成衬砌结构破坏;渗漏水还会软化围岩,引起围岩变形。有些隧道渗水中含有侵蚀性介质,造成一般的衬砌混凝土和砌筑砂浆腐蚀损坏,降低衬砌的承载能力。在寒冷和严寒地区,隧道漏水会造成边墙结冰、拱部挂冰,侵入隧道建筑限界;还会造成隧道衬砌冻胀裂损。

(2)渗漏水加快隧道内部设备(如通信、照明、钢轨等)损坏,影响设备的正常使用,缩短设备的使用寿命,增加维修费用。

(3)水害引发路基下沉、基底裂损、翻浆冒泥等病害,导致铁路线路轨距水平变形超限;冻胀引发洞内线路起伏不平,以及洞内漏水潮湿降低轮轨附着力,影响行车安全;水害使电绝缘失效、短路、跳闸,影响安全运营,引发漏电伤人事故;少数隧道,暴雨后隧道铺底破损涌水,造成淹没轨道,冲空道床,危及行车安全。

(4)严重渗漏水引发地面和地面建筑物的不均匀沉降和破坏。

(5)隧道渗漏造成地表水和含水层水大量流失,破坏周围水环境,造成环境灾害。

3. 衬砌周围积水

运营隧道中的地表水或地下水向隧道周围渗流汇集,如不能及时排走,可能引发的病害有:

(1)水压较大,导致衬砌破裂。

(2)围岩浸水软化,承载力降低,对衬砌压力加大,导致衬砌破裂。

(3)膨胀性围岩体积膨胀,导致衬砌开裂。

(4)寒冷地区引发冻胀病害。

4. 潜流冲刷

指由于地下水渗入和流动而产生的冲刷和溶蚀作用。其危害有:

(1)衬砌基础下沉,边墙开裂或仰拱、整体道床下沉开裂。

(2)围岩滑移错动导致衬砌变形开裂。

(3)在超挖回填不实或未全部回填时,易引起围岩坍塌,导致衬砌破坏。

以上为运营隧道水害。隧道水害的另一类是施工中的隧道水害,主要是指隧道施工过程中,围岩的地下水或部分地表水,以渗漏或涌出方式进入隧道内造成的危害。施工隧道水害,轻则造成洞内空气潮湿,影响施工人员身体健康,机械设备锈蚀,绝缘设备失效,电路短路,漏电伤人;重则威胁人身安全,冲毁洞内机械设备,造成塌方,淹没工作面,中断施工,造成重大经济损失,危害环境。本书主要讨论运营隧道水害。

(二)水的来源与分析

水的可能来源见表 11-1。

表 11-1　水的可能来源

自　然　的	人　为　的
含水层的储蓄水	隧道施工用水
含水层局部聚集水	其他隧道
地层中流水	探孔或钻孔
断层、裂隙等构造水	煤矿、水库、渠道、管道
溶洞	废弃工程、古代工程
河流、湖泊、海	

仔细分析水的可能来源非常重要。隧道水文地质报告应详细给出水压、渗透性、水质、水的化学成分等。在此基础上,可以采用最经济的防水方法,也可以在设计中将隧道、竖井布置在天然不透水地层或非含水层,或者能经济地采取处理措施的地层。

(三)水害的成因

成因是我们解决工程问题的基础。隧道水害的成因是,修建隧道时破坏了山体原始的水系统平衡,隧道成为所穿过山体附近地下水集聚的通道。当隧道围岩与含水地层连通,而衬砌的防排水设施及方法不完善时，就必然要发生隧道水害。

隧道水害可以归结为客观和主观两方面的原因。

1. 隧道穿过含水的地层——客观原因

(1)隧道穿过砂类土和漂卵石类土含水地层。

(2)隧道穿过节理、裂隙发育，含裂隙水的岩层。

(3)隧道穿过石灰岩、白云岩等可溶性地层，当有充水的溶槽、溶洞或暗河等与隧道相连通时。

(4)浅埋隧道地段，地表水可沿覆盖层的裂隙、孔洞渗透到隧道内。

2. 隧道衬砌防水及排水设施不完善——主观原因

(1)隧道衬砌防水、排水设施不全。

(2)混凝土衬砌施工质量差，蜂窝、孔隙、裂缝多，自身防水能力差。

(3)防水层(内贴式、外贴式或中间夹层)施工质量不良或材质耐久性差，经使用数年后失效。

(4)混凝土的工作缝、伸缩缝、沉降缝等未做好防水处理。

(5)衬砌变形后，产生的裂缝渗透水。

(6)既有排水设施(如衬砌背后的暗沟、盲沟，无衬砌的辅助坑道、排水孔、暗槽等)年久失修阻塞。

隧道建设过程，分勘测设计、施工、竣工验收等阶段，在每个阶段或材料供应等关键环节出现问题时，都可能引发隧道水害。例如，施工中经常出现的附加防水层接缝处理不好导致漏水，防水材料品质不过关或防水材料与基面黏结不良等原因都将导致防水失效。

二、隧道防水方法

(一)隧道防水设计

隧道防水要"防患于未然"，首先从设计做起，要在水文地质调查的基础上，从工程规划、结构设计、材料选择、施工工艺等方面进行合理设计。防水设计应考虑地表水、地下水、毛细管水等的作用，以及由于人为因素引起的附近水文地质改变的影响。防水设计要遵循隧道防水原则，定级准确、方案可靠、施工简便、经济合理。

隧道与地下工程防水设计内容包括：

(1)防水等级和防水方案；

(2)防水混凝土的抗渗等级和其他技术措施、质量保证措施；

(3)其他防水层选用的材料及其技术指标、质量保证措施；

(4)工程细部结构的防水措施，选用的材料及其技术指标、质量保证措施；

(5)工程的防排水系统，地面挡水、截水系统及工程各种洞口的防倒灌措施。

(二)防水原则

铁路隧道防排水应采取："防、排、截、堵相结合，因地制宜，综合治理"的原则。

"防"是指隧道衬砌应具有一定的防水能力，能防止地下水渗入。

"排"即放流和疏通的意思，就是使汇集于衬砌外围的地下水，沿着无害的通路排走，而不是让地下水自找出路，酿成水害。

"堵"是指在隧道内对衬砌表面可见的渗漏处所，封堵归槽引排。如在衬砌圬工内压浆、喷浆、喷涂乳化沥青和抹面封闭等内贴式防水层。堵水应归槽，使地下水按预定路径排出。

"截"即是拦截和引离的意思。目的是把流向隧道的水流截断，或采用引离的方法，尽可能使其水量减少。“截”是属于间接的排与防。排、堵、截均不宜单独使用，要做到以排保防，以防助排，排防结合，相得益彰。要避免只堵不排。只有将水流集中，沿着预先安排好的路径排走，才能缓解水害发展，从而为根治水害创造条件。

隧道治水要紧密结合实际情况，在洞内外，山上地下，有病害与无病害的区段，综合分析，统筹规划，做全面整治安排；所采用的排、堵、截设施均应有主有次，既能自成体系，又能互相配合，形成完整的治水系统。如规划工程量过大时可以分期治理，逐步配套。

（三）排水设施

1. 在衬砌外面设置排水设施

采用此设施治本需要凿开衬砌，扩挖围岩，施工复杂，工程量大。只有在结合更新衬砌时，增设衬砌外排水设施才经济合算。主要形式有：

（1）岩石暗槽

岩石暗槽大多用于围岩坚实稳定、水流清澈，不含泥砂地段。可沿主要的含水裂隙的走向开凿暗槽，为扩大疏干范围，可增设一些集水钻孔，暗槽的盖板可用半圆胶管、瓦块、塑料片或预制砂浆块等，如图 11－1 所示。

（2）竖向盲沟

依其设置部位不同，有墙后竖盲沟、拱部竖盲沟及环状盲沟等，见图 11－2。盲沟底部应与纵向排水沟相通，当盲沟埋深不能满足防冻要求时，可以在盲沟外做保温层，见图 11－3。

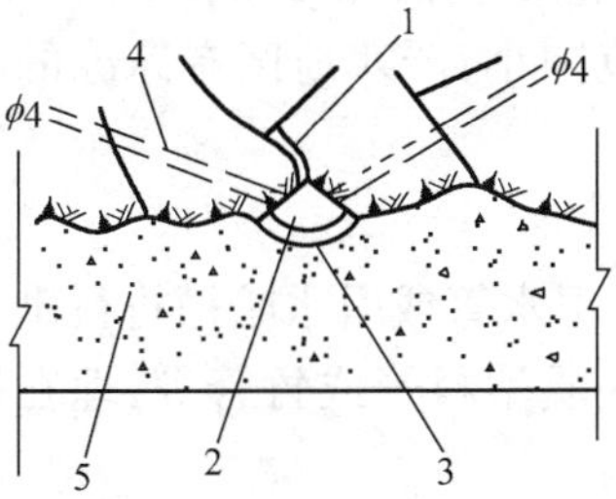

图 11－1　岩石暗槽（单位：cm）

1—含水裂隙；2—排水暗槽；3—盖板；
4—集水钻孔；5—衬砌

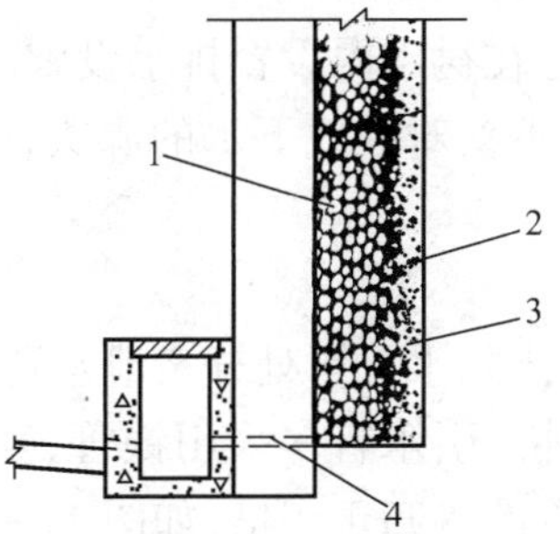

图 11－2　盲沟

1—片石；2—碎石；
3—粗砂；4—排水孔

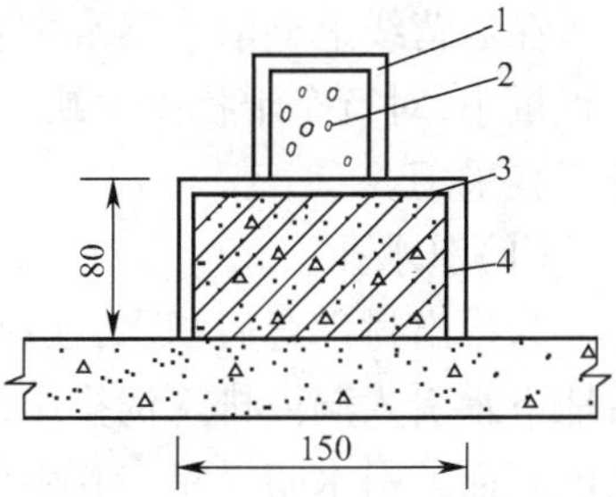

图 11－3　盲沟保温层（单位：cm）

1—木板；2—竖向盲沟；
3—木板贴油毡沥青；4—炉渣轻质混凝土

（3）纵向盲沟

主要有拱背纵向盲沟和墙后纵向盲沟，如图 11－4 所示。盲沟多用有孔管埋设在多孔混凝土中，纵向坡度不得小于 3%。

（4）围岩排水钻孔

在衬砌背后的岩体内设置一群或多群排水钻孔，使之形成一个或多个集渗幕，对疏干围岩内的地下水是个简便、经济而有效的排水设施。钻孔洞室设有引水暗槽连通各排水钻孔并与隧道的主排水沟连通。

（5）横向排水沟

当隧道只有一侧纵向排水沟或只有纵向中心水沟时，要设横向排水沟以便将竖向盲沟汇集的地下水顺利排进纵向排水沟。横向排水沟多采用无孔管槽，但横坡要大，以防淤积堵塞。

（6）防寒水沟（防寒泄水洞）

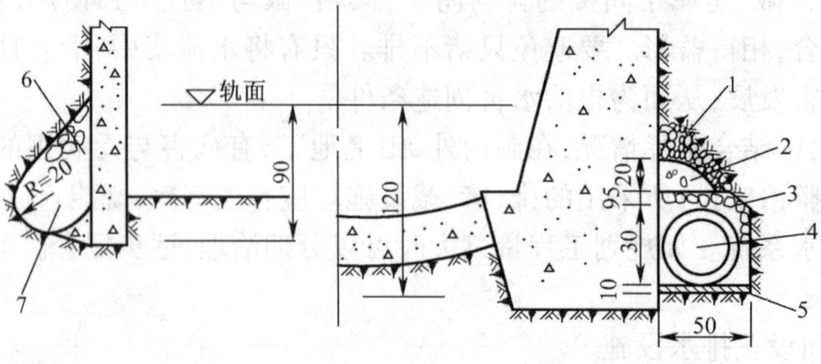

图 11－4　纵向盲沟(单位:cm)

1—超挖回填(碎石或圆砾);2—圆砾($d=0.5\sim1.2$ mm);3—圆砾($d=1.2\sim2$ mm);
4—有孔管;5—混凝土垫底(纵坡不小于 3%);6—超挖回填片石;7—纵向盲沟槽

在严寒地区的排水沟应采取保温防寒措施,以保证水沟正常使用。特别是在长年冻结不融地区,水沟砌筑材料应选用膨胀珍珠岩混凝土、膨胀蛭石混凝土、浮石混凝土、泡沫混凝土和加气混凝土等保温材质,并在其上喷涂防潮层。

当有条件时也可采用深埋防寒泄水洞作为纵向排水沟。防寒泄水洞可以设在隧道中心底下足够深度处,也可以设在隧道以外,或设在可利用的平行导坑等。

2. 在衬砌内设置排水设施

在运营线上整治渗漏水主要是在衬砌内设置排水设施。其优点是不凿开衬砌,施工简便,工程量小,对行车干扰少。缺点是不易对准地下水的源头,疏干范围小,严寒地区有冰冻的隧道不宜采用。

(1)泄水孔

为排出衬砌背后积水,在衬砌渗漏水严重处开凿泄水孔,并用引水管或引水暗槽将衬砌背后地下水引入洞内排水沟排出洞外。引水管多采用铁管、胶管、硬质塑料管或竹管等,埋在拱墙内表面。引水暗槽将多孔引水管的水归于一槽,如图 11－5 所示。

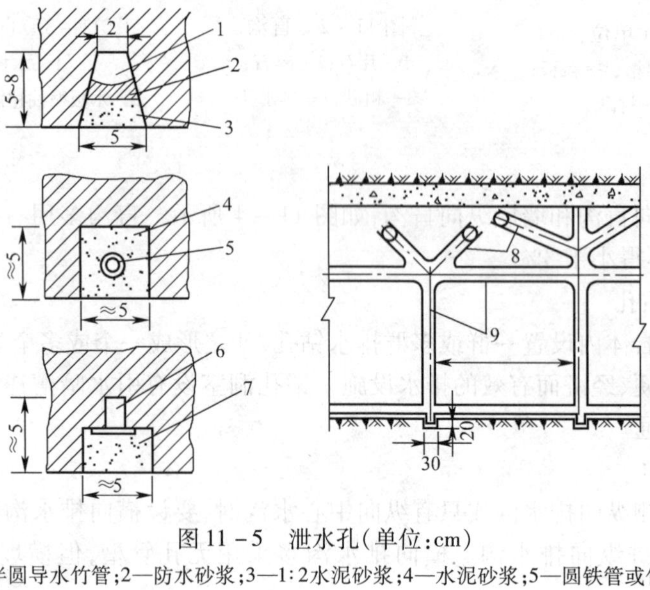

图 11－5　泄水孔(单位:cm)

1—半圆导水竹管;2—防水砂浆;3—1∶2水泥砂浆;4—水泥砂浆;5—圆铁管或竹管;
6—凿槽;7—1∶2水泥砂浆;8—引水槽;9—排水暗槽

如果衬砌渗漏水点很多，要采取排和堵相结合的办法，在集中漏水处装引水管，然后汇集到引水暗槽。为了减少对衬砌的削弱和损伤，暗槽的深和宽尽量要小，根据情况深槽和浅槽并用，暗管和暗槽并用。水量不大时，可沿砌缝开凿宽、深约 5 ~ 7 cm 的暗槽。暗槽以竖槽为主，尽量少用斜槽，槽口封闭可采用竹片或塑料板等，并用防水防冻砂浆抹平。当水中含有泥浆时，在暗槽上端留有灌水孔眼，下端做一沉淀池以便于清淤。

(2)集水钻孔

泄水孔一般只钻透衬砌，排泄衬砌背后的积水，疏干围岩范围很小，往往难于满足防治水害的需要。为此，可通过衬砌在围岩一定深度内，向各个方向打一些集水钻孔，以疏干围岩中的水。集水钻孔与引水管、引水暗管和洞内排水沟相通，把汇集的地下水经无害路径排出洞外。集水钻孔孔径一般以 ϕ40 mm 为宜，深度 2 ~ 3 m，如图 11 - 6 所示。

(3)接水槽和接水棚

当漏水严重的隧道限界允许且无冻害时，可以采用接水槽或接水棚排泄漏水，见图 11 - 7。接水槽可用水泥石棉薄板或薄铁板做成梯形或半圆形槽，嵌固在漏水严重的拱部，由引水管将漏水导入洞内水沟中。接水棚用薄铁皮做成拱形，用锚钉悬吊固定在漏水集中处，汇集漏水经引水管排入洞内水沟。在运营线上此种排水设施已不多见。

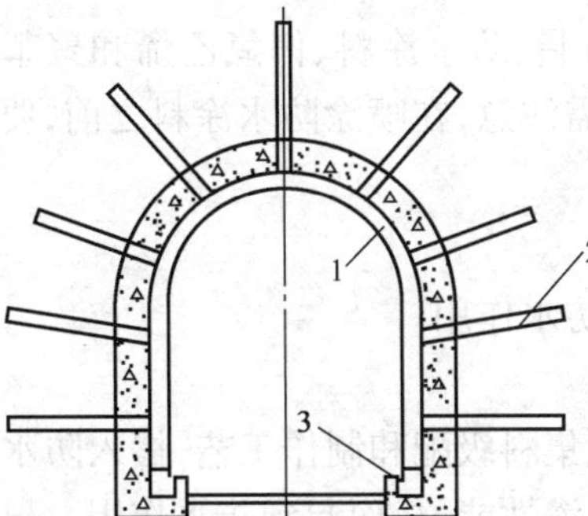

图 11 - 6　集水钻孔

1—石棉沥青横向接水槽；2—集水钻孔；3—水沟

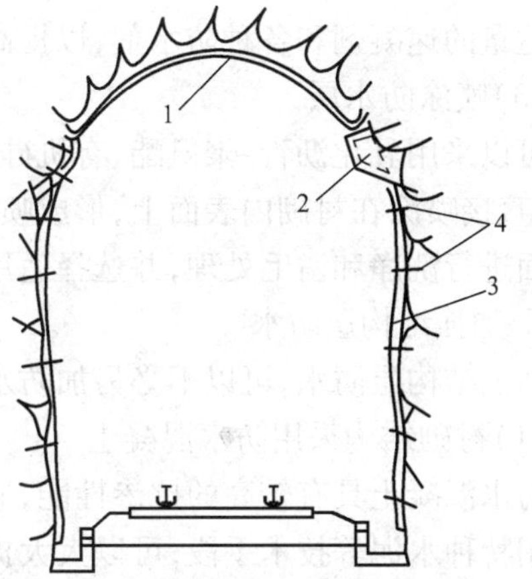

图 11 - 7　接水槽和接水棚

1—接水棚；2—牛腿；3—引水管；4—固定牵钉

(四)防水设施

1. 压注外贴防水层

通过一定的压力将防水浆液注入衬砌后回填空隙和围岩的节理裂隙内，围绕衬砌，以起到保护衬砌的防水层作用。实践证明，只要防渗幕质量好，厚度足够，可以有效防治水害。而且可以固结围岩，增强岩体的稳定性，使衬砌和围岩更加密贴，共同受力，发挥衬砌对围岩的支护作用。但是，如防渗幕质量不良或根本未形成，就难以获得预期的效果，甚至使原有排水孔道堵塞，引出新的水害。因此，在运营隧道中，采用压浆防治水害应注意以下几点：

(1)应当明确压浆堵水不是为了简单地把地下水封闭在围岩内，而是不让地下水渗向衬砌，改道流向无害路径。所以应为每一压浆防水段落的地下水安排一个出路。

(2)压浆应先封后压，即先形成一个封闭范围，防止浆液自由扩散和流失。

(3)压浆区段至最近的排水设施应保持不小于 3 倍浆液扩散半径的距离，以防止排水设施被堵塞。

(4)衬砌破损严重,不能承受压浆压力者,应先用锚杆加固,然后逐步试压。

(5)遇有集中水流时,必须先疏导排水,不能强压堵水,在水量不大时,可压注速凝的高分子化学浆液封堵。

2. 使用内贴防水层

使用内贴防水层是隧道在运营条件下整治漏水病害最常用方法。其优点是不用开凿衬砌,施工简便,成本低,便于检查和修理。而且对防治衬砌因各种烟气和水,以及防止瓦斯冒出等引起的侵蚀病害,都有很好的技术经济效果。但是,对衬砌裂缝和冻融破坏不起作用;对于具有侵蚀性环境水的病害,只能起到延缓作用,是隧道建成后处理水害的补救措施。

常用内贴防水层有:

(1)用防水砂浆抹砌防水层

一般多用水泥—水玻璃砂浆抹 4 ~ 5 层,中间要隔 2 mm 的素灰浆层,防水砂浆厚度以 5 mm为宜。在渗水不严重的地方使用效果较好。

(2)喷浆防水层

用机械喷射防水砂浆,在衬砌内表面形成密实的防水层,同时又对衬砌表层缺陷进行了修补,起到了加固作用。防水层喷射一般分两次进行,总厚度以 12 ~ 40 mm 为宜。防水砂浆可掺入适量的速凝剂和各种防水剂,以提高其抗渗性能和固结强度,从而提高其耐久性。

(3)喷涂防水层

可以采用乳化沥青、聚氨酯、有机硅防水剂、环氧树脂、防水涂料、偏氯乙烯和聚苯乙烯等涂料,直接喷涂在衬砌内表面上,形成喷涂防水层。但需注意,在喷涂防水涂料之前,要对衬砌内表面进行洗净和凿毛处理,并选择适用的防水涂料。

3. 加强结构层防水

加强结构层防水,可以不必另加防水层,同样起到防水作用。

(1)衬砌结构采用防水混凝土

防水混凝土具有较高的抗渗性能,通过改善混凝土集料级配和制作工艺,掺入防水密实剂和使用特种水泥等技术手段,可以大大提高混凝土的抗渗性能,从而起到防水作用。根据地下水压和衬砌厚度可按表 11 –2 选用防水混凝土。

表 11 –2　防水混凝土的选用

最大作用水头与衬砌厚度之比	混凝土抗渗标号
<5	B4
5 ~ 10	B6
10 ~ 15	B8
15 ~ 20	B10
>20	B12

无抗冻要求时按上表选用,有抗冻要求时酌情提高一级。

(2)加强施工缝和伸缩缝的防水

施工缝和伸缩缝是衬砌的最薄弱环节,也是水害的突破口。因此,凡是更新衬砌,除严格按规定做好施工(或伸缩)缝的防水外,对旧有衬砌渗漏水的施工(或伸缩)缝,均应做压浆或堵漏处理。

(3)对结构缺陷进行防水处理

石质衬砌除砌缝之外,石料也有一定的透水性,可以采用喷涂防水层的方法处理。混凝土衬砌发生漏水的原因较多,如:

① 多余水分蒸发后残留的孔隙;

② 集料级配或配合比欠佳发生离析、泌水,砂浆不足而形成的孔隙和通路;

③ 制作成型工艺不良产生的蜂窝、疏松夹层和空洞;

④ 收缩裂纹和各种损伤;

⑤ 设备安装需要预埋的钉孔回填不密实;

⑥ 使用中混凝土因风化腐蚀和变形产生开裂等。

这些缺陷都是地下水侵袭的捷径,是水害的突破口。因此需把这些缺陷的防水处理好,以提高衬砌结构的防水能力。

4. 加强截水设施

(1)地表截水

经实地查明若地下水的主要补给来源是地表水时,可做地表截水,措施如下:

① 隧道顶或其附近存在封闭的积水洼地或水坑时,宜开沟疏导引流排水。

② 洞顶或其附近有造成隧道水害的输水渠道、水工隧洞、山塘、水池和稻田等时,应要求有关单位对其设备加强防渗漏处理。

③ 隧道经过的地表岩土破碎、岩层断裂或有断层、溶沟、溶槽、竖井、漏斗等地质条件,且地下水的补给来源又较丰富,对隧道漏水有较大影响时,应采取换填、压浆等封闭措施。需做一定深度的垂裙封闭沟床。

④ 当山坡上有构造破碎带、陷穴、落水洞等,其坡面较长且有径流流入,对洞内漏水影响较大时,宜在其上回填并做地表截水沟,如图 11－8 所示。

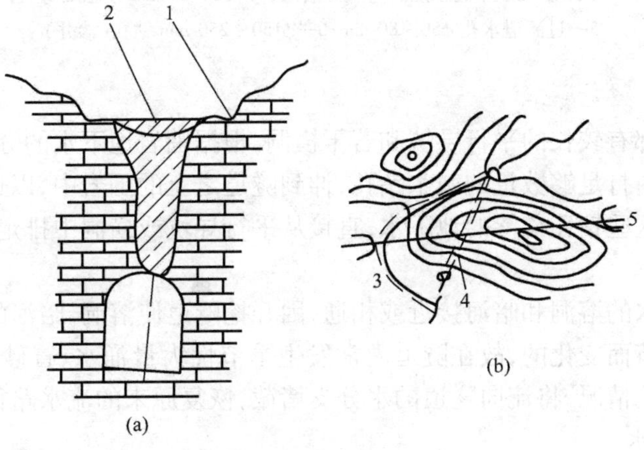

图 11－8　地表截水沟

1—截水沟;2—回填黏土;3—增设明沟;4—暗河;5—隧道

⑤ 做好明洞顶的防水和排水,在明洞与隧道交接处要作横隔水墙,并使防水层顶面的水有出路。

⑥ 堵塞暗河的地表水进口,使之改流。

(2)地下截水

当隧道围岩地下水有明显集中的水源,而且流量较大时,可采取地下截水设施,截断水源使之改流。

① 泄水洞截水

当地下水流量很大且一年四季不断时，可以采用泄水洞截排地下水。泄水洞的修建应满足以下要求：

a. 泄水洞应尽量避免在易流失、易碱化、易溶解的围岩内修建。

b. 泄水洞应设在来水方向一侧，并应保证泄水洞最高水位低于隧道水沟底。

c. 泄水洞一般应加衬砌，断面尺寸应满足最大流量要求，一般不小于1.2 m×1.8 m。

d. 纵坡一般不小于3‰，坡度过陡可设缓流台阶，以防冲刷。

e. 泄水洞一般应设洞门及出水沟渠，并与排水沟衔接。泄水洞设置如图11－9所示。

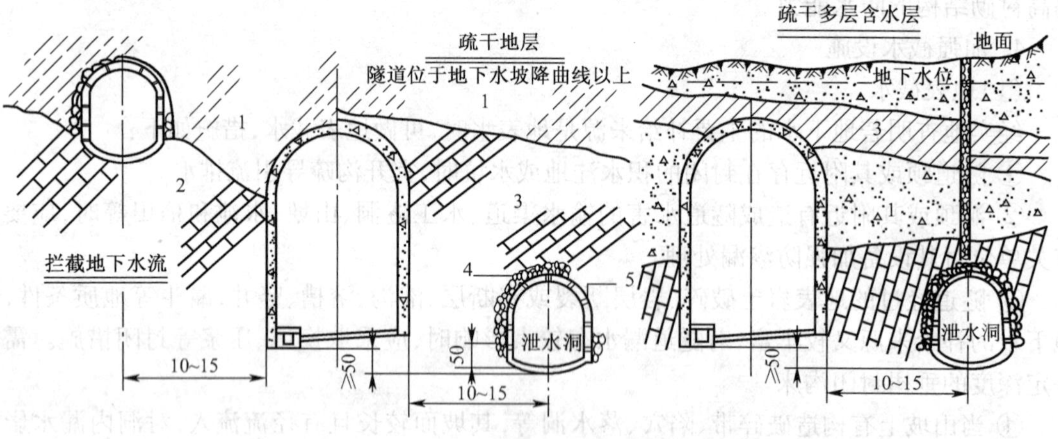

图11－9 泄水洞(单位:m)

1—透水层;2—不透水层;3—破碎岩层;4—ϕ2～80 mm砂砾反滤层;
5—过滤泄水孔ϕ50～80 mm;6—ϕ150～250 mm钻孔(渗井)

② 钻孔截水

长大隧道一般都有较长的平行导坑和若干横洞，根据围岩地下水的分布和地质构造条件，在平行导坑和横洞内打足够数量的截水钻孔，伸到隧道之上的围岩中，以达到最大限度减少向正洞汇集的水量。这些钻孔集渗的地下水，直接从平行导坑或横洞中排走。

③ 拦截暗河

有些隧道与充水的溶洞和暗河接近或相通，因开挖隧道使溶洞、暗河的水流侵入。因暗河或溶洞的水是随季节而变化的，故在隧道内常发生季节性大量涌水、冒砂病害。为此，应实地调查暗河源头和水流情况，将流向隧道的水分支堵截，恢复原来的流水路径。

④ 防渗帷幕截水

隧道与岩层走向平行或交角较小，通过流砂和易侵袭而失稳的地层，或围岩裂隙发达且透水性很强，不能阻塞地下水的去路时，可以采取沿隧道周围的岩体用深孔压浆法形成防渗帷幕，使地下水与衬砌隔离，截断地下水对隧道的侵害。

第二节　隧道衬砌裂损及防治

隧道衬砌是承重结构，它不但承受围岩压力，还受列车荷载的作用。同时它还要经受地下水的侵蚀和洞内有害物质的腐蚀。

一、衬砌腐蚀及防治

(一)腐蚀类型

1. 水蚀

地下水对隧道衬砌的浸蚀是极为严重的。由于地下水的化学成分的不同,对隧道衬砌的侵蚀程度和形式也不相同。一般有溶出型侵蚀、碳酸型侵蚀、硫酸盐侵蚀和镁侵蚀等。隧道的拱部、边墙、仰拱、排水沟和电缆槽等部位都可能出现水侵蚀病害。尤其是高度在1m以下的墙脚部位最为严重。排水沟、整体道床表面次之,漏水的拱顶、衬砌接缝、各种施工缺陷和裂纹周围也较普遍。

2. 烟蚀

(1)化学性腐蚀

蒸汽机车排出的废气中含有大量的有害气体,如一氧化碳(CO)、二氧化碳(CO_2)和二氧化硫(SO_2)等。这些有害气体都易溶于水,与水作用形成腐蚀性强酸,对混凝土衬砌腐蚀很大。在蒸汽机车牵引区段上的隧道,常常在拱部宽1~2 m范围内有条带状的腐蚀剥落,尤其是渗水或漏水部位腐蚀剥落更为严重。

在内燃机车牵引区段,因内燃机车排放的废气中含有大量的氮氧化合物,尤其是二氧化氮(NO_2)极易溶于水,与水结合成硝酸,这也是一种侵蚀很强的有害物质,对衬砌产生酸性和化学性侵蚀。这些化学侵蚀是无孔不入的,在旧隧道的衬砌翻修中,都可发现衬砌内部及衬砌背后围岩处有化学侵蚀的迹象。

(2)机械性磨蚀

机械性磨蚀主要指蒸汽机车烟筒喷出的高压高温烟气中含有的煤颗粒,对隧道衬砌起到的喷砂作用。尤其是净高较低的旧隧道,这种高温高压喷砂作用,对衬砌侵蚀很严重,长期在循环高温高压作用下,混凝土强度降低,甚至粉化。

3. 冻蚀

严寒地区的隧道,由于衬砌混凝土中存在孔隙,冬季孔隙中含水结冰冻胀,使混凝土破坏开裂,导致衬砌损坏。尤其在地下水丰富、排水不良的隧道,衬砌内含水,一旦结冰,破坏更为严重。

4. 骨料溶胀

混凝土中使用了遇水能发生溶解和体积膨胀的岩石作为骨料,由于遇水膨胀软化,便发生混凝土腐蚀。所以在衬砌混凝土的灌筑时,对粗细骨料要按规定进行严格筛选,不合格者坚决不用。

当衬砌采用石料砌筑时,也存在以上的腐蚀现象。砌筑石料的腐蚀多表现在灰缝腐蚀,黏结力和抗压强度的降低,直至完全丧失。灰缝脱落,砌块松动,导致衬砌变形。如采用抗风化腐蚀能力甚差的砂岩做衬砌石料时,就会发生灰缝完好但砂岩很快层层剥落现象,使得衬砌厚度渐渐变薄,导致衬砌失去承载能力而损坏。

(二)防治办法

1. 局部腐蚀整治

(1)抹补法。当衬砌总腐蚀厚度在10 cm以下时,可以采用抹补法进行修补,即在腐蚀处将腐蚀层凿除,清理好基面,抹防水防蚀砂浆,厚度一般不小于3 cm。防水防蚀砂浆的选用,要根据衬砌腐蚀的原因,有针对性地选择防蚀剂和水泥配料等。例如,沥青对于浓度

50% 的硫酸，20% 的盐酸，20% 的氢氧化钠，硫酸氢钠以及任何浓度的硫酸钠溶液均有抗侵蚀性。因此沥青砂浆对酸性腐蚀处所的修补是最合适的材料。但施工时需要采用热拌热铺工艺，故宜用于作仰拱底或铺底和整体道床的防蚀层。沥青砂浆层下用 M10 强度等级的水泥砂浆找平。

(2)浇补法。当衬砌总腐蚀厚度大于 10 cm 时，宜采用浇补混凝土的修补方法，即将腐蚀层凿除，露出无腐蚀的混凝土新茬，清理表面后立模浇灌抗渗防水混凝土，并在防水混凝土上设防蚀层，也可采用特种水泥砂浆或混凝土做防蚀层。

(3)喷补法。当隧道拱部衬砌腐蚀严重时，不宜采用抹补和浇补，而宜采用喷补。喷补即直接在被清理的基面上喷射防蚀砂浆或混凝土，一般拱部都采用挂钢筋网，用锚钉嵌固在旧衬砌上，然后喷射防蚀混凝土。为提高喷射混凝土的防蚀能力，在其上还可以喷射一层防蚀涂料，如乳化沥青涂料、偏氯乙烯共聚乳液和苯乙烯涂料等。其中乳化沥青涂料施工简便，无臭无毒，适用冷喷涂作业，成本低，防酸、碱侵蚀均好，一般喷 2 ~ 3 次即可。苯乙烯涂料(苯乙烯焦油加入填充料，溶剂等配制而成)附着力较强，长期浸水不会脱落。

(4)镶补法。用耐腐蚀的块材将被腐蚀的断面砌筑镶补，形成衬砌结构补强层，并以镶补层作为模型，在其内已清理的基面间灌入防蚀混凝土，施工时随镶砌补层随灌混凝土。此法适用于腐蚀层总厚度大于 25 cm 的严重腐蚀部位。块材有耐蚀强的天然石材、铸石、耐酸陶板、聚氯乙烯塑料板等。除天然石材外，其他成本都较高，使用也较少。天然石材中含二氧化硅愈高则耐酸性越好，如花岗岩、石英石、玄武岩、安山岩、文石等石材。含氧化钙、氧化镁高的石材，只能用于单纯碱性侵蚀的部位。

(5)勾补法。当石块砌筑的衬砌在灰缝处发生严重腐蚀时，可将失效灰缝剔出来，用耐蚀胶泥重新勾缝，效果较好。常用耐蚀胶泥有沥青胶泥、水玻璃胶泥、环氧胶泥和树脂胶泥以及各种有机黏结剂等。

2. 大面积腐蚀整治

(1)衬砌腐蚀总深度超过原衬砌实有厚度的 2/3，其面积超过该段边墙或拱部表面积的 60% 以上时，宜将该段边墙或拱部进行翻修。如所占面积不足 60% 时，可以考虑采取局部镶补或翻修。翻修时应优先采用结构层、防水层及防蚀层合一的做法，即用防蚀材料作衬砌，使防水、防蚀与结构合一。除做好翻修部分的防水外，还要注意对新旧衬砌接茬边界附近一定范围内的防水、防蚀处理，以扩大防蚀范围和效果。实践证明，施工缝处理不好会使防水、防蚀工作前功尽弃。

(2)当总腐蚀厚度超过衬砌实有厚度的 1/2 且面积较大时，必须先查明衬砌的实际受力状态。根据不同情况，采取必要的临时加固措施，然后研制整治施工方案，以确保行车和施工安全。

(3)对于有严重冻融、骨料膨胀和有分解性侵蚀病害时，除有明显可见的衬砌内表面向外的腐蚀外，还要查明有无从外面向内腐蚀的情况。当发现衬砌内外均有腐蚀时，宜首先采取治水防蚀措施。当经过治水已能消除或大为减缓腐蚀的发展时，可以仅作内表的挖补加固。如经治水仍不能有效控制冻融和骨料溶胀时，应采取套拱加固整治措施，即将旧衬砌普遍铲除一定深度，固定钢筋网，用喷射混凝土的方法制成套拱。喷射混凝土的厚度不宜大于 15 cm，混凝土应是防蚀的并有足够的抗渗性。

当原衬砌腐蚀极为严重时，可以考虑预制套拱更换旧衬砌。

二、衬砌裂损整治

（一）衬砌裂损类型及原因

1. 衬砌裂损类型

(1)衬砌开裂

隧道衬砌裂缝根据裂缝走向及其和隧道长度方向的相互关系，分为纵向裂缝、环向裂缝和斜向裂缝三种，见图 11－10、图 11－11、图 11－12。环向工作缝裂纹，一般对于衬砌结构正常承载影响不大。拱部和边墙的纵向及斜向裂纹，破坏结构的整体性，对衬砌结构危害较大。

① 纵向裂缝

纵向裂缝平行于隧道轴线，其危害性最大，其发展可引起隧道掉拱、边墙断裂甚至整个隧道塌方。

纵向裂缝分布具有拱腰部分比拱顶多，双线隧道主要产生在拱腰，单线隧道主要产生在边墙的规律。从受力分析来看，拱顶混凝土衬砌一般是内缘受压，形成衬砌开裂、剥落掉块；拱腰部位主要是混凝土衬砌内缘受拉张开；拱脚部位裂缝则会产生衬砌错动，导致拱块掉落可能，边墙裂缝常因混凝土衬砌内缘受拉张开而错位，会使整个隧道失稳。

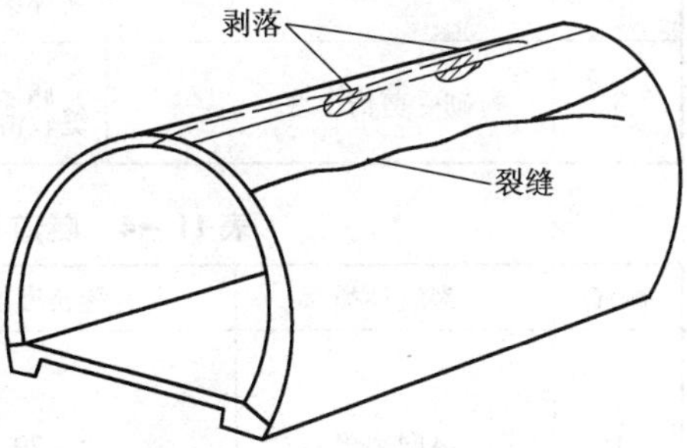

图 11－10　隧道纵向裂缝

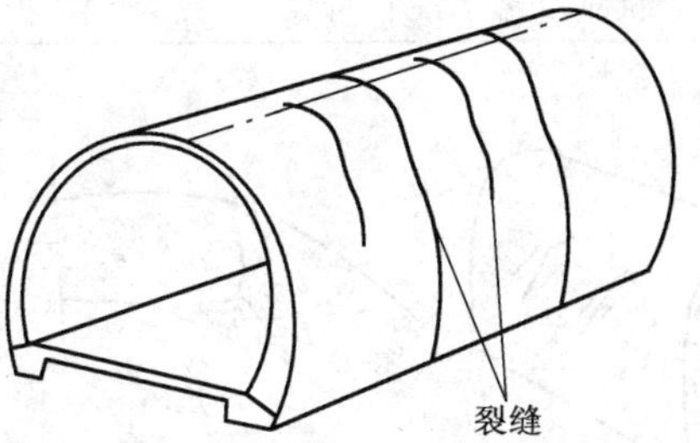

图 11－11　隧道环向裂缝

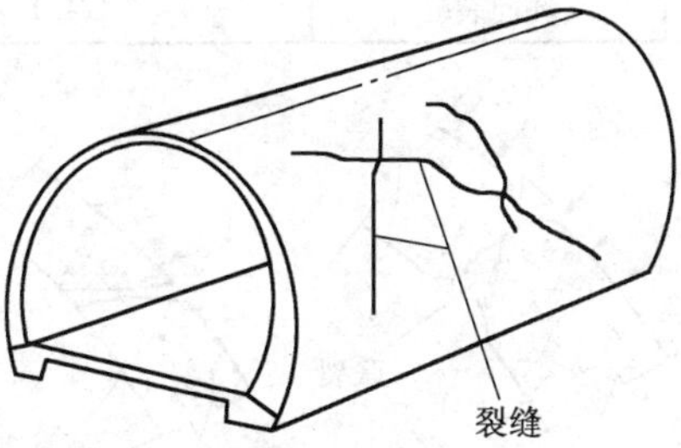

图 11－12　隧道斜向裂缝

② 环向裂缝

环向裂缝主要由纵向不均匀荷载、围岩地质变化、沉降缝等处理不当所引起，多发生在洞口或不良地质地段与完整岩石地层的交接处。环向裂缝约占裂缝总长的 30% ~40% 。

③ 斜向裂缝

斜向裂缝一般和隧道纵轴呈 45°左右，是由混凝土衬砌的环向应力和纵向受力组合而成的拉应力造成的，其危害性仅次于纵向裂缝，也需认真加固。

有关部门曾对我国铁路 88 座典型隧道，全长 78 km，裂纹总长度 32 482 延长米的裂损情况进行了调查统计。按衬砌受力变形形态和裂口特征分类，主要分为衬砌受弯张口型裂纹[图 11－13(a)]，内缘受挤压闭口型裂纹，衬砌受剪错台型裂纹[图 11－13(b)]，收缩性环向裂纹等四种，见表 11－3。纵向裂纹、斜向裂纹及环向裂纹三种类型情况见表 11－4。其中，以拱腰受弯张口型纵向裂纹最为常见，这种裂纹使衬砌向内位移；拱顶部位多发生内缘受压闭口型裂纹，使衬砌向上位移。纵向和斜向裂纹使隧道衬砌环向节段的整体性遭到破坏。当拱腰和边墙中部出现两条以上粗大的张裂错台，并与斜向、环向裂纹配合，衬砌被切割成小块状时，容易造成结构失去稳定,出现坍落掉块现象,对运营安全威胁很大。

表 11-3 隧道混凝土衬砌裂缝情况调查统计表

顺号	裂纹种类	隧道混凝土衬砌受力变形形态和裂口特征
1	衬砌受弯张口型	常见在拱腰部位,边墙中部,衬砌承受较大的地层压力作用的部位,由于衬砌受弯向内位移,内缘拉应力超过混凝土的极限抗拉强度,因而发生张口型裂纹
2	内缘受挤压闭口型	常见在对应于两拱腰发生较严重的纵向张裂内移地段的拱顶部位,出现闭口型纵裂,衬砌向上位移。其中较严重处,拱顶内缘在高挤压应力作用下发生剥落掉块
3	衬砌受剪错台型	偶见拱腰部位衬砌,在其背后局部松动滑移围岩的推力作用下,沿水平工作缝较薄弱处,有一侧的衬砌变形突出,形成错台型裂纹

表 11-4 隧道衬砌受力变形形态和裂口特征分类表

顺序	裂纹种类	占裂缝长度的比例(%)	部　位	占裂缝长度的比例(%)
1	纵向裂缝	79.3	拱腰纵裂	64.7
			边墙纵裂	19.9
			拱脚纵裂	12.2
			拱顶纵裂	3.22
2	斜向裂缝	4.9	拱部、边墙	/
3	环向裂缝	14.1	拱部、边墙	/

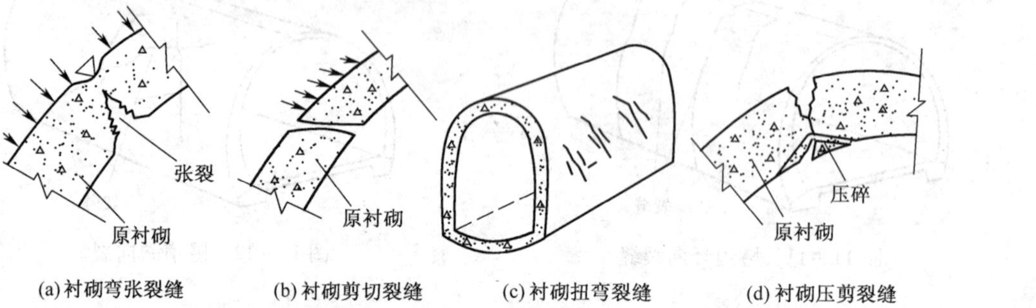

图 11-13 衬砌裂损受力特征

(2)衬砌变形

混凝土衬砌发生收敛变形,造成隧道净空不够,或侵占预留加固的空间,个别隧道的混凝土衬砌侵入限界 30~40 mm,因此运营隧道需定期进行限界测量,作为加固的依据。

(3)衬砌腐蚀破坏

我国西南地区不少铁路隧道混凝土衬砌被酸性地下水所腐蚀。这些地区的地下水,硫酸根(SO_4^{2-})含量高达 6 000 mg/L,因而造成混凝土衬砌和道床被腐蚀成豆腐渣状,强度降低 30%,这种混凝土衬砌的处理和加固难度较大。衬砌腐蚀在前面已经详述。

(4)衬砌背后空洞

衬砌与围岩之间没有回填密实,出现脱空现象,一般方法加固困难。

(5)仰拱破碎,道床下沉,翻浆冒泥

这种病害直接影响行车安全,加固修理又受行车时间限制,因此设计施工时必须做好施工调查及施工质量检查工作。

2. 衬砌裂损原因分析

(1)设计方面的原因

隧道设计时,因围岩级别划分不准、衬砌类型选择不当,造成衬砌结构与围岩实际荷载不相适应引发裂损病害。如:① 对一些具有膨胀性围岩地段,未采取曲墙加仰拱衬砌;② 偏压地段未采用偏压衬砌;③ 断层破碎带、褶皱区等局部围岩松散压力或构造应力较大地段,衬砌结构未能相应采取加强措施;④ 对基底软弱和易风化泥化地段,未设可靠防排水设施,混凝土铺底厚度及强度不足。

(2)施工方面的原因

施工时,受技术条件限制,方法不当,管理不善,造成工程质量不良。

① 先拱后墙法施工时,拱架支撑变形下沉,造成拱部衬砌产生不均匀下沉,拱腰和拱顶发生施工早期裂缝。对Ⅲ级以下的围岩,过去通常采用先拱墙(上下导坑)施工方法,由于工序配合不当、衬砌成环不及时、落中槽挖马口时拱部衬砌悬空地段过长、拱架支撑变形下沉等原因,都容易造成拱部衬砌产生不均匀下沉,导致拱腰和拱顶衬砌发生施工早期裂缝。

② 拱顶与围岩不密贴,在“马鞍形”受力作用下,拱腰内移张裂,相应拱顶上移,内缘受挤压。模筑混凝土衬砌拱背部位常出现拱顶衬砌与围岩不密贴的空隙,由于没及时压浆,回填密实,形成拱腰承受围岩较大荷载,而拱顶一定范围空载,这种常见的与设计拱部荷载不相符、对拱部衬砌不利的“马鞍形”受力状态,正是导致拱腰内移张裂、相应拱顶上移、内缘挤压等常见病害产生的荷载条件。

③ 由于施工测量放线发生差错、欠挖、模板拱架支撑变形、坍方等原因,而在施工中又未能妥善处理,造成局部衬砌厚度偏薄。

④ 过早拆除模板支撑,使衬砌承受超容许的荷载,易发生裂损。

⑤ 施工质量管理不善,混凝土材料检验不力,施工配合比控制不严,水灰比过大,混凝土捣实质量不佳,拱部浇注间歇施工形成水平状工作缝等,造成衬砌质量不良,降低承载能力。

(二)衬砌裂损的预防和整治

1. 预防措施

加强地质勘探工作,为隧道衬砌结构设计提供准确的工程地质与水文地质资料。采用地质雷达探测、开挖面超前钻探等方法进行超前地质预报,加强施工中的地质复查核实工作,正确选择施工方法和衬砌断面。对不良地质地段衬砌,应贯彻“宁强勿弱,宁曲勿直,加强衬砌过渡段,宁长勿短”的设计原则。例如,衡广复线某隧道原设计 200 多米长的Ⅲ级围岩地段,开挖后发现绝大部分只能算作Ⅳ级围岩,出入甚大,因而设计所选用的衬砌类型也就无法符合实际地层情况,这是施工现场经常遇到的问题。为了弥补设计上的缺陷,作为现场施工技术人员,要对开挖暴露后的围岩情况及时与设计图纸进行核对,如有不符之处不可盲目照图施工,而应立即会同现场设计人员协商做出相应的变更。

采用先进的施工技术设备,尽量减少施工对围岩的扰动,提高衬砌质量,大力推广光面爆破,锚喷支护,提高喷混凝土永久性衬砌的抗裂、抗渗性能。采用模板台车进行模筑混凝土,进行壁后压浆提高混凝土衬砌与围岩之间的密实性。

2. 整治原则

(1)加强观测,掌握裂缝变形情况和地质资料,查清病因,对不同裂损地段,采用不同的工程措施。

(2)对渗漏水、腐蚀等病害,综合进行整治,贯彻彻底整治的原则。

(3)合理安排施工慢行封锁计划,尽量减少对正常运营的干扰。

(4)精心测量,保证加固后的隧道净空满足隧道限界要求,确保锚喷加固衬砌、拱背压浆等整治措施的施工质量。

3. 整治措施

(1)压浆加固

① 圬工体内压浆加固。衬砌裂损发展非常缓慢或者已呈稳定状态时,可向圬工体内压浆。一般以压环氧树脂浆为多。

② 衬砌背后压浆加固。衬砌背后压浆的目的是增加拱或边墙的约束,提高衬砌的刚度和稳定性。所以一般可以在外鼓部位局部应用。如果衬砌同时存在外鼓和内鼓部位,应首先采取临时措施控制内鼓继续发展,然后在外鼓变形部位压浆加固,之后,再对内鼓变形采取加固措施。最后达到对全断面进行整体加固的目的。

(2)嵌补

对已呈稳定暂不发展的局部裂损,可以采用嵌补的方法进行修补,即将裂损部分凿除剔净,再用水泥防蚀砂浆、环氧树脂防蚀砂浆、环氧防蚀混凝土进行嵌补。

(3)钢拱架加固及嵌轨加固

当衬砌裂损严重而且发展很快时,为确保行车安全,可以采用钢拱架临时加固。加固拱部时,拱架脚可以嵌入墙顶或支承于埋设在墙顶的牛腿上,并加纵向连接。全断面加固时,可以用长腿钢拱架直接支承于墙脚上,做好纵向连接。钢拱架与被加固的衬砌间的缝隙,应用密排木楔楔紧顶严,木楔间距不可过大并要注意均匀分布,要保证拱脚或墙脚不发生下沉和移动。如需要钢拱架做永久加固,当限界允许时,可以把钢拱架作为加设套拱的劲性构架,在其外灌注混凝土,做成加固套拱。当净空不足时,钢拱架可以嵌入原衬砌内,并在钢拱架之间加纵向联结,然后再灌注混凝土做成套拱。

采用嵌轨加固的施工方法与嵌钢拱架大致相同,但应注意避免对衬砌原有截面的过大削弱。

(4)锚杆加固

衬砌内弯变形和向内位移,当背后围岩坚固良好时,采用锚杆加固是有效的。有条件时,最好采用预加应力锚杆加固,效果更好。

(5)喷射混凝土加固

喷射混凝土作为裂损衬砌的加固措施,其作用大致有如下几种:

① 高压喷射的混凝土在裂损衬砌上形成极密实的喷层,与衬砌圬工体在高压下紧密黏合,大大提高了黏结强度,可以有效地阻止破损衬砌的松动。

② 喷射混凝土可使水泥浆在喷射压力作用下嵌入裂缝内一定的深度,使碎裂的衬砌重新粘合起来,恢复原来的整体性。

③ 喷射混凝土的新旧混凝土间黏结力强,加之水泥浆的渗入,提高了碎裂的衬砌整体性。新旧混凝土共同承力,较大幅度地提高了裂损衬砌的承载力,达到了加固的目的。

为了减少和防止喷层的收缩裂纹,一般常采用挂钢筋网喷射混凝土。这种钢筋混凝土喷层,增加了结构的整体性和抗震、抗冲击的能力。在运营线上多被采用。

(6)喷锚结合加固

把锚杆加固与喷混凝土加固并用,可以使锚杆、高压喷层和钢筋网相互发挥其优点,弥补其缺点,对提高裂损衬砌的刚度、稳定性、承载能力效果更好,故被广泛采用。

衬砌裂损加固方法还有很多,如增加套拱、成段更换新衬砌、增设混凝土支撑、更换仰拱等方法。一般施工都比较复杂,尤其在运营线上施工对运输影响较大,故较少采用。只有在不得已情况下,才考虑停运施工,故在此不作详细介绍。

第三节　洞门病害及防治

一、洞口病害及原因分析

洞口常见病害有以下几种:洞口衬砌拱部和边墙出现较多环向裂纹;洞口衬砌发生纵向裂纹;洞门端墙前倾、断裂与衬砌环节脱开错台等等。

造成上述病害的原因众多,一般与洞口地质及自然条件变化有关。

(1)洞口山坡地层周围围岩较差、覆盖层厚薄不匀,遇有雨水季节,山体仰坡土层坍塌变位或滑移,使洞口承受过大的山体压力,造成洞门墙断裂、前倾、墙身扯断、洞口衬砌发生环向裂缝。

(2)因墙基围岩软弱,受地表水渗入浸泡软化,促使地基不均匀下沉,拉裂洞门端墙。

(3)因洞口段围岩裂缝,岩体节理面太薄破碎,修建坡脚时扰动了山体,破坏了岩体稳定性。运营后受列车频繁冲击及振动,促使洞门衬砌壁后岩体与结构物在自然应力的影响下,仰坡(边坡)发生变位,或沿门发生前倾、开裂等现象。

二、病害防治措施

(一)稳固洞口段岩体坡面

清理洞口段顶层边坡、仰坡岩层破碎层、孤石、危石,用植草皮、片石砌筑、填平空洞、岩石缝砂浆勾缝等方法,筑好边坡和仰坡上的护坡。危石较多时加筑挡石墙或加设锚杆挡墙。土质边坡可喷射砂浆或混凝土加固(喷射砂浆厚度为2~5 cm,喷混凝土为5~10 cm),必要时可加设锚杆钢筋网。

(二)改善洞口顶部排水设施

筑好洞口顶、仰坡段截水沟,沟壁和沟底片石勾缝饱满,砂浆与片石无裂损,防止山顶地表水通过沟底渗入岩体,引起围岩滑移。洞门顶的水沟、吊沟要清理干净,无堵塞、无断裂,发现缺损裂缝及时填塞,防止地表水渗入洞门壁后。

提高洞口段及顶部截水沟的防洪能力,必要时加大沟槽断面尺寸,做好引水归槽。

(三)处理洞门下沉倾斜裂缝

洞门底层基础围岩承载力不足时,宜采取注入水泥浆液加固地基。浆液选用早强、速凝类水泥,水灰比约为0.6~1.2,视进浆量大小调整压入值。

洞门开裂不再发展时,可用超细水泥压入裂缝。先沿缝凿成三角形槽,宽2~3 cm、深3~5 cm,凿好后清洗干净;再刷净水泥浆,水灰比0.45左右;然后用配合比1∶2、水灰比0.40~0.42的砂浆加压嵌入勾平,并每隔50~100 cm预埋ϕ10 mm的注浆管,1天后注入水泥净浆,水灰比为0.4~0.6,压力为0.4~0.6 MPa,之后用环氧砂浆或橡胶水泥补平槽缝。

若裂缝尚在缓慢发展时,可对洞门墙缝的上下两侧间隔20~50 cm设锚杆加固(ϕ18~

22 mm,长度 2.0 ~4.0m),也可采用在洞门加筑或加厚挡墙,支挡洞门。

若裂缝发展快、沿门破损严重时,要仔细分析原因。一般先稳定洞门上方仰坡、边坡,后加设挡墙支护,必要时可加筑明洞。

第四节 明洞病害及防治

明洞是在露天修建的隧道。一般当地形地质条件难以用暗挖法修建隧道或用路基通过有困难时,多采用明洞以保证施工安全。

一、常见病害及原因

1. 常见病害

(1)衬砌裂纹。明洞的衬砌裂纹主要有:① 拱部纵向裂纹,多发生在拱腰部位;② 边墙水平裂纹,多发生在墙腰处;③ 环形裂纹多发生在洞口附近及施工接缝处。

(2)洞口端墙竖向开裂,洞门翼墙、撑墙断裂等。

(3)洞口落石坍方、泥石流等,埋没线路,中断行车。

(4)洞内漏水,特别是沉降缝处最为严重。

2. 病害产生的主要原因

(1)山坡上坍方落石的巨大冲击力使拱顶和边墙产生裂纹。由于明洞顶填土厚度不够,不能满足扩散冲击力并使之均匀分布在整个拱跨的要求,使局部受过大冲击力而产生裂纹。

(2)边坡滑坍使明洞受偏压造成衬砌裂损,通常偏压可使拱腰内缘受拉开裂或受挤压而碎裂。当偏压引起内侧边墙基础微小滑动时,则内缘受压挤碎,外缘受拉开裂。

(3)基础处理不当导致衬砌裂纹。当明洞修建在坚固性较差的基岩(风化岩层式堆积层)上时,由于受到流水冲刷,将引起边墙基础沉陷,产生拱腰受拉开裂或产生环向裂纹。

(4)斜交、偏压等不利因素影响。

(5)造成明洞漏水的主要原因是缺少防水层或既有防水层失效或洞顶没有完整良好的排水设备所致。

二、防治措施

1. 明洞顶应按设计要求保持足够的填土厚度。对于滑坡坍方的堆积物要及时清理,避免产生额外荷载。

2. 建立完善的防排水系统,在明洞顶部填土与边坡交接处要增设截水沟,并经常保持良好状态。

3. 局部岩体失稳导致的墙脚内移,可在底部墙间增设横向支撑。当整段洞身在横向有蠕动滑移时,可在洞外增设抗滑挡墙或抗滑锚固桩及抗滑沉井等。

4. 在洞口两端及洞顶有针对性的增设必要的支(拦)挡和防护建筑物,防止危石坍落影响运输。

5. 专为泥石流跨越铁路而修建的明洞,要增设必要的导流建筑物,保证泥石流的宣泄,防止泥石流溢流改道,威胁行车安全。

6. 在明洞顶部及其周围,有针对性增设防护冲刷措施,保持洞顶填土及其周围衔接平衡。

7. 维修养护时要特别注意边墙基础的防护，确保稳固和不被冲刷。根据不断变化的情况，适时加固洞口撑墙，确保边坡稳定。

8. 当明洞病害非常严重、加固的难度和费用较大时，可考虑局部改线废弃明洞。

复习思考题

11－1　隧道渗漏按水源补给情况，可分为哪两种？如何判定其来源？

11－2　铁路隧道防排水的原则是什么？并简要说明。

11－3　铁路隧道防排水的措施有哪些？

11－4　隧道衬砌的腐蚀类型有哪几种？

11－5　隧道衬砌裂损的整治措施有哪些？

11－6　隧道衬砌大面积腐蚀的整治方法有哪些？

11－7　如何预防隧道衬砌裂损？

11－8　隧道衬砌裂损的整治措施有哪些？

11－9　怎样防治隧道洞门病害？

11－10　怎样防治明洞病害？

第十二章 防洪与抢修

第一节　桥涵防洪、防寒与防凌

一、桥涵防洪

为保证洪水、流冰能正常通过桥涵，防止堵塞、淤积或河床冲刷，任何单位都不得在桥涵上下游一定范围内（桥长100 m以上的大桥为500 m，桥长20～100 m的中桥为300 m，桥长20 m及以下的小桥位200 m）拦河筑坝，围垦造田，采集沙石，以及修建其他工程设施，以保证铁路桥涵安全。

（一）疏通河道

对平时无水的河道，必须清理桥涵附近的淤土杂物和阻碍水流的杂草，清除上下游至少各约30 m范围内的灌木丛，使洪水能正常通过。在春汛和每次洪水通过后，须即组织人力将小桥下及涵洞内的淤积物清除。

（二）防止堵塞

对易被漂浮物、泥石等堵塞的涵洞，应在洞前设置栅栏或沉淀池并及时进行清除；对有流木、流石等通过的河流，应采取措施，加强管理，使其安全通过桥涵，防止堵塞桥孔或撞击桥墩。

（三）防止淤积

在山区铁路，线路依山傍水，小桥涵多设在沟口或临近沟口处，如上游汇水面积内地层不良，坡度陡，则山洪暴发或区域性暴雨和融雪时，会形成不同性质的泥石流通过桥涵。泥石流含有10%～60%的固体杂质，它的基本特征是突然短时的水流携带大量泥土、碎石或大块石、树枝或杂草从山谷中流出。由于泥石堵塞桥孔，形成水漫桥梁路基，将桥梁和路基冲毁。整治山区小桥涵的泥石流时，应根据实践经验，分别按不同情况，采用下列措施。

1. 水土保持

在山坡上种植成长快、防御力强的树木，并顺等高线挖掘鱼鳞坑，其作用在于拦蓄泥砂并起缓流作用，也能保证幼年树木的成长。当地面岩层风化或松散时，应扫山除石，刷方换土，及时勾缝支顶，保持山体稳定。用黏土或草皮覆盖表面或硬化覆盖层。流域面积很大时，可在山坡表面增设排水系统及时排除地面雨水。

水土保持是有效防止泥石流的措施，但工作量大，时间长。如需尽快保证铁路不受泥石流损坏，在进行上述工作的同时，还应采取其他防护措施。

2. 谷坊拦截

在上游沟谷适当的位置修建拦砂坝（谷坊）或拦石栅拦截砂石，即将水位分段抬高，使水流从坝顶漫过，而砂石在坝间沉积下来（图12－1）。这样可变泥石流的紊流为缓流，消耗急剧水流的能量，并连续改变河道的纵向坡度，形成跌水，只有冲积物溢出谷坊脊顶以后才能继续流动。谷坊就地取材，根据冲积物成分可采用柳囤、柳干单层编篱、柳干木笼、干砌片石、浆砌片石、混凝土或钢轨内填充石堆等建筑。

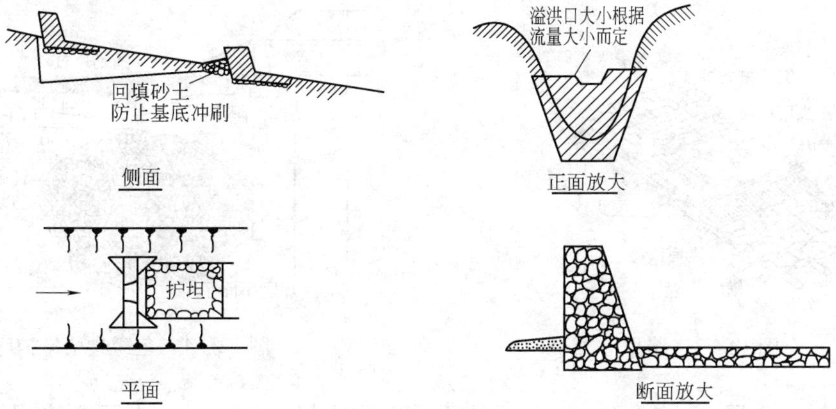

图 12－1　谷坊

拦截砂石也可在上游山地流水洼处挖面积较大的水塘，或在山谷适当地方修建水库保持水土，使水流夹带的砂石在水塘或水库中沉积。

修建谷坊有工程量小，便于施工，收效快等优点，但寿命有一定限制，淤满后须另行采取措施。

3. 排泄

对河床已沉积的泥石等淤积物，可采用加大河床坡度，加大流速的方法将其向桥孔下游排泄，防止桥渡淤积。例如采取在上游附近修建跌水坝，以提高水位、加大流速或加陡桥涵附近及下游的坡度等。

上述各种措施如配合进行，可以收到较好的效果。在修建谷坊或跌水坝等时，两端应伸入河床(例如 0.5～1 m)并设防护(例如三角形或圆锥形的砌石护体)，坝下游应设有坚固的护体以防止被洪水冲毁。

(四)预防冲刷

为防止小桥涵，特别是山区或山前区小桥涵上下游附近河道被冲刷，保持桥涵墩台基础有足够的埋置深度，应根据当地条件进行防护。

1. 草皮护底

一般用平铺法。在河床坡度超过 7%～10% 时，应分段钉竹或木橛；坡度为 10%～15% 时，可适当加筑截水墙几道；坡度再大时可挖成阶梯形，筑砌跌水墙降低坡度后再铺草皮，如图 12－2 所示。

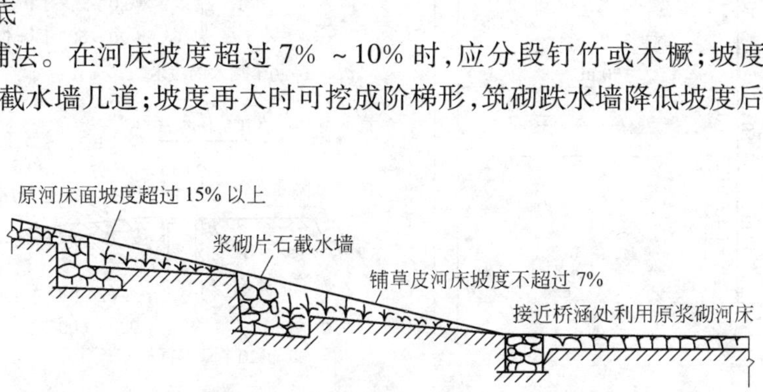

图 12－2　河床坡度大时铺草皮护底

2. 柴排护底

桥梁一般用方格式柴排，涵渠用鱼鳞式柴排，如图 12 - 3 及图 12 - 4 所示。

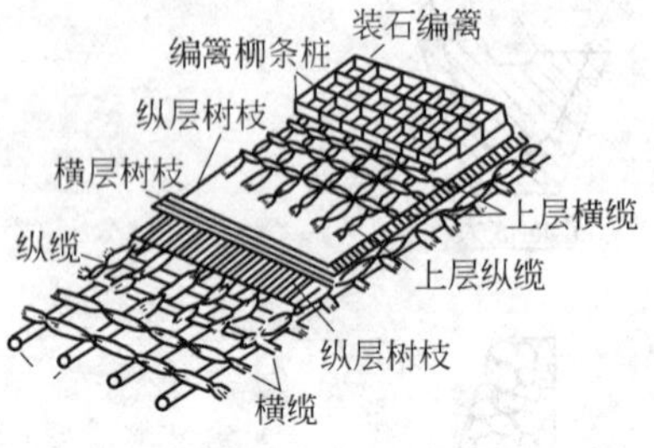

图 12 - 3　柴排

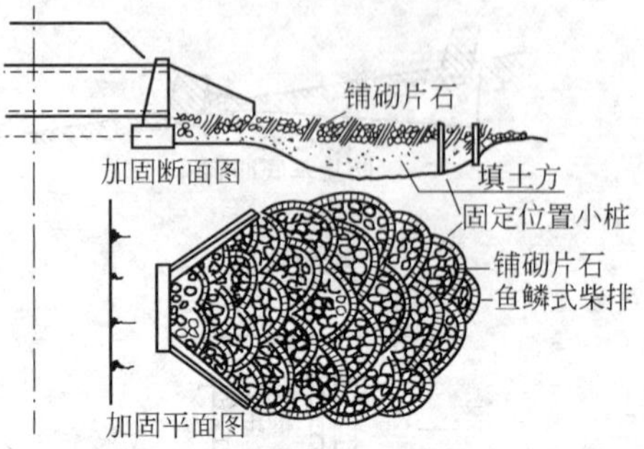

图 12 - 4　鱼鳞式柴排护底

方格柴排由 2 层 10 ~ 13 c m 厚的树枝粗缆编成方格（约 1 m^2），上下方格间铺设厚为 25 ~ 30 cm 的树枝层，纵横缆交叉处用铁线捆紧并在该处树枝上钉上木桩，木桩突出的端部编成 15 cm 高篱格，当柴排浮运到要沉入的地方时，方格内填充石块。柴排厚度一般为 0.5 ~ 1 m，平面尺寸在 50 m × 15 m 以内，石块填层厚度约为柴排厚度的 1/3。

3. 增设消能设备

山坡陡，冲刷较严重的小桥涵，可在上游附近设置缓流或者带阶梯的跌水槽等消能设备来减少桥涵下的河床冲刷。

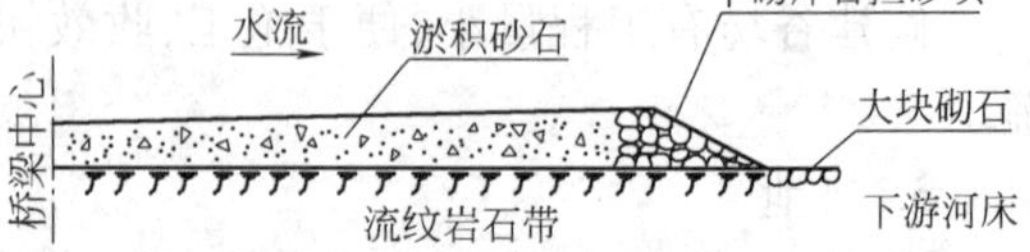

图 12 - 5　某中桥拦砂坝

4. 下游筑拦砂坝

桥下河道比降大，流速急或因下游在河内取砂，河床逐年下切（这对桥梁基础特别是浅基非常不利），当河宽不大时，为了稳定河床，一般可在桥梁下游适当位置修筑拦砂坝拦截泥

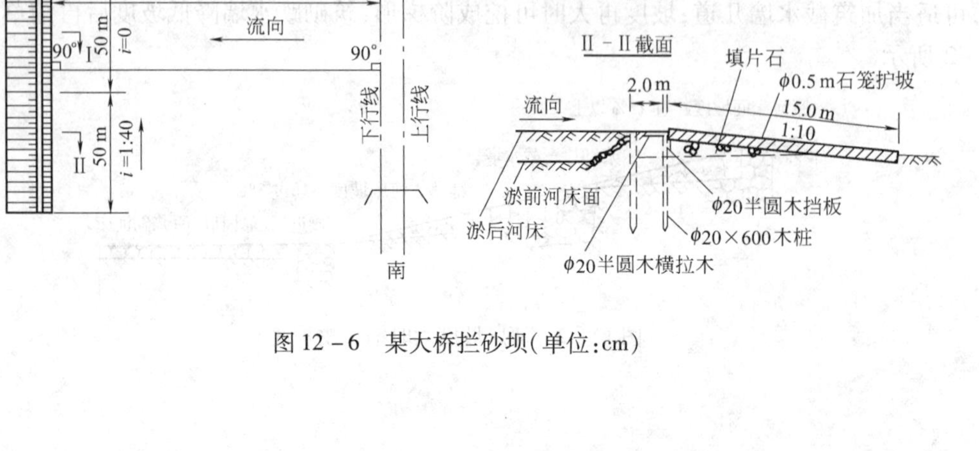

图 12 - 6　某大桥拦砂坝（单位：cm）

砂，坝位及顶高可根据各桥具体情况确定，但需严格注意坝下及两端冲刷或潜流危及坝身安全。图 12－5、图 12－6 所示为修筑拦砂坝后桥下河床淤积收到较好效果的两个实例。

5. 浆砌片石（或混凝土）护底

浆砌片石护底是桥梁整孔防护最常用的一种。这一类防护适用于山区及山前区漂石、卵石及砂质河床（或平原砂质河床集中冲刷不严重的河流），适用于枯水期水浅、梁跨较小、净空容许，或局部防护难以达到一般冲刷线者。当流速小于 7 m/s 时采用浆砌片石护底，当流速大于 7 m/s 时宜采用混凝土护底。浆砌片石护底不但适用于小桥，而且实践证明也可广泛适用于大、中桥。

根据一些实践经验，浆砌片石护底尺寸如表 12－1 所示（参阅图 12－7）。

表 12－1　浆砌片石护底尺寸（m）

	上　游	下　游	附　　注
平面尺寸	6～8	8～12	从桥墩边起算
垂裙尺寸	1.0～2.0	2.0～3.0	下游垂裙末端应设置消能防冲设施
砂浆强度等级	M5～M10		混凝土强度等级 C8～C15，严寒地区应酌情提高
厚　度	0.3～0.5		
防护面高程	河床最低点		应考虑上游农田淹没问题

另外，在天然河床被下切成一般冲刷较大的河段上，或有潜流危害时，应增加垂裙深度及强度。在严寒地区还应考虑护底后冰冻的危害。在稳定河段上，为减少壅水，有利于农田排灌及含碱河流减轻砂浆腐蚀，可将护底作成凹槽。下游锥体护坡的垂裙应与浆砌片石底下游垂裙等强度，以防止水流突破较弱部分，导致整个防护体的破坏。

对冲刷不剧烈的河床也可用干砌石作整孔防护。为了防止片石流失可先砌方格的浆砌片石墙（在浆砌片石有冻起时可用石笼格），再在方格中干砌片石，或在上下游隔一定距离打小木桩；也可用石笼整孔防护；也可用条石整孔防护或在上下游作浆砌片石垂裙以石笼或干砌片石护底等等。不过它们的抗冲能力均不及浆砌片石。

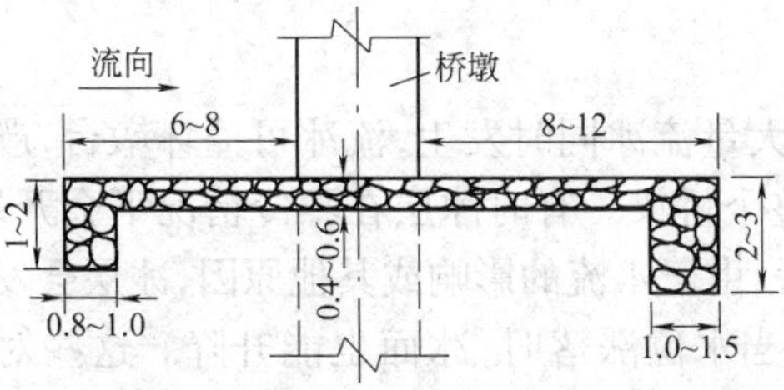

图 12－7　浆砌片石护底尺寸（单位：m）

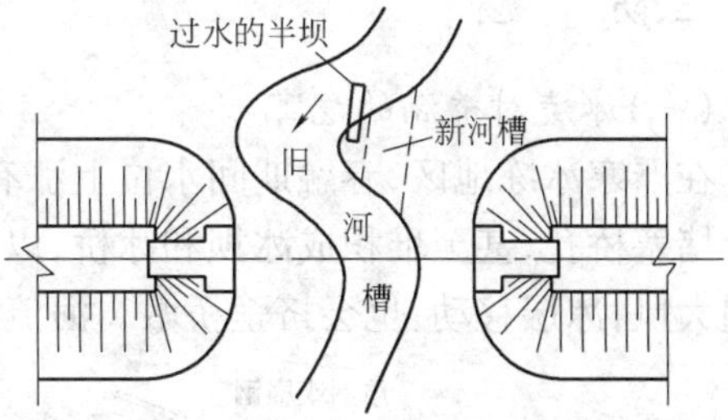

图 12－8　河道裁弯取直

（五）河道裁弯取直

在平原地区曲折的河流上，为消除桥涵上游具有威胁性的河湾，可根据具体条件，作适当的裁弯取直（图 12－8）。取直时新河道水流方向应与洪水流向一致，新河槽宽度可以做得比原主河槽小一些，而借洪水冲刷扩宽，但新河槽的深度不宜小于原主河槽的最大深度。新河槽与上下游原河道衔接处应保持顺直。因为新旧河道断面在初期相差较大，因此在入口处的旧河道上应修建漫水的拦河坝或过水的半坝来调节水流，使新河道逐渐冲刷扩大，而让旧河道逐渐淤积。为了加速达到上述目的，往往还需在旧河道内设置一些临时透水拦水坝和种植防护林等。

二、桥涵防寒

寒冷地区为防止涵洞内发生冻结，在冬季应用挡雪板挡住小孔径涵洞的洞口。对基底在冻结线以上，翼墙后为渗水不良土壤，或有冻害的涵洞、墩台、翼墙等应及早进行整治（如加深基础至冻结线以下，桥台及翼墙后更换为透水性土壤并作排水盲沟，进行基底压浆等），在未彻底整治前，视不同情况在冬季采用培土、培草［图 12－9（a）、（b）］、挂帘［图 12－9（c）］、临时抬高水位［图 12－9（d）］、填平冲刷坑等措施来进行整治。

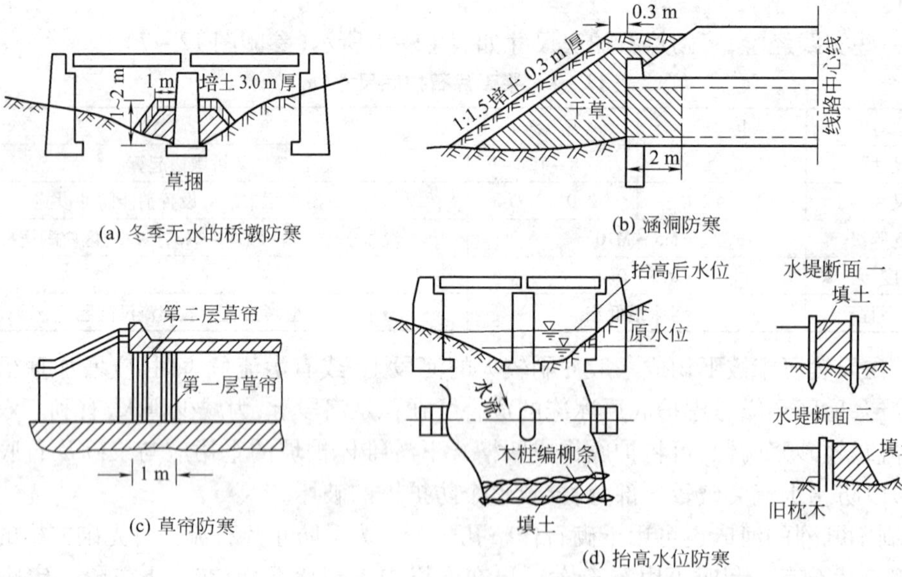

图 12－9　防寒措施

三、防　　凌

（一）冰凌对桥涵的危害

在严寒冰冻地区，春融期间水位上涨有时会和大量流冰同时发生，流冰可撞坏墩台，严重时会堵塞桥孔，甚至堆积成冰坝和冰桥，以至推走整个桥梁。有时冰层在骤冷情况下会开裂，如遇大风，冰层移动，也会挤歪桥墩。河流在结冰后，由于水流的影响或其他原因，冰层会发生爬动，当水位涨落时，冰面也能升降。这些对墩台都会产生破坏作用，特别是木墩台桥梁，甚至可把木桩拔出。所以在这些河流中除设破冰凌（图 12－10）设施外，还应视冰凌情况采取对策。

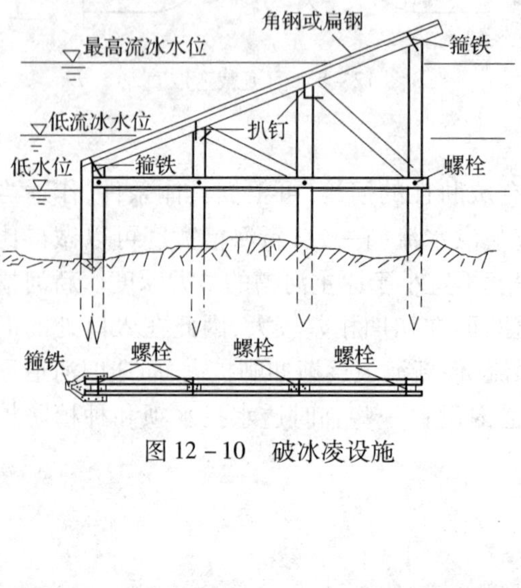

图 12－10　破冰凌设施

图 12－11　冰沟（单位：m）

（二）防凌一般措施

1. 封冻时防凌措施

木桥应在结冰期间，将木墩台、破冰凌设施以及在水库中墩台的周围（距最外一排木桩约0.2～0.3 m）凿成冰沟（0.5～1.0 m 宽），以防止冰凌拔起木桩或挤坏墩台，见图12－11所示。

2. 春融时防凌措施

在冰层开始移动时前，应将实体墩台、翼墙、堤坝的周围（约宽0.5 m）以及木桥墩上游（约50 m）的一部分冰层破开，以免流冰撞击建筑物，见图12－12所示。

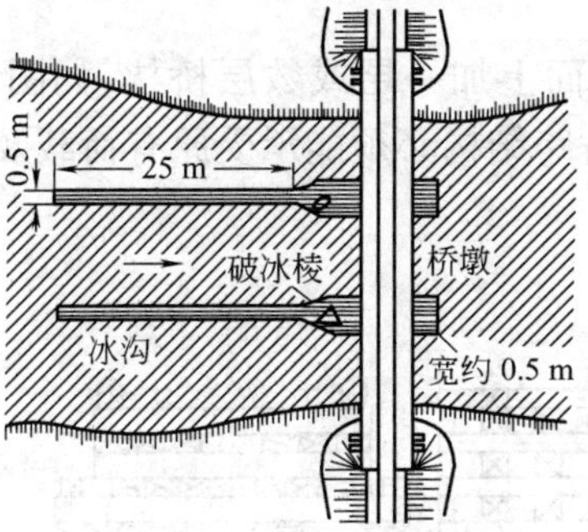

图12－12　破冰范围

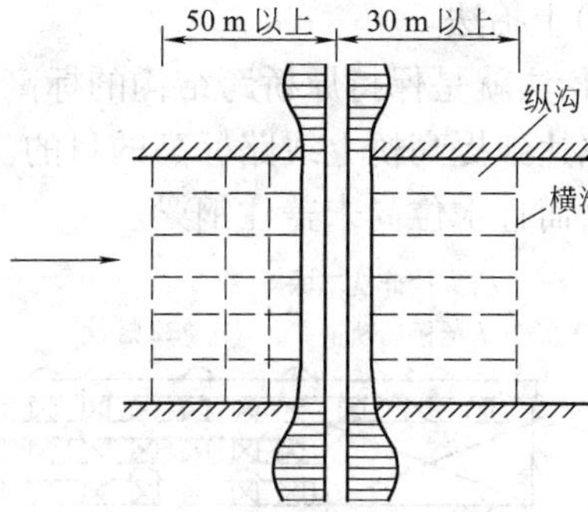

图12－13　纵横冰沟

对有大量流冰的河流，应预先采取有效措施。例如冰层很厚的河流，除按上述方法处理外，还应在桥梁上游不少于50 m、下游不少于30 m范围内开凿多道纵横冰沟，见图12－13所示。流冰特别严重的河流，为保护木桥，应在上下游各不少于2倍的河宽范围内将冰层凿成冰池（用手工或炸药爆破），见图12－14所示。当有大量流冰形成冰坝或冰桥时，除在到达桥址以前投掷炸药包爆破外，还要使用迫击炮远程射击，必要时动用飞机侦察和轰炸冰坝。

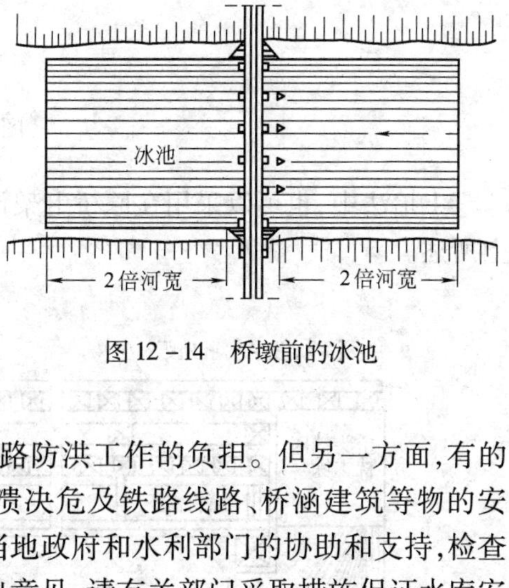

图12－14　桥墩前的冰池

四、上游水库安全

新中国成立以来，全国各地兴修水利，修建了大量的水库，不仅为农田水利化奠定了基础，也减轻了铁路防洪工作的负担。但另一方面，有的水库当遇较大洪水时可能容纳不下洪水量，以致水坝溃决危及铁路线路、桥涵建筑等物的安全。所以各工务段应与桥涵上游水库主动联系，取得当地政府和水利部门的协助和支持，检查了解沿线水库的标准和质量，对有问题的水库及时提出意见，请有关部门采取措施保证水库安全。洪水期要与水库管理单位密切取得联系，及时掌握上游水库情况，充分估计可能对线路及桥涵的影响，检算桥涵防洪能力，并对桥涵采取适当的加固和防护措施。

第二节　紧急抢修

工务部门在每年汛期来临前，应检查管内桥涵本身及现有导流建筑物及防护设备的完好状态，对查出的问题提出整治方案。除与洪水有关的一切工程应在汛期前完成外，还要做好抢险料具的储备和人员的组织培训,并与有关单位建立密切的联系。

一、桥梁抢修

(一)桥梁的临时抢修方法

1. 抬桥

山洪暴发或水库溃决,水位迅速上涨,以致水漫铁路、中断行车,当桥梁只是被水淹没,墩台、梁跨结构都未遭受破坏时,可采用抬高桥梁的方法以顺应抬道的要求。

抬桥方法有上抬法和下抬法。

(1)上抬法

上抬法就是保持原桥跨结构的标高不变,而在原桥面上加一层或数层桥枕,如图 12－15 所示,以达到提高桥上线路标高的目的。其前提是,原桥跨结构必须能承受原有荷载及新增桥面荷载,而且水位尚未盖住钢梁。

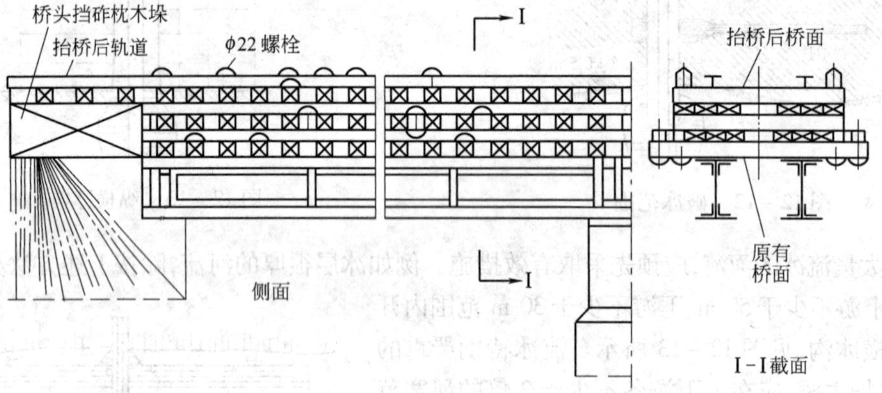

图 12－15　抬高桥面

上抬法中,也可以采用在原桥上架设扣轨梁或钢梁的方法,成为桥上架桥。其适用范围同上所述。

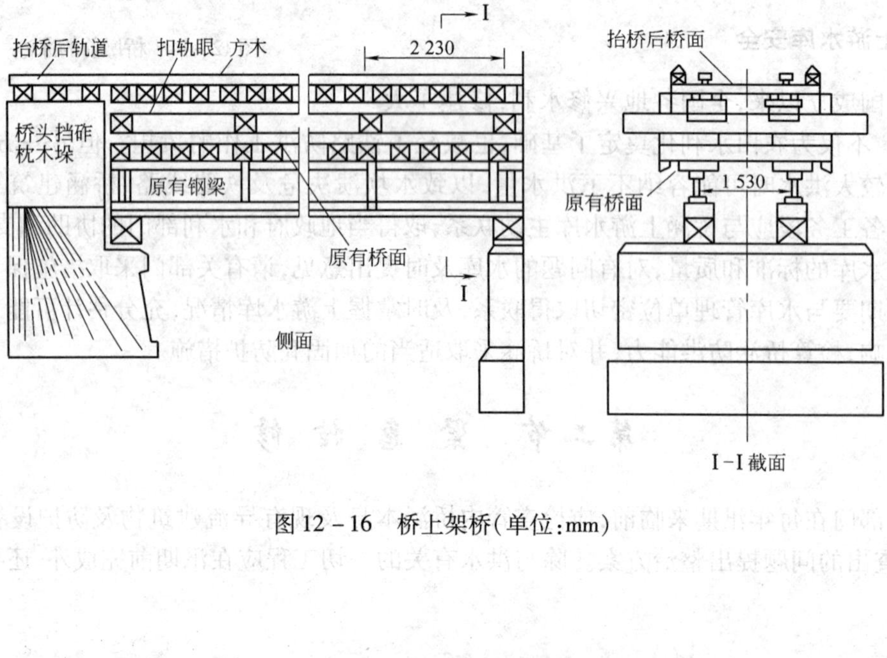

图 12－16　桥上架桥(单位:mm)

上抬法的优点是施工速度快，施工简单；其缺点是阻断水流，易受漂流物冲击。

(2)下抬法

下抬法就是在洪水未淹没梁底时，在钢梁与墩台之间加设临时支座抬高钢梁，以达到提高线路标高的目的，参见图 12－16。下抬法的优点是不阻水，施工简单，速度快。但需要千斤顶之类的施工机具，尤其是对自重较大的圬工梁，施工很困难。

当然也可根据实际情况采用上、下抬结合的方法。

当洪水已经淹没桥面时，大多采取桥上架桥的方法（水中抬桥），即在桥面上扣轨，将预先装钉好的桥面，运到桥上与桥头钢轨相接。

2. 漂浮物堵塞桥孔的应急处理

洪水期间随水冲下的漂浮物及流放的木排、竹排等会堵塞桥孔，冲撞桥台，甚至因壅水而冲击梁部，推倒桥梁，必须立即设法清除漂浮物，以保桥梁安全。清除漂浮物时，应根据漂浮物的堵塞情况，采取如表 12－2 所示的相应防护措施。

表 12－2 漂浮物堵塞的应急处理

项 目	状态分类	抢护措施
防止漂浮物堵塞桥孔	(1)上游冲来的柴草、树木、房屋木料	在桥孔上游用钩杆、长柄斧头等疏导、砍散，随时清除，不使其堆积
	(2)流筏河流有木筏流下	距桥上游适当处备船派人监视，拦截流下的木筏，用拖轮或人力加以控制或砍散
	(3)钢梁阻水，防止钢梁被冲走，墩台被推移	在上游清除漂浮物
桥孔堵塞抢修	漂浮物或木排堵塞桥孔，若继续堵塞，情况紧急	利用桥上吊软梯，或船只在外围用钩杆将木排推向未堵桥孔排送，陆续清除；岸边埋地垄，使用绞车将木排拖上河岸，河中木排用拖轮拖出，组织人力带好救生圈到木排上把木排砍散，单根流放排出，遇有钢绳时应用氧气切断
涵渠堵塞抢修	漂浮物堵塞进口，壅水逐渐增高漫过线路	水中爆破，炸开通道

清除漂浮物时，还应注意壅水造成的水压增加，一旦冲开决口，因水流的冲击力很大，其他漂浮物会随着水流对桥跨产生更大危害。同时，要充分考虑清除漂浮物过程中的人身安全。在 20 世纪 60 年代，某大桥前木头堵塞桥孔，清除时曾因组织不当死亡十多人。

被流木堵塞和梁部受淹的桥梁，墩台基础冲刷必然加剧，必须设法立即进行基础和河床的探测，发现险情立即采取加固措施。

3. 防止桥梁被冲毁的应急措施

洪水迅猛上涨，流速很大，墩台基础遭受严重冲刷，必将导致墩倾梁翻，中断行车。为此，应在洪水期间，经常探明墩台基础的冲刷情况，根据冲刷深度、桥面轨道变化、墩身晃动及基础埋置情况，结合原设计规定及所见迹象决定加固措施。同时也要考虑河流主流变迁情况和桥墩历史情况，采取应急措施。具体措施见表 12－3。

表 12－3 防止桥梁被冲毁的应急措施

措施种类	适 用 范 围	施 工 方 法
投片石及石笼加固桥墩防护	流速大于 3 m/s，采用直径 30 cm 以上的片石和石笼加固，对流速大、冲刷深的处所可在周围抛石笼，中间抛投片石填充	尽可能使用船只在指定地点抛投，并尽量向上游抛，以借水力冲到适当位置。注意不能投的过高过多。也可把片石车停在桥上向下抛投，最好采用石笼架抛投

续上表

措施种类	适用范围	施工方法
干灰砂浆麻袋加固冲空基础	适用于洪峰过后的抢修,防止下次洪峰时再冲刷。洪水大、水深流急,潜水员作业困难时,不宜采用	在基础冲空部分用装干灰砂的小麻袋填塞,每袋装 0.005 m^3(灰砂比 1:2~3),由潜水员慢慢塞入,小麻袋间用小扒钉连接,基底周围需投片石或石笼进行防护
木围堰浇筑水下混凝土加固冲空基础	桥墩基础冲空	用装土麻袋将桥墩周围填平,再打下木围堰,然后由潜水员用片石填满桥墩基础冲空部分,并埋好灌浆管,进行灌浆,围堰周围浇水下混凝土
抢修冲毁的护锥	桥头护锥被冲毁危及路基和桥台,必须及时加固	以片石或石碴袋投下作基础,再在基础上码砌土草袋,流速大时改以石笼基础坠石挂柳减缓附近水的流速,防止冲刷,打木桩防护。在桥头扣轨或吊轨以保行车安全

（二）墩台倾斜下沉的抢修方法

桥梁墩台倾斜下沉一旦发生,要根据其倾斜、下沉程度以及发展速度,对其承载能力加以判断,然后采取相应措施(包括封锁线路),立即进行抢修。

首先应探明基础底部是否被冲空,如发现冲空,应先将冲空部分填实;如未被冲空,亦应在周围抛填片石或堆砌石笼至一定高度,以增强墩台的稳定性。然后将梁顶起至规定标高,移正、垫实,接通线路。根据墩台损坏程度和抢修情况确定试车计划,可由轻到重,由慢到快,进行多次试车。对墩台的位移情况应进行详细的观测,并做好记录,进行分析确认安全后,才能正式开通线路,限速运行。运行过程中,应设专人负责监测,发现有变化时,立即分析研究,采取加固措施,确保行车安全。

（三）便　　桥

洪水冲毁正桥,在短时间内修复比较困难时,往往在原桥位或下游修便线、便桥通车。

1. 便桥基础

便桥基础有多种形式,应根据河流、车速、荷载及当地供应材料的情况进行比较,如表 12-4 所述。

表 12-4　常用临时性基础比较表

名称		适用范围	优点	缺点
卧木基础		1. 跨度较小的旱桥 2. 不考虑度洪的砂或卵石河滩的小引桥	结构简单,可应急使用	易受水流冲刷不能度洪
抛石基础		石料来源方便的地方	1. 施工简单 2. 沉陷量小	体积过大,妨碍流水
草袋基础		砂或卵石河床,无水或浅水地方	较抛石基础工作量少,施工方便	1. 不易防火 2. 沉陷量大 3. 不能度洪
木笼基础		砂石河床、深浅水均可	1. 结构较简单、坚固,可度一般洪水 2. 沉陷量小	暴露在河床上,不能度过大洪水
桩基础	木桩	1. 河床松软,上述基础不能修建处 2. 水深流急,河床冲刷较大 3. 度洪或半永久性桥梁	1. 阻水面小,抗冲刷,适于度洪 2. 体积小,下沉极微	施工准备工作较复杂、费时
	钢轨桩	1. 硬质河床作基础 2. 加固残余混凝土基础 3. 作木桩的导桩	可穿过较硬的地基	1. 施工准备工作较复杂、费时 2. 与木墩台联结困难
简易混凝土基础		砂石河床的便桥基础	整体性好	施工复杂、费时

2. 便桥墩台

便桥墩台应根据现场实际情况，如洪水大小、地质条件、墩台高度、材料供应和争取抢修通车时间等条件而决定，如表 12－5 所示。

3. 便桥桥跨

抢修使用的桥跨通常根据河流大小、防洪备用器材、原桥长度及墩台高度的不同而定，如表 12－6 所示。

除表中所述的几种临时便桥以外，还有一种较好的万能杆件拼装的临时便桥。其优点是结构简单，施工方便，利用率高，节省木材和劳力。

万能杆件又称拆装式杆件，是一套由定型的角钢、连接钢板（节点板）和螺栓所组成的钢构件。主要杆件的长度有 2 m 及 4 m 两种，根据需要可组拼各种形式的结构，可以多次倒用，并有多种用途，故称万能杆件。此种杆件有 M 型和 N 型两种，N 型形式较新，规格较多，承载能力强，故目前使用较广泛。

表 12－5 几种临时墩台的比较表

<table>
<tr><th colspan="2">名称</th><th>示意图</th><th>优缺点</th><th>适用高度</th></tr>
<tr><td colspan="2">枕木垛</td><td>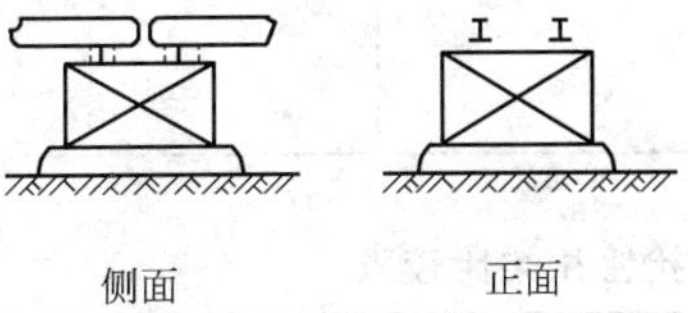
</td><td>搭设简便，但用料太多，体积庞大，容易产生下沉和松动，且不能度洪、防火</td><td>一般在 3 m 以下，最高可达 11 m</td></tr>
<tr><td rowspan="3">木排架</td><td>桩式</td><td>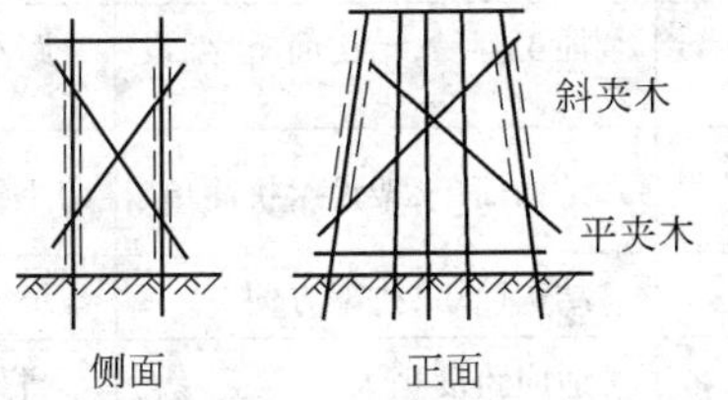
</td><td>施工简便，用料较少，沉陷少，但不能防火、防撞</td><td>3～5 m</td></tr>
<tr><td>单层式</td><td>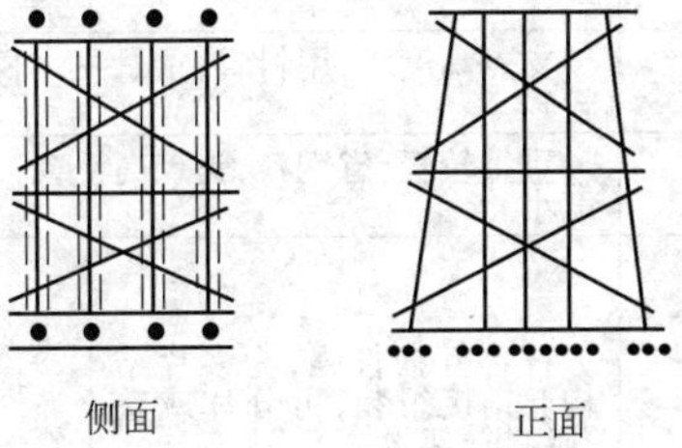
</td><td>施工简便，用料较少，沉陷少，但不能防火、防撞，施工简便</td><td>3～8 m</td></tr>
<tr><td>双层式</td><td>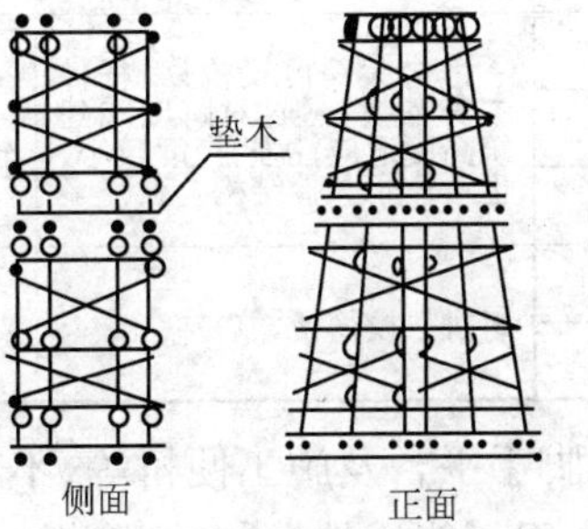
</td><td>较钢塔架桥墩经济，但拼组联结不便，用料较多，不能防火、防撞</td><td>8～12 m</td></tr>
</table>

续上表

名　称	示　意　图	优　缺　点	适用高度
六七式军用桥墩	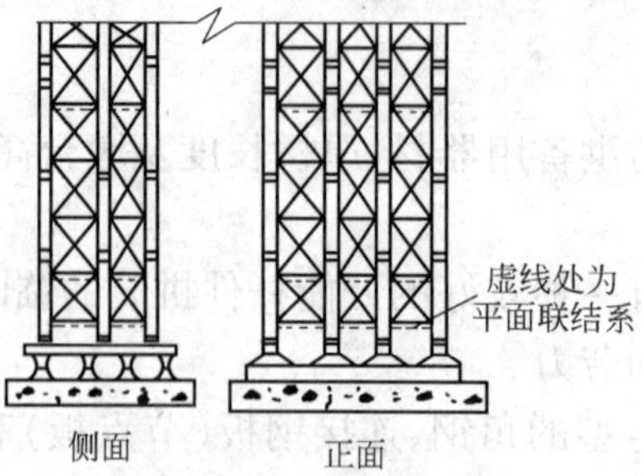	杆件少，结构简单，便于拼装，互换性强，适宜于大跨度、高桥墩抢修	一般为10～30 m，最高为50 m，相邻孔跨度之和不超过96 m
英式T形钢塔架	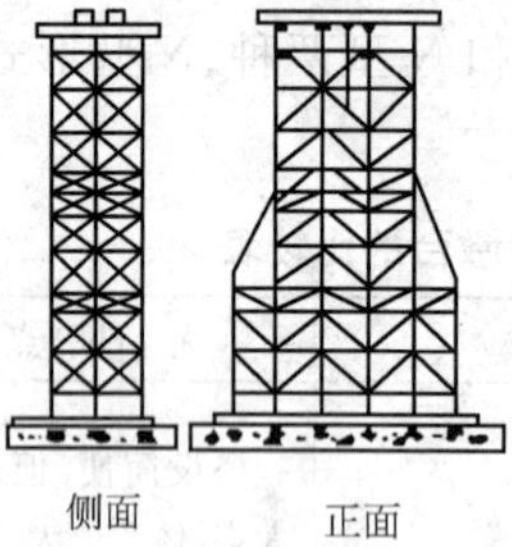	结构简单，便于拼装，但杆件种类比六七式多	一般为15～30 m，最高可达60 m，相邻两孔跨度之和不超过96 m

表12－6　抢修用梁比较表

梁的名称			适用跨度	优　　点	缺　　点
无键木梁			1.0～7.0 m，一般用于4 m以下	加工容易，结构简单，架设方便	跨小，易燃、易腐，使用较少
扣轨梁			1.0～6.7 m，一般用于5 m以下	结构简单，架设组拼简单	跨小，用轨料多，挠度大
工字钢梁	单　层		6.4～12.7 m	结构简单，拼架方便	横向抵抗力较弱
	双　层		17.0～23.6 m	适应跨度稍大	拼架不便，用钢料较费
空腹式工字钢梁			14.5 m	用料省、重量轻	只设计一种跨度，制造复杂
鱼腹式工字钢梁			21.0 m	支点高度小，用料省，重量较轻	只设计一种跨度
鱼腹式铁路焊接板梁			21.0 m	重量较轻，省钢料，支点高度小	只设计一种跨度
六四式铁路军用梁	单　层		16～24 m	杆件互换性强，为多片结构。销接组装，可分片或整孔组拼、架设	挠度较大，组拼桥面较复杂
	双　层		28～40 m		
	加强型	单　层	16～30 m		
		双　层	32～50 m		
拆装式桁架	普通桥梁钢		16～64 m	适合大跨度梁抢修，杆件本身互换性强，对跨度和建筑高度适应性强，挠度较小，也可作永久性结构	必须整孔架设，架梁设备较复杂，构件、配件种类较多
	低合金钢	单　层	12～52 m		
		双　层	56～80 m		
99式日本军用梁	单　层		8～17 m	组拼架设简便	配件多，互换性差，将逐渐淘汰
	双　层		18.5～32 m		

万能杆件可根据需要拼装成膺架、塔架、脚手平台及施工便桥等，不管拼装形式如何，其基本形式均由桁架及墩架所构成。图12－17为用万能杆件拼装的几种结构。

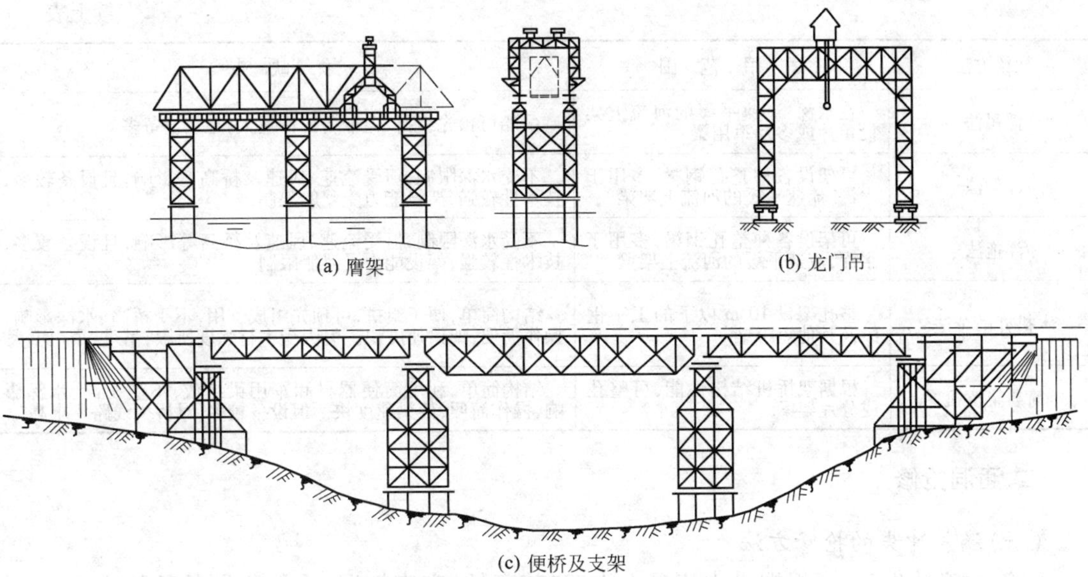

图 12－17　万能杆件拼装的结构

用万能杆件拼装桁架时，桁高可为 2 m、4 m、6 m 及以上。当高度为 2 m 时，腹杆为三角形形式，高度为 4 m 时，腹杆可做成菱形；高度超过 6 m 时，可做成多斜杆的形式。

桁架之间的距离可为 0.28 m、2 m、4 m、6 m 及以上，为了适应对桁架承载能力的要求，可用变更组成杆件的零件数目、杆件的自由长度、桁架高度或桁架片数等方法调整。

用万能杆件拼制的墩架、柱的距离和桁架之间的距离可完全一样，柱高除柱头及柱脚各为 0.561 m 外，可按 2 m 一节变更。

4. 便桥的架梁方法

便桥架梁方法的选择取决于抢险现场的实际情况、施工机具的拥有情况以及抢险人员的素质，可根据上述因素选择一种方法，也可几种方法综合使用，如表 12－7 所述。

表 12－7　便桥架梁方法的比较表

架梁方法	适用范围	优缺点
钢轨滑架法	架设单片或成组的工字钢梁	方法简便，架设速度快，但不能整孔架设
脚手架横移换架法	换架钢梁	可缩短线路中断时间，但准备工作多
脚手架纵移换架法	换架钢梁	不受桥高、水深限制，但准备工作多
探臂架设法	架设单片或成组的工字钢梁	方法简便，但只适于轻便的短梁
独臂扒杆法	吊架坠落于河床的钢梁，或在桥下组拼的钢梁，也可用来拆除被冲毁的钢梁	准备工作简便，但钢梁较重，河床有水或地质较软时，施工不便
天线法	可吊架工字钢梁或单片军用梁	不受桥高、水深影响，并可以吊立木排架墩(台)，组拼军用桥墩，但因天线强度及挠度的限制，吊重不大
钩鱼法	在桥孔中不易搭支点时，架设较大跨度的抢修用梁	不受桥高、水深影响，技术性较高，起重设备较多
纵向拖拉法	架设多孔大跨军用梁、拆装式桁梁	不受桥高、水深影响，技术性较高，起重设备较多

续上表

架梁方法	适用范围	优缺点
浮吊法	在水深、流速平缓的河流上架设单片或多片军用梁	吊船可预先组拼，但准备工作量大，起重设备多
浮架法	可架设各种整孔钢梁，多用于水深、流速平缓的河流上架梁	不受水深限制，但受流速、风速及桥高等影响，且设备较多，技术性较强，架设能力受浮船限制
浮拖法	可架设各种整孔钢梁，多用于水深，流速平缓的河流上架梁	不受水深限制，但受流速、风速及桥高等影响，且设备较多，技术性较强，架设能力受浮船限制
木扒杆吊车法	整孔架设10 m以下的工字钢梁及其他短跨梁	结构简单，便于组拼，可预先组成备用，不受桥高、水深影响，操作简便，架梁速度快。但因受木材强度所限，吊重、吊距不大
简易架桥机	根据架桥机结构性能，可整孔或分片架梁	结构简单，利用简便器材和军用梁组成，不受桥高、水深影响，操作简便，架梁速度快。但设备较多，对桥头线路要求高

二、涵洞抢修

（一）涵管冲失的抢修方法

涵管冲毁冲失后，可根据洪水流量大小、路基高低、灾害情况，采取不同的抢修方法，如表12－8所示。

表12－8 涵管抢修

工作量及破坏情况	采取的具体措施
涵管断面小	在冲失处填充片石作成透水路堤
涵管断面大，经常流水	架设扣轨梁或制作临时木涵排水
涵管冲失路基决口较大	采取正线便桥或便线便桥通车

（二）涵洞堵塞、路基壅水的抢修方法

涵洞堵塞，洪水无法宣泄，将导致壅水，水位上涨，有可能冲毁路基。为此，可按表12－9采取抢修方法。

表12－9 涵洞壅水抢修

抢修方法	图示
1. 对有漂浮物通过的涵洞，应组织打捞拨顺，以免壅水冲决路堤 2. 壅水无法排出，且继续上涨危及整个路基时，可于路基较低处掘口放水，但应注意防护，防止扩大缺口（如右图）	

复习思考题

12－1 河道裁弯取直的目的与原则是什么？

12－2 简述谷坊的作用与构造。

12－3 防止泥石流的各项措施有哪些？

12－4 预防上下游河底被冲刷的各项措施有哪些？

12－5　保护墩台基础免受洪水冲刷的措施有哪些？

12－6　水害抢修中应遵守的原则及安全注意事项有哪些？

12－7　简述漂浮物堵塞桥孔的应急处理办法。

12－8　简述涵洞堵塞路基壅水的抢修方法。

12－9　简述抬高桥上线路的目的、方法及优缺点。

12－10　简述木桥防凌的各项措施。

参 考 文 献

[1] 铁道部第三勘测设计院主编. 铁路工程设计技术手册——桥梁设计通用资料. 北京:中国铁道出版社, 1994.
[2] 裘伯永. 桥梁工程. 北京:中国铁道出版社,2004.
[3] 中国铁路桥梁史编辑委员会编. 中国铁路桥梁史. 北京:中国铁道出版社,1988.
[4] 李富文,伏魁先,刘学信. 钢桥. 北京:中国铁道出版社,2002.
[5] 裘伯永,盛兴旺. 桥梁工程. 北京:中国铁道出版社,2004.
[6] 孙亦环. 铁路桥涵. 2 版. 北京:中国铁道出版社,2006.
[7] 孙立功,杨江朋. 桥梁工程. 成都:西南交通大学出版社,2007.
[8] 中华人民共和国铁道部. 铁路桥涵设计基本规范(TB10002. 1—2005). 北京:中国铁道出版社,2005
[9] 曹彦国. 隧道. 北京:中国铁道出版社,2006.
[10] 高少强,隋修志. 隧道工程. 北京:中国铁道出版社,2006.
[11] 上海铁路局教育处. 路基与桥隧. 北京:中国铁道出版社,2004.
[12] 哈尔滨局教育处. 路基与桥隧. 北京:中国铁道出版社,2005.
[13] 王慧东. 桥梁墩台与基础工程. 北京:中国铁道出版社,2005.
[14] 张振业. 桥涵设计. 北京:中国铁道出版社,1996.
[15] 铁道部工务局. 铁路工务技术手册—桥涵. 北京:中国铁道出版社,1996.
[16] 中华人民共和国铁道部. 铁路桥隧建筑物大修维修规则. 北京:中国铁道出版社,2000.
[17] 张钟祺. 桥隧施工及养护. 北京:中国铁道出版社,2005.
[18] 何学科. 铁道工务. 北京:中国铁道出版社,2007.